普通高校"十四五"规划教材

酒店市场营销实务
（第4版）

孙梦阳　赵晓燕　主编

北京航空航天大学出版社

内 容 简 介

本书以旅游管理和酒店管理专业应用型人才的培养目标为指导，较为全面地介绍了酒店市场营销的基础理论及其实际应用，以酒店市场营销中实际出现的问题和案例为例，以期指导和帮助酒店开展营销管理实际业务工作。

本书在撰写过程中注意把当代酒店市场营销理论与实践的最新动态做适当的融入与介绍，结构完整，层次清晰，注意博采众长，坚持理论与实践相结合，阐述了酒店市场营销的理论、实务和方法，具有一定的实用性。

本书可作为普通高等院校旅游管理专业和酒店管理专业的饭店市场营销课程教材，也可供相关从业人员阅读参考。

图书在版编目(CIP)数据

酒店市场营销实务 / 孙梦阳，赵晓燕主编. -- 4版
. -- 北京：北京航空航天大学出版社，2022.3
　ISBN 978-7-5124-3703-6

Ⅰ.①酒… Ⅱ.①孙… ②赵… Ⅲ.①饭店—市场营销学 Ⅳ.①F719.2

中国版本图书馆 CIP 数据核字(2022)第 006099 号

版权所有，侵权必究。

酒店市场营销实务(第4版)
孙梦阳　赵晓燕　主编
策划编辑　董　瑞　　责任编辑　周华玲

*

北京航空航天大学出版社出版发行

北京市海淀区学院路37号（邮编：100191）　http://www.buaapress.com.cn
发行部电话：(010)82317024　传真：(010)82328026
读者信箱：goodtextbook@126.com　邮购电话：(010)82316936
北京时代华都印刷有限公司印装　各地书店经销

*

开本：787×1092　1/16　印张：12　字数：307千字
2022年4月第4版　2023年8月第2次印刷　印数：3 001～5 000册
ISBN 978-7-5124-3703-6　定价：36.00元

若本书有倒页、脱页、缺页等印装质量问题，请与本社发行部联系调换。联系电话：(010)82317024

第4版前言

本书中积极融入了市场营销领域的基础理论和发展动态,将理论与实践相结合,旨在适应酒店营销管理实践要求,培养从事酒店市场营销实际业务工作的高级专门人才;既体现了市场营销的理论性、综合性,又体现了解决酒店营销管理中实际问题的应用性、职业性特点,兼顾了以学生为本,注重发挥学生学习的自主能动性和教师在教学活动中的指导性与主导作用。

本书共十章,根据酒店市场营销活动的基本过程和规律,以旅游管理和酒店管理专业应用型人才的培养目标为指导,较为全面地介绍了酒店市场营销的基础理论及其实际应用,以酒店市场营销实际问题和案例为例,以期指导和帮助酒店开展营销管理实际业务工作。

本书内容主要涉及四个方面:

第一,酒店市场营销的基础概念及理论。包括第一章绪论,主要对酒店营销管理工作进行总括性介绍。

第二,酒店市场机会分析和市场定位。包括第二章酒店市场营销环境分析、第三章酒店消费者购买行为分析、第四章酒店市场定位。

第三,酒店市场营销组合策略。包括第五章酒店产品策略、第六章酒店定价策略、第七章酒店促销策略、第八章酒店渠道策略。

第四,酒店市场营销实务。包括第九章实现营销效果最大化的实用手段和第十章酒店市场营销新理念。

总之,本书以酒店市场营销知识化、移动化、数字化趋势为背景,对酒店市场理论和方法进行了较为详细的阐述,旨在培养学生思考、分析和解决酒店市场营销实际问题的能力。本书针对旅游管理、酒店管理类课程的基本需求和最新变化趋势,在保持第3版的基本框架的基础上,对酒店市场营销的基本概念、基本理论进行了补充与完善,对图表中的数据进行了更新。此外,编者还阅读了《中国旅游报》《中国经营报》等相关报刊,浏览了品橙旅游等网站,对第3版中的绝大部分案例和全部课后案例分析进行了更新,采用了一些疫情常态化下酒店营销的案例,这一切的努力都是为了给读者呈现最新、最完整的酒店市场营销理论与实务成果。

本书对于旅游管理和酒店管理专业的本科生具有很强的适用性,也可作为饭店业和营销业界人士的参考读物。

本书由孙梦阳负责第一章至第八章的编写,赵晓燕负责第九章和第十章的编写;孙梦阳负责统稿、修改与定稿,赵晓燕负责全书框架体系的设计以及章节的调整。

作者在编写本书过程中,参阅了国内外的大量相关资料和文献,在此对原作者致以诚挚的谢意。由于编者水平有限,书中难免存在错误和疏漏之处,敬请各位专家和广大读者批评指正。

编 者
2021年10月于北京

目　　录

第一章　绪　　论 1
第一节　正确认识酒店市场营销 2
　　一、酒店市场营销的概念 3
　　二、酒店产品的特殊性及其营销特点 3
　　三、酒店市场营销的作用 5
　　四、酒店市场营销组合 5
第二节　酒店市场营销的起点和终点 6
　　一、对相关概念的理解与把握 6
　　二、酒店市场营销的起点和终点 8
第三节　做好酒店市场营销的方法 10
　　一、打好经营基础 10
　　二、经营具有创新思维 11
　　三、做好酒店内部促销 11
　　四、借机开展销售促进 11
　　五、科学运用宣传手段 12
　　六、采用品牌营销策略 12
讨论题 13

第二章　酒店市场营销环境分析 14
第一节　酒店宏观市场营销环境分析 15
　　一、人口环境 15
　　二、经济环境 16
　　三、政治法律环境 17
　　四、自然环境 17
　　五、科学技术环境 18
　　六、社会文化环境 19
第二节　酒店微观市场营销环境分析 19
　　一、酒店内部环境条件 19
　　二、市场营销渠道企业 19
　　三、酒店消费者 20
　　四、竞争者 20
　　五、公　众 21
第三节　酒店市场营销环境分析与对策 21
　　一、环境威胁与市场机会分析 21
　　二、SWOT 分析 23

讨论题 ………………………………………………………………………… 24
第三章　酒店消费者购买行为分析 ………………………………………………… 26
　第一节　酒店消费者及其购买行为 …………………………………………… 27
　　一、酒店消费者及其购买行为概述 …………………………………………… 27
　　二、酒店消费者购买行为模式 ………………………………………………… 27
　第二节　影响酒店消费者购买行为的因素 …………………………………… 28
　　一、心理因素 …………………………………………………………………… 28
　　二、个体因素 …………………………………………………………………… 30
　　三、社会文化环境因素 ………………………………………………………… 32
　第三节　消费者的购买决策过程 ……………………………………………… 34
　　一、购买决策参与者 …………………………………………………………… 34
　　二、消费者购买决策过程的主要阶段 ………………………………………… 34
　　讨论题 ………………………………………………………………………… 37
第四章　酒店市场定位 ……………………………………………………………… 39
　第一节　酒店市场细分 ………………………………………………………… 40
　　一、酒店市场细分的概念 ……………………………………………………… 40
　　二、酒店市场细分的必要性 …………………………………………………… 41
　　三、构成市场细分的标准 ……………………………………………………… 41
　　四、市场细分的变量依据 ……………………………………………………… 42
　　五、酒店市场细分的步骤 ……………………………………………………… 46
　第二节　酒店目标市场选择 …………………………………………………… 47
　　一、评估目标市场的原则 ……………………………………………………… 47
　　二、进入目标市场的营销策略 ………………………………………………… 48
　　三、影响酒店目标市场策略选择的因素 ……………………………………… 50
　第三节　酒店市场定位 ………………………………………………………… 50
　　一、市场定位的内容 …………………………………………………………… 50
　　二、市场定位的步骤 …………………………………………………………… 51
　　三、市场定位的实施与动态调整 ……………………………………………… 52
　　四、酒店市场定位的策略 ……………………………………………………… 53
　　讨论题 ………………………………………………………………………… 54
第五章　酒店产品策略 ……………………………………………………………… 56
　第一节　酒店产品的内容 ……………………………………………………… 57
　　一、酒店产品的概念 …………………………………………………………… 57
　　二、酒店产品的整体概念 ……………………………………………………… 57
　　三、酒店产品的基本构成 ……………………………………………………… 59
　　四、酒店产品组合 ……………………………………………………………… 59
　　五、酒店产品策略 ……………………………………………………………… 62
　　六、酒店产品生命周期 ………………………………………………………… 64
　第二节　酒店新产品的开发 …………………………………………………… 65

一、新产品的概念 …………………………………………………………… 65
　　二、酒店新产品的类型 ……………………………………………………… 66
　　三、酒店新产品开发策略 …………………………………………………… 67
　　四、酒店新产品开发程序 …………………………………………………… 68
　第三节　酒店品牌策略 …………………………………………………………… 73
　　一、酒店品牌的内涵 ………………………………………………………… 74
　　二、酒店品牌的设计和创意 ………………………………………………… 76
　　三、酒店品牌定位 …………………………………………………………… 77
　　四、酒店品牌传播 …………………………………………………………… 79
　　五、酒店品牌管理 …………………………………………………………… 79
　　六、品牌国际化 ……………………………………………………………… 82
　讨论题 ……………………………………………………………………………… 83

第六章　酒店定价策略 …………………………………………………………… 85
　第一节　酒店产品标准价格及策略 ……………………………………………… 86
　　一、酒店价格概述 …………………………………………………………… 86
　　二、酒店产品定价的原则 …………………………………………………… 87
　　三、酒店产品定价的目标 …………………………………………………… 88
　　四、酒店产品定价的策略 …………………………………………………… 89
　第二节　酒店产品定价技术 ……………………………………………………… 92
　　一、酒店产品定价的影响因素 ……………………………………………… 92
　　二、常用的酒店定价方法 …………………………………………………… 96
　　三、增加营业收入和利润的定价策略 ……………………………………… 99
　　四、酒店产品定价的步骤 …………………………………………………… 101
　　五、酒店前厅产品报价技巧 ………………………………………………… 101
　讨论题 ……………………………………………………………………………… 102

第七章　酒店促销策略 …………………………………………………………… 104
　第一节　人员推销策略 …………………………………………………………… 105
　　一、人员推销的特点 ………………………………………………………… 105
　　二、人员推销成功的基础 …………………………………………………… 105
　　三、酒店人员推销的一般过程 ……………………………………………… 106
　　四、酒店使用的销售工具 …………………………………………………… 108
　第二节　广告策略 ………………………………………………………………… 113
　　一、酒店广告的含义与作用 ………………………………………………… 113
　　二、酒店广告设计的原则 …………………………………………………… 113
　　三、酒店广告决策 …………………………………………………………… 114
　第三节　公共关系策略 …………………………………………………………… 118
　　一、公共关系的目标 ………………………………………………………… 119
　　二、公共关系的功能 ………………………………………………………… 120
　　三、公共关系策略 …………………………………………………………… 121

四、酒店常用的专门性公关活动 …………………………………………… 123
　第四节　销售促进策略 ……………………………………………………… 125
　　一、销售促进的概念 ……………………………………………………… 125
　　二、销售促进的方式 ……………………………………………………… 125
　　三、销售促进方案的制定 ………………………………………………… 128
　　四、酒店销售促进效果评价 ……………………………………………… 129
　讨论题 ………………………………………………………………………… 129

第八章　酒店渠道策略 …………………………………………………………… 131
　第一节　认识酒店销售渠道 ………………………………………………… 131
　　一、销售渠道的概念 ……………………………………………………… 131
　　二、销售渠道的类型 ……………………………………………………… 132
　　三、间接销售渠道的功能 ………………………………………………… 133
　第二节　酒店与中间商建立良好关系的要点 ……………………………… 133
　　一、了解旅游中间商 ……………………………………………………… 134
　　二、评价旅游中间商 ……………………………………………………… 136
　　三、选择旅游中间商 ……………………………………………………… 136
　　四、与旅游中间商合作 …………………………………………………… 137
　第三节　值得格外关注的旅游批发商 ……………………………………… 137
　　一、对旅游批发商特点的进一步强调 …………………………………… 138
　　二、与旅游批发商合作时应关注的问题 ………………………………… 138
　讨论题 ………………………………………………………………………… 140

第九章　实现营销效果最大化的实用手段 …………………………………… 142
　第一节　增加酒店收入和利润的思路 ……………………………………… 143
　　一、酒店经营的现状 ……………………………………………………… 143
　　二、影响我国酒店经营效益的原因 ……………………………………… 144
　　三、增加收入和利润的营销思路 ………………………………………… 145
　第二节　酒店竞争优势的取得 ……………………………………………… 150
　　一、酒店竞争优势概述 …………………………………………………… 150
　　二、取得酒店竞争优势的途径 …………………………………………… 151
　第三节　制订正规的酒店市场营销计划 …………………………………… 155
　　一、酒店市场营销计划的含义及其分类 ………………………………… 155
　　二、酒店市场营销计划书的基本内容 …………………………………… 155
　　三、酒店市场营销计划书的格式和结构 ………………………………… 160
　讨论题 ………………………………………………………………………… 161

第十章　酒店市场营销新理念 ………………………………………………… 163
　第一节　客户关系管理 ……………………………………………………… 164
　　一、客户关系管理概述 …………………………………………………… 164
　　二、酒店客户关系管理的主要做法 ……………………………………… 165
　　三、酒店实行客户关系管理的注意事项 ………………………………… 166

四、微会员营销……………………………………………………………… 166
  第二节 关系营销………………………………………………………………… 167
    一、关系营销及其特征……………………………………………………… 167
    二、酒店关系营销的业务关系……………………………………………… 168
    三、酒店关系营销的具体措施……………………………………………… 169
  第三节 整合营销………………………………………………………………… 170
    一、整合营销的内涵………………………………………………………… 170
    二、整合营销传播…………………………………………………………… 171
    三、整合营销传播的管理措施……………………………………………… 172
    四、移动互联网时代的整合营销…………………………………………… 173
  第四节 网络营销………………………………………………………………… 173
    一、酒店网络营销概述……………………………………………………… 173
    二、酒店网络营销存在的问题……………………………………………… 174
    三、酒店直接网络营销系统的建立………………………………………… 175
  讨论题……………………………………………………………………………… 176
参考文献…………………………………………………………………………… 178

第一章 绪 论

【引导案例】

　　2022年3月,直客通与人民日报数字传播联合发布了《2021年度中国高星级酒店数字化营销创新发展趋势报告》(以下简称《报告》)。本《报告》以直客通多年深耕酒旅行业积累的创新营销大数据和实战经验为基础,对社会经济、行业趋势、营销提升的方法论做深度分析和探索。直客通CEO刘华认为,高星级酒店应该应用好数字化工具,在新渠道获客、客单价提升和数据平台搭建上全面提升营销能力。

　　直客通认为,高星级酒店应当认知到行业数字化转型的新趋势。高星级酒店基于营销数据形成的营销决策、营销管理同样对提升营销力具有至关重要的作用。直客通CEO刘华认为,当构建起酒店行业的网络数据时,将对营销有相当的价值。直客通在《报告》中提供的酒店数据,是来自高星级酒店形成的所有营销实时数据、产品数据、消费者数据、营销人员绩效数据。直客通认为,与酒店营销密切相关的数据如交通、天气、大型会议等,可为高星级酒店营销策略提供依据。打通各类数据壁垒后,行业的市场数据又可为高星级酒店的发展战略规划提供依据。

　　本《报告》总结了2021年度高星级酒店行业发展的基本情况,分析了高星级酒店营销体系的特征,探讨了中国高星级酒店数字化营销提升的路径。

　　首先,高星酒店行业发展进入了新局面。

　　《报告》认为,高星级酒店规模和营收告别高增长,行业进入存量时期。2021年行业迎来新的发展阶段和转型期。整体上来看,国内住宿业表现不及预期,但高星级酒店表现较好;私域流量成为高星级酒店业绩的主要贡献等。

　　其次,高星酒店营销体系日臻完善,营销机遇充分显现。

　　根据直客通提供的完整历史数据,可以发现在数字化时期,我国的酒店行业形成完整的营销体系,将拥有更多新的营销机会。《报告》认为,高星级酒店营销提升需要吸引更多客群、做好私域流量运营入手。酒店产品数字化将在降低营销和获客成本、提成服务质量及提升消费者复购和客单价方面全面赋能酒店营销。

　　第三,中国高星级酒店行业数字化应用领先全球,数字化营销规模不断壮大。

　　《报告》认为,在数字化营销方面,中国目前在应用侧已经走在世界的前列,尤其是在移动互联网的普及上要比国外做的更好一些。

　　在数字化营销规模分层研究中,直客通发现,高星级酒店营收呈现出年GMV规模层级越高,酒店数量增长持续较快的特点,这更加反映出数字化营销在酒店营收中的作用越来越大。

　　综合国内高星级酒店的客户消费数据,直客通发现,尽管传统OTA平台仍然是消费者预订的主要平台,但是微信生态、支付宝、抖音、知乎等平台已逐渐被消费者所接受和喜爱,成为帮助酒店获客和构建私域流量的重要平台。

根据行业数据和消费者调研来看,高星级酒店提升消费者新媒体购买力上升、高消费群体增速较快、消费者复购意愿较高,为酒店数字化营销提升奠定了坚实基础。高星级酒店应当积极构建新流量渠道,加强私域流量池和会员体系建设,不断提升消费者复购和客单价,保持市场竞争力,实现业绩增长。

第四,当前最具潜力数字化营销渠道——微信数字化专项营销。

直客通协助客户将微信运营作为承载私域流量,以及当前最为成熟的数字化营销渠道,因此,分析微信数字化营销的趋势将为酒店的营销决策提供有力的参考。

现在高星级酒店强化酒店微信生态的流量沉淀已成为行业重要举措,充分利用微信生态的触达、转换、交易、支付、分享等功能,使用好企微SCRM等工具,并利用微信生态的交易优势,推出微信储值等权益类产品,可实现提升客单价和复购,实现GMV的增长。

——资料来源:(作者不详)。直客通发布《中国高星级酒店数字化营销创新发展趋势报告》,https://caifuhao.eastmoney.com/news/20220327113012583926950,2022-03-27。

里兹"客人永远不会错"的信条的提出,成为了酒店营销的先导。今天,新技术正影响着酒店业市场营销的发展趋势。2016年,谷歌的变化影响了世界,其中的部分原因是移动设备迅速增长和移动电子商务表现强势。2017年,移动端兑现其承诺,支付技术让移动预订同移动流量速度相同。但无论如何发展,"客人永远不会错"这一理念的核心是要求酒店站在客人的立场去考虑问题,给客人以充分的尊重,并最大限度地满足客人的要求。它包含了4个方面的内容:

第一,要充分理解客人的需求。客人提出了超越酒店服务范围但又正当的需求,不是因为客人过分,而是反映了酒店的不足,所以酒店必须将其视为特殊服务予以满足,必须向客人表示歉意,取得客人的谅解。

第二,要充分理解客人的想法和心态。对客人因受外人之气而迁怒于酒店,或因身体、情绪等原因大发雷霆等出格的态度和要求,酒店必须给予理解,并以更优的服务去感化客人。

第三,要充分理解客人的误会。由于文化、知识、地位等差异,客人可能因对酒店的规则或服务不理解而提出种种意见,或拒绝合作,对此酒店必须向客人作出真诚的解释,并力求给予客人满意的答复。

第四,要充分理解客人的过错。由于种种原因,有些客人或有意找碴,或强词夺理,此种情形下酒店必须秉持"客人至上"的原则,把理让给客人,给客人以面子。

酒店营销在以客人为中心的连续不断的管理过程中,要关注客人需求,强调市场调研,找准酒店目标市场,做好内部营销,重视组织内外各种关系的协调,针对客人需求不断进行产品创新。酒店市场营销追求的目标是在满足客人需求的前提下创造企业利润,实现双赢。一个成功的酒店经营者首先必须是一名优秀的营销人员,必须充分认识酒店市场营销以及客人需求在酒店经营中的重要性。

第一节　正确认识酒店市场营销

目前,虽然越来越多的酒店经营者已充分认识到了酒店市场营销对于酒店经营和管理的重要性,但还没有形成对酒店市场营销的正确认识,例如,将酒店营销与酒店销售混为一谈。

错误的认识必将产生错误的行为,给营销活动的展开带来非常不利的影响,进而危害酒店的生存与发展。因此,正确认识酒店市场营销是开展有效营销活动的前提。

一、酒店市场营销的概念

所谓酒店市场营销,是指作为营销主体的酒店在适当的时间,以适当的价格,并通过适当的渠道,将适当的酒店产品和服务,传递给适当的客人的活动过程。换言之,这是酒店与客人为满足需求与欲望而展开的活动。很显然,这一活动的起点是作为营销活动主体的酒店了解和确定作为营销客体的客人的需求,而活动终点则是提供让客人满意的酒店产品。

酒店营销与酒店销售是两个不同的概念,其区别就在于对客人需求所持有的不同态度。酒店营销是通过客人的满意来实现酒店经营目标的,它的任务在于不断地跟踪客人的需求和要求的变化,以便能及时调整酒店整体经营活动,努力满足客人需求。而酒店销售注重的是酒店现有产品,并使用劝说性推销手段来扩大产品销售量,获取销售利润。简言之,酒店营销在于先了解和确定客人需求,然后向客人提供能满足其需求的合适的产品;而酒店销售则在于向客人推销现有产品,不考虑或很少考虑客人是否需要这种产品。

二、酒店产品的特殊性及其营销特点

酒店行业的产品有其自身的特殊性,这使得酒店营销与其他行业的营销相比有很大的不同。

(一) 无形性

酒店行业是一个综合性行业,其产品是以服务为主体的组合,具有无形性,因而质量无法用尺量、用秤称。同时,产品的有形部分大多又是以所有权不能发生转移的租赁形式存在的,因此酒店的营销活动带有相应的脆弱性和复杂性,这给酒店的营销活动带来了很大的难度,同时也对酒店营销人员提出了很高的要求。

(二) 不可贮存性

酒店产品的不可贮存性决定了酒店市场营销的艰巨性。如果客房当天的价值不能兑现,那么,这一天的损失将永远无法弥补。因此酒店要提高产品的时间效用,尽量实现产品的使用价值,减少损失。

(三) 不可移动性

酒店产品的不可移动性使营销活动缺少一定的灵活性,客人在首次购买酒店产品之前是无法具体接触或明确感受的,因此酒店营销人员必须注重信息的搜集、处理和及时有效地传递,进行营销手段的创新。

(四) 限制性

酒店产品大规模的生产和销售的限制性使酒店营销的规模效应受到局限,因此酒店营销必须注意了解客户需求,因人而异,通过主动、灵活以及个性化服务来提高酒店的效益。

(五) 非均质性

酒店产品的非均质性使客人的满意度参差不齐,客人会因自身的感受与评价的不同或员工服务水平的实际差别对酒店加以鉴别和选择,因此酒店要强化员工的服务意识,提高员工的服务技能和服务水平,通过员工的努力,提高客人的满意度和忠诚度。

(六)随意性和替代性

酒店产品消费的随意性和替代性增强了酒店产品的竞争性,因此营销活动必须着眼于刺激客人的消费欲望,酒店要明确自身的市场定位,在了解和掌握目标客人需求的前提下,做好促销宣传。

(七)非专利性

酒店产品的非专利性对营销活动的独特与创新提出了更高的要求。酒店产品非常容易效仿,因而要形成自身特色,打造酒店品牌,同时还要坚持"人无我有,人有我优,人优我新"的竞争战略。

(八)文化性

酒店产品的文化性要求酒店注重文化建设,强化员工的文化理念和提高产品的文化内涵。

【小链接1-1】

经过近20年的发展,目前,我国文化主题酒店建设开始进入4.0时代。

文化主题酒店1.0时代产品,其特点是有名无形;2.0时代产品的特点是有形无感;3.0时代产品的特点是有形有感。文化主题酒店的实质是创意,3.0时代的文化主题酒店产品开始注重文创产品的设计与创新,从环境到装饰、从创意到表现、从产品设计到制作都紧紧围绕一个文化主题,给客人带来独特的体验。如果说过去的文化主题酒店是"酒店+文化"的话,那么,文化主题酒店4.0时代就应该是"文化+酒店"的时代,4.0时代产品的特点应该是"有感有魂"。

文化主题酒店4.0时代,文化的作用更加重要。这里所说的"文化",是文创产品与文旅产品在文化统一性上的融合:首先是当地"文脉"的结晶与体现;其次是能够带来美的感受,创造美好的体验;最后是能够为酒店经营创造最大的空间,提供丰富的客源。笔者认为,在4.0时代,酒店人应该注意以下问题:

(1) 注重文化生活体验,即以文化为核心,以酒店为载体,以诗化的艺术想象和远方物境相结合。酒店将成为文创产业孵化、传播的平台和载体,赋予"文化性资源"新的生命力,催生形成新的生活方式——文创与文旅。文创产品、文旅产品则要寻根溯源,从历史本源、发展历程、时代环境、文化语言到市场导入等所有构成市场消费的元素,都运用统一的主题文化理念,注入统一的文化基因,表达统一的文化信息,让客人获得文化生活化、生活快乐化的文化生活体验。

(2) 注重文旅融合。文旅融合就是产业融合,"文化+酒店"的时代应该有新的内涵和使命,服务产品应具有新的更高的创新价值。比如成都的西藏饭店,目前已在西藏开设了数家藏文化酒店,他们立足统一的藏民族文化,每一家饭店突出一个主题特色,每家酒店创建一座藏文化非遗陈列馆,开发相应的文创产品,让藏文化"活"起来,形成藏文化+酒店的连锁性经营和独特的文化传播模式,成为4.0版本的藏文化主题酒店的示范。

(3) 注重文化经营创新。4.0时代的文化主题酒店,其产品应着重文化的经营,通过对文创与文旅产品的开发,创造文化主题酒店新的经营模式,扩展无界的市场经营力,让酒店不再是单纯的住宿空间,而是承载文创、社交、办公、艺术等多种功能的文化产品。比如4.0

时代的中国礼文化主题酒店,就以"一房一故事、一礼一传承"来塑造酒店的文化传播核心。河南永城礼酒店以汉礼文化为主题,四川广安礼酒店以感恩之礼为主题,德阳礼酒店以孝道之礼为主题,打造礼文化主题酒店连锁品牌。

——资料来源:安茂成,文化主题酒店要"有感有魂".《中国旅游报》,2019-09-12.

三、酒店市场营销的作用

(一)发现和了解消费者需求

现代市场营销观念强调市场营销应以消费者为中心,酒店也只有通过满足消费者的需求,才可能实现企业的目标,因此,发现和了解消费者的需求是酒店市场营销的首要功能。

(二)指导酒店决策

企业决策正确与否是企业成败的关键。企业要谋得生存和发展,很重要的一点就是做好经营决策。酒店通过市场营销活动,分析外部环境的动向,了解消费者的需求和欲望,了解竞争者的现状和发展趋势,结合自身的资源条件,指导酒店在产品、定价、分销、促销和服务等方面做出相应的科学决策。

(三)开拓市场

通过对消费者现有需求和潜在需求的调查、了解与分析,充分把握和捕捉市场机会,积极开发产品,建立更多的分销渠道并采用更多的促销形式,从而开拓市场,提高销售。

(四)满足消费者需求

满足消费者的需求与欲望是酒店市场营销的出发点和中心,也是市场营销的基本功能。酒店通过市场营销活动,从客人的需求出发,并针对不同目标市场的客人,采取不同的市场营销策略,合理地组织企业的人力、财力、物力等资源,为客人提供适当的产品,搞好各种售后服务,让客人满意。

四、酒店市场营销组合

传统的市场营销是由 4P,即产品(Product)、价格(Price)、渠道(Place)和促销(Promotion)4 个要素组成。但由于酒店是服务性行业,酒店产品中的大部分内容是服务,所以酒店市场营销的特点与一般市场营销的特点有所区别,传统的 4P 营销组合不完全适合于酒店市场营销,而应该将人(People)和过程(Processes)扩充到组合当中。只有这些相关要素与传统的 4P 受到同样的重视和研究,酒店市场营销活动才能得以顺利开展。

(一)产品(Product)

产品是指酒店提供给目标客人某些价值的物体或过程的总体概念,一般由核心产品、形式产品和附加产品构成。

(二)价格(Price)

价格是指酒店出售产品和提供服务后客人支付的金额。但由于酒店产品中有相当比重是无形的服务,客人无法预先体验,因此,价格又成为酒店传递给客人的关于质量的信息。价格既受产品质量的影响,同时又影响着酒店产品的销售。

(三) 渠道(Place)

渠道,是指酒店产品和服务从酒店向客人转移时,取得该产品和服务的所有权(使用权),或者是帮助转移所有权和使用权的企业和个人。它是酒店将适销对路的产品销售给目标客人的桥梁和纽带。

(四) 促销(Promotion)

促销是指为说服目标客人前来购买酒店的产品和服务而利用各种形式与目标客人进行沟通的多元化活动。这些活动包括人员推销、广告、公共关系和销售促进等。

(五) 人(People)

对酒店企业而言,人力资源构成了其产品的基础。服务提供者作为活生生的人,会在服务过程中表现出所不能控制的差异。因此,强调酒店营销中人的因素主要是指运用人力资源管理理论对客人服务提供者进行挑选、培训、激励,做好内部营销的过程。

(六) 过程(Processes)

过程是指所有酒店产品的生产并交付给客人消费的程序、机制和惯例,包括所有与客人有关的,甚至包括酒店员工需要自行处理问题的政策制定。过程质量的提高是酒店产品质量提高的重要保证,因此是酒店营销的关键。

第二节　酒店市场营销的起点和终点

市场营销最基本的概念是需要。当人的基本需要没有被满足时人们就会寻找可以满足这种需要的东西,而当人的需要得到满足之后,人们才可以更安心地生活和工作。"需要—满足—新的需要—新的满足"构成了人类进步和发展的阶梯,刺激需求—满足需求—刺激新的欲望和需求—满足需求,便成为市场营销的基本任务。酒店营销与市场营销一样,能否刺激并有效满足需求是衡量其成败的重要内容。因此,研究酒店营销首先应对需求等相关概念有一个准确的理解和把握。

一、对相关概念的理解与把握

(一) 与需求相关的概念

1. 需　要

按照心理学的解释,需要是有机体由于缺乏某种生理或心理因素而与周围环境产生的某种不平衡状态,是有机体对延续和发展其生命所必需的客观条件的需求的反映。需要以愿望和意向的形式表现出来。当需要未被满足时,有机体将寻求各种手段来满足它。需要分为自然需要、社会需要、物质需要和精神需要。对于市场营销者而言,需要不能凭空创造,但却可以去满足。

2. 欲　望

欲望是指个体想要得到某种东西或想要达到某种目的的要求。由于个体受不同文化及社会环境的影响,欲望的指向物和对对象的追求是不一样的,因而营销者可以通过一些手段刺激欲望、影响欲望,并创造、开发相应的产品和服务来满足欲望。

3. 需　求

需求是指愿意购买并且有能力购买某个具体产品的欲望。营销活动的目的不仅是激发消费者的欲望，更在于激发消费者购买本企业产品的需求。了解消费者的购买能力，便可以提供相对较为合适的产品以满足其需求。

【小链接1-2】

酒店在顾客忠诚度方面正面临着前所未有的竞争。很多酒店已经开始借助最新的技术来争取赢得客户，酒店需要在技术和待客服务之间找到适当的平衡，真正满足客人的需求。

客人想要的酒店客房技术

随着技术在人们日常生活家居中发挥的作用越来越大，旅行者也希望在酒店能享受居家般的技术便捷，研究发现，近70%的消费者希望酒店在客房能提供智能设备。事实上，超过五分之三的消费者希望通过酒店提供的智能设备呼叫客房服务，五分之二的消费者愿意使用智能设备办理入住和退房。

万豪国际集团也在积极为其客人提供智能技术服务。通过与亚马逊的Alexa语音智能方案合作，万豪实现了客人通过智能设备呼叫客房服务、控制照明、温度和电视播放操作。

尽管技术能为顾客提供更多的选择和个性化服务，这也让酒店不断尝试与更多科技公司合作，但部分酒店也在减少华而不实的技术运用，从而更多地适应顾客的需求。日本机器人酒店解雇了一半的机器人员工，因为56%的消费者并不想与机器人互动。

多元化的沟通渠道

客人与员工间的沟通方式是酒店待客服务的一项重要内容，技术能通过简化请求帮助实现更好的沟通。尽管客人倾向于使用酒店提供的智能设备提出要求，但当被问及他们希望如何与酒店员工进行互动时，27%的人表示喜欢打电话，20%的人喜欢当面询问工作人员，5%的人喜欢通过网站，4%的人喜欢短信。酒店应该为客人提供以上各种选择，确保高效的沟通。

酒店运用技术能满足客户多样的沟通偏好，但是，不能因为提供多种渠道沟通，给员工增加负担。集成的沟通工具就可以帮助酒店员工之间保持连接，并跟踪和接收客人通过各个渠道发送的要求。任何设备或员工收到请求，都可以轻松地将其传达给合适的人员并能够及时完成。

研究发现，超过三分之一的酒店客人会向前台表达不满，因为处理时间很长，大大延迟了服务。所以，酒店经营者需要利用技术平台，及时连接到酒店每个岗位的员工。

酒店还可以利用智能手表等可穿戴技术产品，让员工在酒店内随时随地享受免提连接。如果有服务员正在帮一对客人夫妇拿行李，当他收到开香槟的请求时，就可以通过智能手表向酒吧服务员发送消息，并在他离开房间前就拿到香槟。

技术支持的礼宾服务

如今，酒店不再仅是客人睡觉的地方，还能帮助客人找到最适合他们喜好的当地体验。如果客人对数不清的活动都感兴趣，帮助客人匹配适合的活动就很有挑战性。研究显示，对当地美食、城市观光、文化学习中心、酿酒厂感兴趣的旅行者分别占到40%、36%、33%和27%。

有了技术的辅助，礼宾人员能够在线跟进本地的活动和新店信息，按类别和受众分类，并跟踪客人评论,这使他们可以为酒店的每位客人提供周到和个性化的推荐。借助这类工具,酒店的所有员工都能够访问聚合本地活动信息的技术平台,并提供定制推荐。即便不通过 Yelp(美国餐厅商店点评网站),客人也可以获得如同朋友和家人那里得到的建议。
——资料来源:Juli 编译,酒店科技应用与人员服务的均衡点:切中客人真实需求.环球旅讯,http://m.traveldaily.com.cn/article/128983,2019-05-06.

(二) 需要、欲望与需求的关系

为了更加准确地把握需求的概念,有必要区分需要、欲望与需求这几个相互联系又各不相同的一组概念。

在营销中最基本的概念是需要,需要是源于心理上的不满足而产生的某种不平衡的状态;欲望是想得到能够满足该需要的具体满足品的迫切心情和愿望;需求是有支付能力的需要,它包含对某产品有欲望,愿意消费和有为此支付的经济能力两个内容,两者同时满足就成为了现实的需求。

在现代社会生活中,人们离家远行、外出的情形比比皆是,吃、住等基本需要自然产生,由于人们的社会地位和经济水平不同,于是产生了对不同档次的酒店的各种欲望;当这些人有了住酒店的愿望,同时具备了能够支付住酒店的费用和开销的能力,对于酒店而言,现实的市场需求就形成了。有了这样的环境,酒店应该做的就是自身产品的营销。

二、酒店市场营销的起点和终点

对任何一家酒店来说,要赢得客人,首先得了解客人。康伯纳曾说过:"不要以自己的喜好去对待别人,每个人的品位都有所不同。"这句话表明,在服务中最好的方式是以客人想要的方式为他们服务,要做到这一点,就必须深入了解客人,想客人之所想。满足客人需求是酒店市场营销的起点和终点。

(一) 客人需要诚挚的关心和爱护

客人满意是至关重要的。那么,什么是客人满意呢?客人满意是客人对酒店服务体验的程度。客人在酒店所有部门、所有服务功能和所有人群中,如果所遇到的问题都得到了圆满的解决,则酒店从其获得的收益将三倍于一个从未遇到任何问题的客人。之所以会有这样的结果,原因在于当问题得到圆满解决时,客人会有一种被关怀感,心理上得到满足,并激发起对酒店的信任,从而在消费过程中忠诚于酒店。

卡尔·阿尔布雷克特和罗詹姆克合著的《为美国服务》一书提出了服务三角形模型,其组成部分是客人、服务策略、职员和系统。模型中心部分是客人,书中鲜明地提出了现代服务管理必须以客人为中心,以满足客人需求为首要任务,全心全意为客人提供服务。希尔顿集团将这本书作为管理人员必读书,并把它作为服务宗旨向全员灌输。

在希尔顿酒店看来,每一位客人在生活的每一个驿站,都有得到家庭般温暖的愿望,酒店要把客人看作是自己的家庭成员一样给予关心和爱护,这是赢得客人的关键。正是这一深入客人心理层次的服务,使得希尔顿酒店生意兴隆,并与众不同。要做到把客人当作家人,仅仅强调文明、礼貌服务显然不够。只有每一位员工都把客人装在心里,才能做到微笑时亲切、自然,对客人提出的每一个问题都能给予最大的帮助,尽量为客人提供超值服务,如记住客人的生日,发现他们的难处并给他们带来意外的惊喜等。有了这些,客人每次到这个酒店,就会自然而然的感觉像回家一样。

【小链接1-3】

从第一家酒店开业至今，锦江之星酒店已服务商旅客群近23载。2019年，锦江之星积极围绕住客核心诉求不断创新升级，无论是关注客人个性化入住体验的零压房、影院房等主题房的推广，还是"食神炒饭""见面吧"带来的25＋早餐品类之外的美食惊喜，锦江之星依靠匠心品质铸就良好口碑，依然深受消费者喜爱。对于很多人来说，它不仅仅是酒店，更像是生活在别处的老朋友，也像是一位多年来的老邻居，用心服务，关怀备至。

像这样的细节服务案例每天都在各地锦江之星酒店上演：1月6日，锦江之星阜新迎宾大街酒店内，一位客人办理入住时，酒店经理发现客人感冒咳嗽，随即询问客人需求，并通知餐厅准备有助驱除寒气的姜丝红糖水送至客人房内，还贴心准备了写有祝福早日康复的便签。客人为酒店的用心服务点赞，连说"真没想到入住锦江之星居然能享受到五星级的服务"，并主动办理了锦江会员卡。

一个关注的眼神、一句温馨的话语会感动顾客；一次耐心的讲解会让顾客怒气顿消；一个小问题的克服就能解决顾客眼中的"大问题"……酒店生产的是一种服务产品，而服务在于细节，感动也出自于细节。作为深受消费者喜爱的酒店品牌，锦江之星始终强调"服务无小事"与"有温度的服务"，旗下酒店员工在这样的品牌文化熏陶下培养出了过硬的服务意识和练就了过硬的服务业务水平，也因此收获了客人的无数好评与感动。

——资料来源：锦江之星官网，http://www.jinjianginns.com/news.html，2020-01-22.

（二）客人需要一步到位的服务

美国西蒂公司的服务战略的基点是：急客人之所急。该公司主管客人事务的主任黛娜·内莫洛夫说："客人的需要往往是简单的，我们的责任是让客人的需要及时和完全地得到满足。客人是我们的上帝和真正的老板。"对于客人的需求，即使是一件小事，成功的企业也必然是以高效的、优质的服务来帮助客人，并赢得客人的信任。现在的客人，对所提供的服务的效率是十分在意的。无论是旅行者还是商务客，时间的安排都很紧张，他们在遇到问题时，都希望能得到一步到位的服务，并在被服务的过程中，得到尊重和理解。为此，酒店上上下下都应牢固树立急客人之所急、想客人之所想的理念，对客人的要求，接待的服务员要尽快帮助解决，即使涉及其他岗位，也不能随便指一下方向了事，不然的话，很容易使客人感到是服务的员工在指挥他。

有这样一个案例：一天，一位酒店员工接到一个查询电话后，二话没说，就把电话转到了总台。很明显，这位员工的做法是错误的，因为他没有为客人提供任何帮助，未等客人说完话就转电话，这不仅很不礼貌，而且是怠慢和推诿。这样的服务必然会损害客人的自尊。其实，对于不少客人来说，他们并不知道应该直接找哪个岗位，在客人的心里，酒店的每一位员工都是可以为他提供帮助和服务的对象，被寻求帮助的员工客观上便代表了这个酒店。酒店的员工应以为酒店的每一位客人提供服务为天职，只有这样，客人才会每时每刻都能得到一步到位的、高效的服务。

（三）客人需要得到关键时刻的服务

"关键时刻"这个词现在已成为服务管理的中心议题。美国SAS公司的总裁简·卡尔文在公司陷入困境的时候曾经用这个词鼓励员工。他让员工确信每一次与客人的接触都是一个关键时刻,关键时刻是每天、每时、在每个人身上发生的。这种"关键时刻"的意识,使得公司在两年时间内从濒临破产走向了赢利。与一般企业相比,酒店对员工服务意识的要求无疑应该更高一些,因为酒店出售的产品就是服务。客人到酒店以后,在每一个场所、每一个与员工接触的地方都需要得到绝对重视,因此,酒店员工的一言一行,都会对客人的消费产生重大影响。

有人认为,酒店服务的关键时刻是吸引客人入住和消费,总台、预订及其他直接对客服务岗位最重要。其实,对于酒店的任何一个岗位,客人只需经过短暂的接触便能对酒店的服务质量有所了解,任何一次令客人不悦的经历都可能使酒店永久地失去客人。即使是没有员工直接参与的地方,如停车场是否整齐有序,电梯是否整洁明亮,都是潜在的关键时刻。要使客人时时满意,有必要进一步加强对员工爱店、爱岗的教育,并在培训中把公共意识作为行为规范进行全员灌输。在酒店业竞争日趋激烈的今天,每一位管理者和员工都要把客人看成酒店最宝贵的财富,用真诚、热情为客人服务,才能争取客人,获得这笔财富。

第三节　做好酒店市场营销的方法

我国的酒店业是随着对外开放的步伐发展起来的,是最早接受国外先进管理经验和技术的行业。然而,考察酒店业的整体情况,发现除一些大的酒店、连锁集团所属的酒店外,不少酒店的经营管理仍然停留在对于他人经验照搬模仿的初级阶段,缺乏经营灵活性和创新意识,经营成效远未达到最佳状态。因此当今的酒店业正处在一个最需要研究和探讨,将经营进一步向前推进的阶段,当务之急是明确搞好酒店营销该从何做起。以下是酒店开展营销的一些方法和思路。

一、打好经营基础

酒店经营的基础可以概括为"一个中心"和"两个基本点"。

(一) 酒店经营的"一个中心"

酒店经营的中心是市场,是目标客人。酒店必须关注市场,以市场为导向,围绕市场开展工作。酒店以市场为中心就是要遵循市场规律,做好市场调查,了解市场需求,不能靠主观臆测进行经营,而是要随着市场的变化及时调整经营策略,有目的地开展酒店经营活动。

(二) 酒店经营的"两个基本点"

市场经济无时无刻不存在竞争,有时竞争非常残酷。酒店要想在激烈的竞争中获胜,必须先练好内功,把企业内部各方面的工作管理好、协调好。只有这样,才能增强经营实力,在变幻莫测的市场中立于不败之地。要做到这一点,就要在培育和造就高素质的员工队伍以及树立正确的经营理念上狠下工夫,这是酒店经营的两个基本点。

酒店服务的生产与消费是同时发生的,客人与提供服务的员工接触也是多层面和广泛的。没有一流的员工,就不会有一流的服务;没有满意的员工,就不会有满意的客人。员工是酒店最宝贵的财富和资源。培育和造就具备良好素质、丰富知识、娴熟技能、规范礼仪、诚信商业道德和热忱工作态度的员工队伍是酒店经营最根本的工作。

酒店是传统的服务行业,服务要尊客为上,让客人来到酒店切实感受到宾至如归、处处满意。要想做到这一点,就要在酒店全面推行"宾客至上"的经营理念,树立"使客人满意为第一己任"的工作理念,全方位为客人着想和服务,从思想建设上奠定良好的经营基础。

二、经营具有创新思维

社会越发展,市场越细分,酒店经营越应该专业化。近年来,我国酒店产品雷同、千篇一律、百店一格的现象比较突出,酒店间的竞争愈演愈烈,导致成本上升,效益下降。消费者需求的多样化,要求酒店产品也必须多元化。酒店硬件不能一味地攀比豪华、气派、大而全,而应该立足于在有限的投资中尽量设计出各自不同的风格、品位、气氛和文化特色。酒店软件也要在具备"老三化"(规范化、标准化、程序化)的基础上做到"新三化"(个性化、特色化、形象化)。酒店如果不去进行这种创新改造工作,就会被市场无情地淘汰。

酒店创新要遵照客人的要求,充分征求客人的意见,听取多方面的反映。对于老客人,应主动征求改进意见,及时改进工作,使老客人不断感受到新的服务和新的变化,提升他们对产品的忠诚度。对于新客人,要加强宣传酒店的功能特色,突出与其他酒店不一样的地方。要留住客人,产品就必须有变化、有创新、有突破。酒店要表现出与众不同的差异性,最容易的突破点就是文化。文化的地域特点特别明显,入住的客人绝大多数是异地客人,客人与酒店所在地的距离越远,文化差异性也就越大。酒店可以在房屋造型、室内装修、服务人员服饰、服务形式、饮食文化、背景音乐、娱乐活动等方面突出表现本地特点,吸引客人选择自己的酒店消费。

酒店提供的是生活服务,客人的一般心理总是求新、求异、求变的,对于异地的各种文化往往乐意接受。如果在服务中一味地去迎合客人原有的生活方式,不一定能取得理想的效果。因为客人来自四面八方,程式化的模式不可能适应所有客人,有时客人也许会觉得这种迎合是一种蹩脚的服务。当然,创新服务不能强加于人,要给客人提供多种选择的余地,并尊重客人的选择,做好个性化服务。

三、做好酒店内部促销

酒店内部促销就是酒店内部全员促销,这是酒店营销的继续和延伸,是节约营销成本的最佳形式。首先,内部促销是面向已经入住的客人或老客人进行的促销,稳住已有的客人就是稳住已有的市场份额。其次,内部促销不需要专职人员,与外部促销活动相比既容易又方便。从总经理到服务员,从前台到后台,人人都可参与,酒店全员都是义务推销员。只要把全体员工的积极性、主动性调动起来,再适当地掌握一定的方法和技巧,酒店就会形成强大的内部推销力量。再次,内部促销不需要专门的经费投入。它不像广告、公关等要有专项的经费开支,而是在完成本职工作的同时,不失时机地、恰到好处地向客人推销,只需多一些灵活的方法、语言技巧和形式变换而已,这是成本最低、见效最快的促销手段。最后,内部促销不受任何限制,在服务过程中随时随地都可以开展,非常便捷。所以,内部促销是一种非常有效的营销,它是外部促销的一种延伸。

内部促销取得成效的保证是服务的优质化。只有优质的服务才会令客人满意,才能让客人乐于接受内部促销的诱导,愿意增加消费和再次消费。此外,建立健全一套激励内部促销的机制是做好内部促销、树立全员营销意识的制度保证。

四、借机开展销售促进

销售促进是酒店为了促使目标客人加快购买决策、增加购买数量而采取的一系列鼓励性的销售措施。酒店往往通过某种活动来变换产品销售的方式,以达到促销和宣传的目的。这种变换的销售形式适用于特定时期或特定任务下的短期特别推销,目的是在短期内强烈刺激市场需求,迅速取得销售效果。酒店销售促进的形式包括庆典活动、节假日促销、主题销售、文化表演、美食节、康娱项目、名人讲座、展览等。通过这些活动形式,酒店获得了效益,展示了形象,扩大了影响。例如,某酒店每年圣诞节和中秋节都会举办丰富多彩的节日集会活动,并借机推出节日客房和旅游产品,每次都产生了轰动效应,成为新闻焦点,引起了很大的市场反响,取得了丰厚的经济收益。

酒店在重要的日子不失时机地举办各种文化品位高、艺术氛围浓、内容独特新颖、形式活泼健康的销售活动,不仅能直接增加酒店收入,更能扩大酒店知名度,树立酒店良好的市场形象。

五、科学运用宣传手段

酒店销售产品不能等客上门,同样需要宣传,但宣传媒介的选择必须经过慎重考虑。在当今信息时代,传播媒介呈现多样化,不同媒介所针对的受众和辐射范围有所不同。电视、广播、报纸、杂志、商业信函、宣传品、户外广告、流动交通广告等众多媒体和宣传途径往往让酒店难以选择,无所适从。特别是随着新媒体时代的来临,微博、微信等社交媒体更是让酒店应接不暇。通过调查不难发现,一些酒店虽然经常在某些媒体广告上出现,但真正起到的效果并不理想,原因是酒店的目标客人一般比较分散,而媒体的受众又相对集中,这就像在湖广鱼稀的水面上撒网捕鱼,费力费神却收获不大。对于覆盖整个市场的宣传,酒店应该通过制造新闻宣传自己,如设法吸引名人政要入住酒店,或举办社会反响较大的活动等,频频在媒体亮相,借助新闻宣传扩大酒店影响。同时,充分利用新媒体进行宣传,最大限度地发挥其互动性、多样化和参与性强等优势。

六、采用品牌营销策略

品牌是酒店重要的无形资产,它具有极高的经济价值。利用品牌进行营销是一种非常有效的市场方法。在消费者消费追求日益多元化、个性化的情况下,品牌的功能显得越来越重要。酒店品牌的树立能够引发客人的消费偏好,与客户建立友好的感情,增强消费者的认同感和对品牌的忠诚度,从而达到营销目的。酒店品牌通过酒店的名称、标识物、标识语,让客人认知和区别不同于别家酒店的定位。

酒店品牌的树立建立在服务质量之上。酒店住宿是一种以服务为主要内容的无形产品,它无法触摸或消费尝试,十分依赖消费者事前对它的质量感知。品牌所体现的质量是影响消费者购前感知和购买决策的关键因素。酒店品牌所体现的质量主要透过酒店表象特征传达给客人,具体表现在价格、服务人员的仪表、建筑物外观以及明显能对客人产生第一印象的其他方面。这些方面的形象提升和特色显现对打造酒店的知名品牌尤为重要。不过,知名酒店品牌的形成不是一蹴而就的,是依靠酒店长期的科学管理和坚持不懈的营销努力取得的。品牌营销本身就是名牌创建的过程。品牌营销的目的在于不断提升品牌,形成名牌。目前,名牌的重要性已被越来越多的酒店所认识。酒店可以利用名牌延伸产品,渗透市场。名牌延伸是酒店利用名牌的影响力来发展新品种经营,壮大市场规模。国外的酒店集团多利用其知名品牌在短时间内迅速发展壮大。如假日集团最早拥有中档酒店品牌 Holiday Inn,随着"假日"品牌知名度的提高,它将酒店产品线向其他细分市场快速扩展,延伸出另外几个酒店品牌。

讨论题

(1) 简述酒店产品的特殊性。
(2) 简述酒店市场营销的作用。
(3) 请结合近年的市场环境举例说明有哪些酒店营销新方法。
(4) 结合以下案例回答问题。

【案例】

距离航班值机台步行仅需几分钟;无论是清晨还是深夜都可以随时办理入住;房费以小时为单位计算;还有得吃有得玩……这是大多数旅客对机场酒店的想象。商旅人士关先生说,他经常坐晚班机到北京,第二天又要乘早班机离开,这个时候就希望机场附近能有一个可以休息几个小时的地方。然而,在机场边上的酒店大多数依然是按天计费的,算下来确实不划算,也只好放弃这个念头。

2019年9月底,环亚机场服务管理集团旗下的北京遨途机场酒店开业,这家楼高两层、占地面积超过9000平方米的酒店,不仅提供单人房、双人房、双人豪华房、家庭房及无障碍客房,而且客房入住形式还分为3小时、6小时、12小时及全天四种,价格也从200多元至1000多元不等,满足了客人对机场酒店的特殊需求。

如果按小时来计费,酒店是否会在客人不怎么需要休息的时间段内出现客房大规模闲置的情况?环亚机场服务管理集团创办人兼首席执行官宋海西在接受媒体采访时透露,北京遨途机场酒店一投入使用就已收获70%左右的入住率,"按小时计算房费是一个很大的突破,我们要掌握的是哪个时间是预订高峰期,用哪些产品和服务吸引客人产生更多的消费"。

近年来,在消费升级的趋势下,用户多元化的出行需求让越来越多的细分市场崛起,机场交通枢纽商圈的住宿消费机会便是其中之一。有数据表明,中国正在成为全球交通枢纽酒店投资和发展的最大市场之一。作为交通枢纽的重要配套设施,酒店是必不可少的基础场景,并承接商务、旅游、中转等多类型用户的多样化需求,满足这些需求才能使这个细分领域的酒店在运营方面更加出彩。

"遨途是基于机场服务这个理念建立的。例如有人喜欢健身,那就在酒店花二三百元健身后洗个澡就去登机。我们在新加坡的遨途酒店有室外游泳池,而在北京遨途机场酒店会有很大的会议区,因为新加坡的遨途酒店服务的更多的是度假客人,而北京遨途酒店服务的主要是商旅客人。我们一切根据客人实际需求而定。"宋海西说。据了解,北京遨途机场酒店还设有健身室和游戏室以及一家有192个座位的悦庭餐厅。

——资料来源:王玮.机场酒店如何满足旅客的个性,环球旅讯,https://m.traveldaily.cn/article/134766,2019-12-26.

问题:结合本案例,请举例说明酒店为满足客人需求可提供什么样的创新服务或个性化服务,并阐述如何进行服务。

第二章 酒店市场营销环境分析

【引导案例】

　　2020年7月,国家发改委等13个部门印发的《关于支持新业态新模式健康发展激活消费市场带动扩大就业的意见》明确提出,鼓励共享住宿、文化旅游等领域产品智能化升级和商业模式创新,发展生活消费新方式。共享住宿新业态发展呈现出以下六个趋势。

　　第一,长期看好与近期不确定性并存。一方面是长期发展看好。作出这个判断的原因主要的考虑是消费升级是大趋势,我国大力倡导国内大循环,旅游住宿相关领域都是刺激内需的重点,以及过去几年住宿新业态的发展在满足住宿消费市场需求上发挥了重要作用,共享住宿业态的创新发展有望加速。另一方面,近期共享住宿行业发展面临着诸多不确定性。旅游相关的服务性消费具有非刚性的特点,在居民就业、收入和消费面临较大压力的情况下,有可能成为居民缩减消费需求的优先选项,这些因素将进一步加大行业近期发展所面临的不确定性。

　　第二,更加有利的政策环境。行业发展面临的政策环境将更加有利,从2020年上半年已经出台的政策以及未来一段时间可能会出台的政策要点来看,既有促消费、扩内需的宏观政策,也有针对旅游住宿等的具体行业政策。面向未来,许多地方政府都在探索政策创新,因而在进一步刺激消费需求、丰富旅游供给、创新旅游方式以及加强政企合作等多个方面,都可能为旅游住宿业的发展营造更好的政策环境。

　　第三,行业整合和提质升级步伐加快。一是行业整合步伐会加快,头部效应更加凸显,经历疫情的冲击,中小经营者进一步寻求与行业领先企业合作,这意味着领先企业也面临着一些很好的机会,比如有可能以较低的价格拓展市场。二是提质升级会成为行业的发展重点,形成规模优势的平台企业将更有能力加大在提升产品质量和服务等方面的投入。企业将逐步形成规范化的管理体系,平台对经营者的赋能作用将会更加被重视。

　　第四,中高端民宿将成竞争焦点。随着人们收入和消费水平的持续提高,以及中产阶层人群的不断扩大,人们对中高端生活服务的需求也将相应扩大,对住宿的需求也将从早期阶段的经济型消费转向舒适型、品质型的中高端消费。在这种情况下,高端和经济型连锁酒店总体上看供过于求,而中端水平的休闲、个性化住宿服务市场供应总体上看与市场需求存在较大差距,存在着结构性的市场机会。

　　第五,城镇改造和乡村建设带来新机遇。当下许多城市都在进行老旧小区改造。2020年政府工作报告提出要重点支持既促消费惠民生又调结构增后劲的"两新一重"建设。旧民房、旧院落都将为平台企业带来较大规模的房源供给,平台企业也会不同程度地参与到旧改小区的基础设施、社区商业、物业等综合性改造中,打造与旅游、体验、休闲娱乐融合的社区综合体。现在各地都在进行美丽乡村建设,积极引导利用农村闲置住宅及废弃矿山、旧厂房发展乡村旅游、民宿等新业态,这些都会为共享住宿产业的创新发展带来新机遇。

　　第六,健康化、标准化、智能化和规范化。一是健康化。尤其是经历此次疫情的冲击,消费者将更加注重自身健康,对住宿的绿色、安全、舒适、清洁消毒、日常管理的要求会更高。二是标准化。以个性化为主要特色的住宿新业态,也会越来越重视品牌标准化建设。三是智能化和数字化。从此次疫情中能看出,那些线上线下融合发展程度高的企业,抗风险能力和韧性更强,对共享住宿行业而言,智能与健康的有机结合可能会成为转型的大势所趋。四是规范化。新业态发展都有一个摸索的过程,我们国家对新业态一直坚持"鼓励创新、包容审慎"的发展原则,未来几年,共享住宿新业态的规范化发展进程将持续甚至是加速推进。

时代在变,消费者在变,整个市场也在变,共享住宿行业中唯有积极拥抱变化、主动变革的企业,方能立足于潮头,乘风破浪。

——资料来源:于凤霞,共享住宿新业态发展的六个趋势,《人民邮电》,2020-08-28,第007版.

任何酒店的营销活动都是在一定的营销环境中运行的,营销环境的变化可以为酒店带来新的市场机会,也会给其造成环境威胁。因此,了解酒店营销环境的基本构成,明确营销环境的特点,监测和把握各种营销环境因素的发展变化,才能确保酒店在日益激烈的竞争中立于不败之地。

酒店市场营销环境指存在于酒店营销部门外部的不可控制的因素和力量,市场营销环境是错综复杂的,既包括宏观环境,又包括微观环境。这些因素和力量是影响酒店营销活动及其目标实现的外部条件,对酒店来说市场营销环境是不可控因素。

第一节 酒店宏观市场营销环境分析

宏观市场营销环境是指对酒店的营销活动构成影响的间接环境,但是,并不能排除宏观市场营销环境中的某些因素会对酒店的营销活动产生直接的影响。宏观市场营销环境主要由人口环境、经济环境、政治法律环境、自然环境、科学技术环境、社会文化环境等方面的基本因素构成。

一、人口环境

人口环境对于酒店来说非常重要。市场是由人组成的,人口环境决定了市场需求的类型与规定。酒店营销人员对在不同城市、地区和国家的人口规模和增长率、年龄分布和种族组合、教育水平、家庭类型等深感兴趣。

一般来说,人口规模越大,市场规模也就越大,需求结构也就越复杂。世界人口尤其是发展中国家人口持续高速增长,这是人口环境变化中的一个重要情况。然而酒店更加关注的是当地人口总量。例如,考虑酒店所在区域的常住人口、暂住人口、退离休人口以及婚龄人口等,从中发现市场机会。

人口的自然构成也是酒店分析人口环境的要点,包括人口的性别构成和年龄构成等方面。一方面,随着人们生活水平的提高,卫生保健条件的改善,人均寿命的增加以及人口的较快增长,在人口年龄结构方面出现了一个值得注意的动向,即全球性的老龄化问题。另一方面,由于我国人口基数大,故婴幼儿及少年儿童的绝对数很高。除了自然构成,人口的社会构成也是需要关注的,需要考虑人口的职业构成、教育构成、家庭构成、民族构成和地区构成等内容。

【小链接 2—1】

（一）人口总量。全国人口共 141178 万人，与 2010 年（第六次全国人口普查数据，下同）的 133972 万人相比，增加 7206 万人，增长 5.38%，年平均增长率为 0.53%，比 2000 年到 2010 年的年平均增长率 0.57% 下降 0.04 个百分点。数据表明，我国人口 10 年来继续保持低速增长态势。

（二）户别人口。全国共有家庭户 49416 万户，家庭户人口为 129281 万人；集体户 2853 万户，集体户人口为 11897 万人。平均每个家庭户的人口为 2.62 人，比 2010 年的 3.10 人减少 0.48 人。

（三）人口地区分布。东部地区人口占 39.93%，中部地区占 25.83%，西部地区占 27.12%，东北地区占 6.98%。与 2010 年相比，东部地区人口所占比重上升 2.15 个百分点，中部地区下降 0.79 个百分点，西部地区上升 0.22 个百分点，东北地区下降 1.20 个百分点。

（四）性别构成。男性人口为 72334 万人，占 51.24%；女性人口为 68844 万人，占 48.76%。总人口性别比（以女性为 100，男性对女性的比例）为 105.07，与 2010 年基本持平，略有降低。出生人口性别比为 111.3，较 2010 年下降 6.8。

（五）年龄构成。0～14 岁人口为 25338 万人，占 17.95%；15～59 岁人口为 89438 万人，占 63.35%；60 岁及以上人口为 26402 万人，占 18.70%（其中，65 岁及以上人口为 19064 万人，占 13.50%）。与 2010 年相比，0～14 岁、15～59 岁、60 岁及以上人口的比重分别上升 1.35 个百分点、下降 6.79 个百分点、上升 5.44 个百分点。

（六）受教育程度人口。具有大学文化程度的人口为 21836 万人。与 2010 年相比，每 10 万人中具有大学文化程度的由 8930 人上升为 15467 人，15 岁及以上人口的平均受教育年限由 9.08 年提高至 9.91 年，文盲率由 4.08% 下降为 2.67%。

（七）城乡人口。居住在城镇的人口为 90199 万人，占 63.89%；居住在乡村的人口为 50979 万人，占 36.11%。与 2010 年相比，城镇人口增加 23642 万人，乡村人口减少 16436 万人，城镇人口比重上升 14.21 个百分点。

（八）流动人口。人户分离人口为 49276 万人，其中，市辖区内人户分离人口为 11694 万人，流动人口为 37582 万人，其中，跨省流动人口为 12484 万人。与 2010 年相比，人户分离人口增长 88.52%，市辖区内人户分离人口增长 192.66%，流动人口增长 69.73%。

（九）民族人口。汉族人口为 128631 万人，占 91.11%；各少数民族人口为 12547 万人，占 8.89%。与 2010 年相比，汉族人口增长 4.93%，各少数民族人口增长 10.26%，少数民族人口比重上升 0.40 个百分点。

——资料来源：宁吉喆. 第七次全国人口普查主要数据情况，国家统计局网站，http://www.stats.gov.cn/ztjc/zdtjgz/zgrkpc/dqcrkpc/ggl/202105/t20210519_1817693.html，2021—05—11.

二、经济环境

一般来说，地区经济越发达，国民收入水平越高，商业活动越频繁，酒店所处的经济环境就越有利。经济环境包括的具体内容较多，可支配收入水平、储蓄、投资、利率、负债及信贷都对经济环境有影响。

在诸多因素中,社会购买力更为重要。社会购买力是指一定时期内社会各方面用于购买商品或劳务的货币支付能力。许多因素通过影响社会购买力间接影响旅游企业的营销活动。

汇率是影响酒店的重要因素,这突出地表现在国际运营上。汇率是两国货币之间的比价,即用一国货币单位来表示另一国货币单位的价格。汇率变动对旅游企业的影响表现为两个方面:一是当客源国货币升值时,对客源国客人有利,会引起目的地入境旅游人数的增加;另一方面,当目的地国货币升值时,对客源国客人不利,会引起目的地入境旅游人数的减少。

消费者个人可支配收入的研究是充分了解目标市场的规模、潜力、购买水平和消费支出行为模式的基础。一个消费者的可自由支配收入越多,可用于旅游或其他娱乐活动的开支就越多。旅游消费是一种高层次消费,只有当人均可支配收入达到一定水平时,才能进行旅游消费。

除以上因素外,通货膨胀状况、消费者的支出结构、消费者的支出模式、消费储蓄和信贷也是经济环境的重要组成部分。

三、政治法律环境

任何企业的营销活动都要受政治与法律环境的规范、强制和约束,酒店也不例外。在酒店经营过程中,与相对应市场及营销活动相关的各种法律法规,以及各参与主体的活动都可以看作是酒店市场营销的政治法律环境。

国家对企业的管制主要通过法律法规表现出来。法律法规的主要目的是保护企业公平竞争,保护消费者不受不正当商业行为的侵害,保护社会利益不受无控制商业行为的侵害。相关法律法规明确规定了企业的活动形式与内容,并保障企业的合法权益,维护自由竞争和公平竞争,监督和惩罚企业的不法行为。

国家的方针政策也是政治法律环境的重要组成部分。事实上,在很多时候国家的方针政策比法律法规的影响力更大,对酒店企业营销活动的影响更直接、明显。国际关系密切程度及其稳定性,是酒店市场营销需要关注的重点。客源国和目的国的关系好坏,稳定与否,直接影响到双边旅游发展的条件。战争、动乱等大的变动都会对酒店营销带来不利影响。政治体制直接影响到酒店市场营销开展的难易程度。良好的政治体制,可以显著降低交易成本,提高营销效率。

四、自然环境

自然环境是酒店借以依托的重要支撑,当前,自然环境的加速恶化已经成为全球性的重要问题,水和空气的污染也到了难以忽视的危险程度。

实际上,酒店对良好的自然环境有更高的要求。酒店业的发展需要丰富自然资源、良好生态环境和合理能源成本的支撑。当前,应对温室效应,提倡低碳生活方式,发展循环经济成为人们的共识。这种共识在人们对酒店的选择上会表现出来。因此,酒店一方面要从长远的发展考虑,利用新能源产品(如风能、太阳能等);另一方面可以从创造特色方面来考虑,在营销活动中利用特色吸引消费者。例如,酒店在规划设计、建造中一定要考虑到对自然环境的影响,酒店可以采用环保设备及绿色客用品。

五、科学技术环境

科学技术的发展总是突破人们的认知极限。正是技术的发展使得人们可以忽视原有的限制因素，也正是技术的发展，使得人们面临过去没有的恐惧和灾难，如核武器的研制。旅游业的发展，同样也得益于科学技术的突飞猛进，移动互联技术的发展使得人们安排旅程更为便利。电子计算机的广泛应用提高了旅游企业的运营效率，互联网技术的发展使得天下一家、地球一村成为活生生的现实。

在酒店业，科学技术的发展为消费者创造了更多的娱乐消费，并使酒店智能化不断提高，如智能物联网门锁、数字管家服务、自助办理入住等。各大酒店管理集团都开发了自己的独立市场信息预测系统和酒店预订系统。这些新技术、新设施也成为吸引客人的兴奋点，从而提高了酒店的竞争力，并使企业和外部的信息交流更加畅通、及时和对称，还使内部管理信息系统更加优化、合理。

【小链接 2-2】

在移动互联网、物联网和人工智能技术快速发展的趋势下，酒店住客希望享受到智能化的住宿体验，而酒店企业也希望借助智能技术改善其运营水平。当前，国内酒店广泛应用自动化、语音控制、人脸和动作识别等智能技术改善服务体验，其中运用最广、曝光率最高的是兼具聊天、送物和礼宾等多类功能的服务机器人。但是使用自助入住设备和送物机器人，只是目前酒店业智能化转型大潮中的一小类应用，不能将智能化酒店等同于机器人，这是对智能化酒店的简化与误解。

首先，智能化技术的最大应用价值在于改变酒店企业的内部运营和管理模式，特别是改善原来较为传统、繁琐的管理工作，如财务管理和人力资源管理。此外，酒店经营者可借助强大的数字技术，采用合适的员工管理平台有效提高管理能力。酒店的员工管理难度高，且成本占比大，有一个可以轻松监督和分配员工任务的平台可大幅度提高酒店的管理效率，节省成本。

其次，智能化技术还可运用到分析市场需求、制定营销决策和线上宣传等市场营销的关键环节。洲际集团采用了酒店行业首个市场需求智能预测工具Market Insight来实时获取市场未来一年内的预订热度趋势。该智能预测工具为洲际集团扩大规模和提升业务能力创造了有利的条件。同样，如果没有全面的顾客数据基础，酒店制定的营销决策将缺乏及时性、针对性和准确性。目前，国内大多数的酒店网站和OTA平台上的宣传页面仅通过照片来传达酒店的真实面貌。而国外很多酒店的宣传材料已经从文本和图像转换到VR视频，通过沉浸式视频片段展示酒店的各区域以及细节，帮助酒店增加吸引潜在顾客的机会。

最后，需要指出的是，目前国内酒店使用的机器人主要具有简单的对话、送物等功能，并未涉及或解决酒店业服务的高成本、稳定性差等问题。能真正提高酒店服务互动效率和质量的，应基于先进智能技术的"人—机"互动机器人。例如，希尔顿全球酒店集团与IBM合作推出的基于人工智能的礼宾机器人"康妮"。该机器人采用语音识别、合成和分类等智能技术，可与顾客进行自然流畅的对话，其应答逼真到难以分辨是人还是机器。而且，在与顾客交流的过程中，康妮还会不断地自我学习与改进，与顾客互动的次数越多，学习的内容就越多，最终可根据会话记录分析顾客偏好并向顾客提出与当地旅游景点、美食及特色产品等有关的个性化建议。这样的智能机器人应成为今后酒店业中智能化技术应用于对客服务的方向。

——资料来源：孙蓉蓉，段壮，秦宇．智能化酒店不只有机器人，《中国旅游报》，2021－03－18，第005版．

六、社会文化环境

在企业所面临的诸方面环境中，社会文化环境是较为复杂的，它不像其他环境那样显而易见和易于理解，却又时刻影响着企业的市场营销活动。有的国家，尽管人口、经济收入相近，但市场情况可能有很大的差别，这种差别在很大程度上反映在社会文化方面。社会文化环境通常是由语言、价值观、宗教信仰、商业习惯等内容构成的。

社会文化环境表现的形式比较含蓄，不易理解，但是它的作用是实实在在的，影响力巨大。人们对酒店产品的兴趣和偏爱，由于文化的缘故表现不一。对时间、空间、图案、颜色、数字、动植物、社会交往等方面的爱好和禁忌也不相同。一个地方的人认为美的，其他地方的人可能认为很丑。这需要酒店在做市场营销的时候，针对不同文化的需求采取不同的策略和措施。

第二节　酒店微观市场营销环境分析

微观市场营销环境是指对酒店或其营销活动发生影响的直接环境，主要由酒店内部环境、营销渠道企业、酒店消费者、竞争者、公众等方面构成。这些方面或构成企业营销的内部基础，或与酒店形成协作、服务、竞争、监督等关系，直接影响着企业的竞争能力、应变能力以及为目标市场服务能力的形成。

一、酒店内部环境条件

酒店进行营销决策，制订营销计划，开展营销活动，无一不以酒店的内部环境条件为基础，无一不与酒店内部各方面的工作保持着直接的联系。酒店的内部环境条件，涉及人员条件、管理能力、营销能力、设备设施条件、服务能力和组织能力等。这些内部环境条件共同决定着酒店的综合实力，形成了酒店的发展能力。由此可见，市场营销工作主要是酒店市场营销部门的职责，但市场营销工作的成败，从根本上来说最终将取决于酒店的综合素质和整体工作状况。酒店营销部门不是孤立存在的，要和其他职能部门相互配合。

二、市场营销渠道企业

酒店市场营销渠道企业，指的是处于该酒店的市场营销系统中，与该酒店的各项经营活动存在着业务往来或为其提供某种形式服务的其他企业、组织或个人，主要包括各类资源供应者、营销中间商，以及承担实体分配、便利交换之类社会市场营销职能者。

（一）资源供应者

资源供应者，即供应商，指为酒店提供日常经营活动所需要的原材料及其他商品的商家和厂家等。供应商对酒店的营销活动有重要影响，其所供应的原材料数量和质量将直接影响酒店产品的数量和质量，所提供的资源价格会直接影响到产品的成本、价格和利润。酒店要对供应商的影响力有足够的认识,与其保持良好关系。

(二) 营销中间商

营销中间商主要指帮助酒店促销、销售和分销产品到最终客人的公司,包括中间商、实体分配公司、营销服务机构和金融中间机构。一般来说,酒店的营销中间商主要包括旅行社、旅游代理商、航空公司等。

三、酒店消费者

酒店的消费者是酒店的客人,即酒店重点关注的目标市场。酒店客人主要通过讨价还价、要求提供较好的产品或服务质量来影响酒店的盈利能力。对于市场营销部门,客人是营销的中心。理解、衡量客人的需求,并且努力满足客人的需求,是市场营销部门的基本工作。而客人的数量和需求制约着企业营销决策的制定和服务能力的形成。当然,客人的理解不能仅仅局限于现有客人层面,还应该扩展到潜在客人层面。

四、竞争者

所谓竞争者,从广义来说指的是向企业所服务的目标市场提供产品的其他企业或个人。竞争者的范围非常广泛,包括现有竞争者与潜在竞争者、直接竞争者与间接竞争者、国内竞争者与国际竞争者等。从满足消费需求或产品替代的角度看,包括愿望竞争者、一般竞争者、产品形式竞争者和品牌竞争者。

当前酒店市场的竞争日益激烈。作为酒店的市场营销部门,必须深入了解竞争者。首先是对竞争者基本情况的研究,如竞争对手的数量、分布,在市场上的活动、规模、资金力量,其中哪些对自己的威胁特别大。这就过渡到对主要竞争对手的研究上,要研究其对本企业构成威胁的主要原因,是市场开发力量雄厚、资金多、规模大,还是其他原因,通过这种研究帮助酒店制定相应的竞争策略。其次是研究潜在的竞争对手,新的进入者所带来的主要是行业竞争强度的增加。一般来说,进入门槛越低,进入者就越多,行业的竞争结构就越恶化。

【小链接 2-3】

浩华管理顾问公司于近日发布的《2019年上半年中国中档及以上国际品牌酒店签约报告》(以下简称《报告》)显示,2019年上半年,中档及以上国际品牌在中国大陆地区的酒店签约总量为353家,再次创下历史最高纪录。其中,中档酒店签约数量亮眼,在签约总量中占比高达65%。事实上,不仅是国际品牌酒店,今年国内品牌酒店也依然将中档市场作为发力点,并不断有新品牌涌入。随着中档酒店产品持续吸引着投资者的目光,中档酒店扎堆开业,中档酒店市场已从蓝海走向了红海。

《报告》分析,2019上半年,中档酒店大幅增长的主要原因来自三个方面:其一,我国中产阶级比重不断提升,消费升级催生中档酒店消费群体不断壮大,在需求端奠定了丰硕的客源基础;其二,随着城市化进程,新签约酒店逐渐下沉至一二线城市城郊地区与三四五线城市,中档酒店的高性价比的投资模式更加适合这类新兴市场;其三,今年波动的宏观经济环境以及更加收紧的金融、房地产调控政策使得酒店投资者对投资大、回报慢、竞争激烈的高端酒店产品秉持更加慎重的态度,投资热点更趋转向投资更小、回报更快、合作模式更加灵活的中档酒店产品。

对于中档酒店批量进入市场,一部分业者认为在激烈的竞争中将会有一半的中档酒店被淘汰,但也有业者乐观地认为,新的酒店不断诞生是件好事情,体现了行业拥有持续不断的创新活力。而且中档酒店的发展是迎合了中端消费者的需求,而他们正成为这个市场最强大的消费力量。

如何在竞争中立住足脚?齐雯提出了在竞争激烈环境下生存的品牌法则——品牌发展的稳定性。

铂涛集团商务部总裁林星宇认为,现有大部分中档酒店品牌都在争夺流量、争夺消费者,如何成功不外乎三点:真正理解消费者,基于他们的需求去细分品牌定位,同时去创造有调性的差异化的体验;构建良好的盈利模式,不断突破收益的天花板;创建优秀的团队,不管是在品牌上还是在运营上,能够让客户满意,持续地去提高口碑。

——资料来源:王玮.从蓝海到红海,中档酒店"争"什么?《中国旅游报》,2019-10-17,第A02版.

五、公 众

这里所说的公众,指的是所有实际或潜在地关注酒店的生产经营活动,并对其实现目标的能力具有一定影响的组织或个人。由于酒店经营活动影响着公众的利益,因此政府机构、金融组织、媒介组织、群众团体、地方居民,乃至国际上的各种公众,必然会关注、监督、影响和制约企业的生产经营活动。这些制约力量的存在,决定了酒店必须遵纪守法,善于预见并采取有效措施满足各方面公众的合理要求,处理好与周围各种公众的关系,以便在公众中树立起良好的企业形象,这是企业适应和改善微观环境的一个重要方面的工作。酒店所面临的公众主要有金融公众、媒体公众、政府公众、市民行动公众、地方公众、一般公众和内部公众。

第三节 酒店市场营销环境分析与对策

一、环境威胁与市场机会分析

市场营销环境通过对酒店构成威胁或提供机会而影响营销活动。环境威胁是指给酒店营销带来不利影响或难题的环境变化、发展趋势,对酒店的市场地位形成挑战。市场机会是指市场上存在的未被满足的市场需求。对市场机会进行分析,就是要考虑一下市场营销机会是否适合酒店的经营目标和内部的人力、物力、财力资源。科学地分析、寻找、选择市场机会,将为酒店制定市场营销战略,拓展市场营销活动奠定坚实的基础。

分析市场机会必须把"环境机会"和"企业机会"区分开来。环境机会是指市场环境条件所创造的各种未被满足的需求。任何企业的生存和发展都必须以外部环境为基本条件,没有外部环境,企业的营销活动就无法进行。对某一酒店来说,市场环境的变化,一方面为它创造了新的市场机会,另一方面也会给它带来"威胁"。只有当酒店具备了必要的成功条件时,某一环境机会才能成为该酒店的市场机会。换言之,市场机会成为企业机会是需要条件的。

对威胁程度不同和市场机会吸引力不同的营销环境,酒店需要通过环境分析来评估其环境威胁和环境机会。酒店还可以采用"环境威胁矩阵图"和"市场机会矩阵图"来分析评价营销环境。

(一) 环境威胁分析

对环境威胁的分析，一般着眼于两个方面：一是分析威胁的严重程度；二是分析威胁出现的概率。其分析矩阵如图2-1所示。

图2-1 环境威胁矩阵图

当威胁出现的概率和严重程度都大时（处于图2-1的3和5的位置），企业必须特别重视并制定相应对策；当企业处于威胁出现概率和严重程度均低时（处于图2-1的7的位置），不必过于担心，但要注意其发展变化；当企业处于威胁出现概率虽小，但严重程度较大时（处于图2-1的1和6位置），必须密切监视其出现与发展。当企业处于威胁严重程度较小，但出现的概率较大时（处于图2-1的2、4、8的位置），也必须充分重视。

(二) 市场机会分析

市场机会分析主要考虑市场机会的潜在吸引力和成功概率。其分析矩阵如图2-2所示。

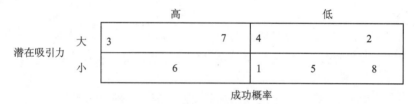

图2-2 市场机会矩阵图

在图2-2中，潜在吸引力和成功概率都大时（处于图2-2中的3和7的位置），有非常大的可能性为企业带来巨大利润，企业一定要把握机会；潜在吸引力和成功概率均小时（处于图2-2中的1、5和8的位置），企业应注意改善自身条件，密切注意机会的发展变化，谨慎地开展营销活动。用上述矩阵法分析营销环境，可能出现4种不同的结果，如图2-3所示。

图2-3 环境评价矩阵图

理想业务：机会多、很少有严重威胁的业务。对理想业务，企业必须抓住市场机会，迅速采取行动。

冒险业务：机会与威胁都多的业务。对冒险业务，面对高风险和高利润，企业应全面分析自身优劣势,扬长避短,创造条件,争取有突破性发展。

成熟业务:机会与威胁都少的业务。对成熟业务,机会和威胁均处于较低水平,可作为企业的常规业务,但企业要为开展理想业务做好准备。

困难业务:机会少、威胁多的业务。对困难业务,企业有两个选择:一是努力改变环境,尽快走出困境或减轻威胁;二是调整战略,摆脱无法扭转的困境。

【小链接 2-4】

伴随着城镇化的快速发展、生活消费的普遍升级,当前以及未来可预见的时期内,酒店市场下沉将是重要趋势。目前来看,下沉的这部分市场中的酒店大多为中低端的单体酒店,这些酒店在品牌、渠道、服务、收益、资金、管理效率等方面普遍急需提升,以适应快速崛起的市场需求。因此,酒店集团(或其他行业企业)在市场下沉时,除了追求规模上的快速扩张外,还应当关注以下几个方面的策略。

开始市场下沉的酒店(集团)需要对该市场的客户群有全新的认知,挖掘出这些客户群与一线大城市的客户群的差异。以下沉市场的"小镇青年"为例,他们可能不需要像在一二线城市的同学、朋友那样顶着巨大压力进行工作,借助上一辈及同学朋友等本地资源的支持,他们有着较为稳定的工作和收入,买房压力较小,有较为充足的闲暇时间,生活质量相对较高。某种意义上,其可支配收入及消费需求可能超过一线大城市的普通白领,是推动酒店在下沉市场中发展的重要动力。

下沉市场中的酒店产品与服务也同样需要结合市场特征进行调整。在针对下沉市场中的顾客群展开市场营销时,应当关注营销方式的"土洋"结合策略。由于这部分市场中的顾客群常会形成熟人圈子,线下的交流比线上交流更频繁,注重口碑效应,对时尚和个性的消费有盲目追求的心理等特征,可以采用"土洋结合"的方式进行营销,既要利用"抖音"、微信、微博等新媒体和自媒体等线上营销方式,又要有发传单、贴标语、在出租车上打广告等看似"土得掉渣"的营销方式。在地域性很强的市场中,酒店管理模式尤其要考虑因地制宜。例如,市场中酒店需要雇佣大量本地员工,对这些本地员工的管理需要有新的调整,例如很多本地女性员工中午要回家去做饭和休息,这在大城市较为少见,需要酒店在排班和绩效管理上进行调整。又如,下沉市场中的酒店加盟商往往在当地"有能量",因此需要酒店集团派出的店长要灵活地处理好日常经营中加盟商和酒店之间的关系,稍有不慎,就会造成加盟商与酒店方出现紧张关系,影响特许服务管理的效果。总之,酒店市场下沉是酒店业未来发展的重要趋势,酒店需要围绕市场认知、产品与服务、营销方式、管理模式等方面做出有效的应对策略,才会在市场下沉过程中取得竞争优势。

——资料分析:李彬,酒店市场下沉的趋势分析与应对,《中国旅游报》,2019-05-30,第 A01 版。

二、SWOT 分析

SWOT 分析是企业制定营销战略的前提,是对企业内部的优势与劣势和外部环境的机会与威胁进行综合分析。SW 指企业内部的优势与劣势(Strengths & Weaknesses),OT 是指企业外部的机会与威胁(Opportunities & Threats)。通过 SWOT 分析,企业可以发现市场中存在的机会,并结合企业的自身优势去抓住机遇;也可以发现市场中的威胁,并尽量去规避市场中的风险。图 2-4 所示为 SWOT 分析图。

内部能力 外部环境	优势(S) 了解公司的优势	劣势(W) 了解公司的劣势
机会(O) 掌握外部环境的 机会因素	SO 利用优势的外部环境机会的 应用战略方案	WO 存有劣势的外部环境机会的 应用战略方案
风险(T) 掌握外部环境的 风险因素	ST 利用优势的外部环境风险的 应用战略方案	WT 存有劣势的外部环境风险的 应用战略方案

图 2-4 SWOT 分析图

当将酒店内部优势与劣势和企业外部面临的机会和威胁综合考虑时,酒店会处在不同的区域中,其所采用的营销战略也会不同。

当企业外部机会较多,又具有强大内部优势时,宜采用迅速扩张性战略。

当企业外部机会较多,而企业内部条件不佳时,宜采取调整战略,争取采用各种措施将企业内部劣势转化为优势。

当企业外部面临威胁,内部劣势又较多时,企业应设法避开威胁,消除劣势,可采用收缩战略。

当企业拥有较多内部优势,而外部存在威胁时,可采用多元化战略,分散风险,寻求新的市场机会。

讨论题

(1) 请简述酒店宏观市场营销环境及其内容。
(2) 请简述酒店微观市场营销环境及其内容。
(3) 请用 SWOT 法分析我国民宿业的发展状况。
(4) 结合以下案例回答问题。

【案 例】
　　春节临近,各大酒店针对年夜饭、半成品外卖套餐的线上营销战悄然开打。与往年不同的是,受新冠肺炎疫情影响,今年各酒店把营销的主战场选在了"云端"。
　　记者了解到,目前,几乎所有酒店都开设了微信商城、微信公众号,有的酒店还开通了微信视频号,开发了相关的小程序,不少老酒店还专门设立了数字营销专员或在线营销的岗位。多家酒店除了建设自身的官方直销渠道外,还在抖音、快手、淘宝等平台开展了在线美食课堂、"直播带货"预售等一系列云端营销活动。此外,有的酒店还利用健身房、酒吧等自身资源和场景,推出各种各样的"云生活"直播,包括云健身、云派对、云调酒等。如上海外滩 W 酒店去年推出的"云端派对",吸引了 100 万爱好者们戴上耳机,沉浸在充满金属感的音乐现场,和明星 DJ 一起"云蹦迪"。

有专家认为,随着移动互联网新增红利消退,OTA中心化平台所分发给每一个入驻酒店商家的精准流量日渐稀少,传统"以OTA平台为主要获客渠道"的模式已成为当下酒店商家的"流量困局"。在酒店的数字化营销进程中,"私域化直销"将成为酒店的长期战略。

"在移动互联网已成为社会基础设施的今天,线上数字化宣传的受众将会千百倍超过线下受众的数量。互联网为酒店营销打开了一扇窗,酒店可结合各种高新技术在线向目标客户群进行全面展示,只要找到在线营销的'法门',必将实现营销覆盖面更为广泛、营销效率极大提升、营销效果事半功倍的效果。"行业专家认为,酒店商家应该提早入局,借力数字化营销技术,构造自己的私域流量池,以存量客户的有效价值挖掘带动增量,实现流量正向循环。而这其中,对新技术的探索及对现有营销平台的深耕将是酒店下一步努力的方向。据某OTA相关数据统计显示,有VR全景的酒店订单转化率高出普通酒店27%。业界专家建议,VR全景作为一种新兴技术,已经走进各个行业。除了用好现有平台和渠道,酒店还可探索"VR全景+酒店"营销新策略,即通过3D+VR多维实景全方位在线真实展现酒店客房、宴会厅、会议室、餐厅等设施,协助客户在线下单。

与此同时,现有营销平台也应被酒店视为进行内容"种草"深度营销的天然载体。比如,已有不少酒店在自己的微信公众号上发布了以房品推荐、餐饮美食为主要内容并带有酒店小程序的"种草"图文,引导客户在线下单。还有不少酒店在探索如何有效利用社群资源,通过小程序有效实现低成本精准获客。"喜好旅游以及去不同酒店体验的人会自发出于兴趣而组成各种形式的社群,并在群内进行旅游、酒店住宿体验分享等内容交流。对酒店而言,此类社群中具有大量与自身客户画像相似的潜在用户。"一位酒店从业人员说。

但需要提醒的是,无论酒店的数字化营销做得多么精彩,为每一位到店顾客提供高品质的住宿服务体验和安全可靠的产品,是酒店必须要坚持和追求的本质。行业专家认为,无论是在当前疫情防控期间,还是未来疫情结束后,酒店都必须注重实现线上营销创新和线下服务质量提升的同步推进,只有这样,才能真正推动酒店业的可持续发展。

——资料来源:陈静."云端"成为主战场,酒店玩转"花式"营销.《中国旅游报》,2021-02-04,第005版。

问题(1):请结合本案例分析酒店行业面临的发展机遇与挑战。

问题(2):如何理解案例中的"云端营销"? 它具体包括什么?

第三章 酒店消费者购买行为分析

【引导案例】

2022年3月,直客通与人民日报数字传播联合发布了《2021年度中国高星级酒店数字化营销创新发展趋势报告》(以下简称《报告》)。在这个报告中,直客通通过对近年来在高星级酒店消费过的用户调研,从基本特征、品牌认知、消费动机、酒店类型和产品偏好、预订和购买渠道、疫情前后消费对比等角度进行了深刻剖析,呈现了高星级酒店消费者群体的年龄、性别、学历、职业、收入、婚姻生育、生活地域等基本信息,并根据信息做了交叉分析。

从调研中看,去高星级酒店消费的消费者家庭月收入至少高于1万元,超过3万元以上的占比高达83.3%;本科及以上学历(含研究生以上)占60.2%,其次是专科为29.6%;71.5%的高星级消费者的职业是企业/公司人员;71%的消费者已结婚,未婚中19.9%的消费者已有对象;66.6%的消费者已育。

大部分消费者都来自一、二线城市。一、二线城市有较好的工作机会和创造较高收入的空间,同时一、二线城市也有更多可以体验的高星级酒店。

在消费者出行和消费动机上,度假、商务仍然占据前两位。同时,至少有1/4的消费者以高星级酒店作为出行终点,他们认为高星级酒店值得体验。

在喜爱的酒店类型和活动上,除度假类型的酒店外,最鲜明的特点是"人人都爱科技",高达70.2%的消费者对搭载智能科技的智慧型酒店感兴趣,71.4%的消费者喜欢高星级酒店举办一些科技体验活动。在产品方面,特色餐饮、主题特色房间、康体休闲娱乐是消费者喜爱的前三类产品。

在预订和购买渠道方面,最佳私域渠道酒店微信生态的公众号、小程序、企微等已成为高星级酒店在新媒体渠道购买的第一选择,消费者选择率高达72.8%。明星和网红效应并不能明显带动消费者的热情。

在去高星级酒店消费过程中,与家人一起消费是第一选择,其中70后及大于70后的消费者选择与家人的比例更是高达83.3%。以家庭为单位的消费者,正成为当前高星级酒店的重要客群。

《报告》表明,2021年度,81.4%的受调消费者在疫情得到有效控制后去高星级酒店消费过,但从消费程度上看,61.4%的消费者消费变少,持平的仅为26.3%。在特别群体分析上,女性在旅游决策和消费决策上已经占据主要地位,因此在高星级酒店消费中,女性消费者值得重视。

《报告》认为,2021年,疫情的局部出现和疫情防控政策调整对消费者产生了重大影响。88.0%的受访者认为,2022年,疫情仍将是影响出行和消费的主要因素。

——资料来源:程子龙.《2021年度中国高星级酒店数字化营销创新发展趋势报告》发布,经济参考网,http://www.jjckb.cn/2022-03/18/c_1310519596.htm,2022-03-18.

第一节 酒店消费者及其购买行为

一、酒店消费者及其购买行为概述

(一)酒店消费者的含义

酒店消费者是指那些因观光旅游、休闲度假、商务会议等外出行业,购买、使用酒店产品或接受酒店服务的个人或团体。酒店消费者购买行为,指的是酒店消费者在整个购买过程中所进行的一系列有意识的活动。这一购买过程从引起需要开始,经过从形成购买动机、评价选择、决定购买到购买后的评价等行为。

(二)酒店消费者购买行为的特点

1. 购买行为多属于少量多次购买

酒店消费者市场以个人、家庭或团队为购买和消费的基本单位,而以个人或家庭为主的散客一般多为酒店的购买主体。由于受到消费人数、需要量、购买能力、需求周期等因素的影响,以散客为主的酒店消费者一般购买的数量较小、次数较多,并且随机性较大。

2. 消费需求与购买行为具有多变性

受酒店消费者个体因素、职业特点、需求原因等影响,不同的消费者往往有着不同的需要、欲望、兴趣、爱好和习惯,因而会对酒店产品产生多种多样的要求,购买的行为方式也有所不同。此外,随着社会经济的发展、消费水平的提高、消费观念的更新以及消费生活的交互影响,消费需求不仅在总量上不断扩大,在结构上也不断地发生着变化。

3. 消费需求与购买行为具有可诱导性

酒店消费者在购买产品类型以及何时、何地、如何购买等方面具有较大的选择性和灵活性,容易受酒店营销活动及其他外部环境因素的影响。由于酒店产品品牌繁多,产品质量不同,酒店消费者属于非专家购买,因此常常需要卖方的宣传、介绍和帮助。

4. 消费需求与购买具有多层次性

酒店消费者在购买产品时有不同的需求层次,在低层次的需求得到满足后,通常会追求高层次的需求。随着人们生活水平的提高、休闲意识的形成,既要住得好又要吃得好,而且还对文化、自我价值实现等多方面具有深层次而多方面的需求。

二、酒店消费者购买行为模式

酒店消费者的购买行为是研究酒店消费者市场的核心内容。酒店消费者的购买行为,是在消费者特性因素(包括心理特性、个人特性、社会文化特性因素等)的直接作用下发展的,同时也受到一系列外部环境因素,特别是酒店市场营销活动的影响。消费者的购买行为,实际上就是这些错综复杂的内外部因素相互制约和相互作用的结果。因此,要研究消费者的购买行为就要注意了解支配和影响消费者购买行为的各种因素,并将这些因素与消费者在购买过程中的各种活动结合起来进行分析,以便弄清买什么(需求对象)、为什么买(购买目的)、谁来买(购买组织)、如何买(购买方式与购买要求)、何时买(购买时机)、何处买(购买地点)这样一些基本问题,这是酒店有的放矢地开展营销活动,在满足市场需要的竞争中取得优势的基础。

酒店消费者购买行为的模式,实际上就是用来描述消费者的外界刺激与消费者反应之间关系的模型(见表3-1)。

表3-1 消费者购买行为模式

营销刺激因素	营销环境因素	消费者黑盒		消费者反应
		消费者特征	购买者决策过程	
产品	政治	文化	确认问题	选择产品
价格	经济	社会	收集信息	选择品牌
渠道	文化	个人	评估	选择交易者
促销	科技	心理	决策	购买时间
			购后行为	购买数量

从表3-1中可以看到,所有外界刺激经过酒店消费者的黑盒便产生了一系列可以观察到的酒店消费者反应。这一模式进一步表明,对酒店来说,着重要研究的是消费者特性因素和消费者的购买决策过程。需要指出的是,支配和影响酒店消费者购买行为的消费者特性因素中有些是酒店难以控制和施加影响的,如消费者的年龄、性别、职业、个性、经济状况、生活方式、民族等,但了解这些因素可以为酒店进行市场细分、选择目标市场提供必要的线索,有助于酒店采取适应性的营销措施;有些消费者特性因素是易于受到酒店营销活动影响的,如消费者的购买动机、认识、学习信念等,在了解这些因素的基础上酒店可以制定相应的营销对策,以便在一定程度上诱导消费者的购买行为。

第二节 影响酒店消费者购买行为的因素

一、心理因素

消费者心理,是消费者在满足需要的活动中的思想意识。支配和影响消费者购买行为的心理因素,主要包括需要与动机、感觉和知觉、学习、信念和态度几个方面。

(一) 需要与动机

人们的旅游需要和动机不仅是复杂的、多变的,而且还是以层次的形式出现的。同时,消费者行为所要达到的目的或行为背后的动机,并不必然是浅显易见的,往往很多消费者的目的或动机是隐藏不彰的。此外,消费者行为的背后经常会有超过一个以上的动机同时起作用。

一种尚未满足的需要会使人产生紧张和不安,当它达到迫切的程度时便会发展成为一种驱使人们采取行动的强烈的内在刺激(也称为内驱力),当这种驱动力被外在刺激引向一种可以减弱或消除它的刺激物时便发展成为一种动机。

动机,是一种推动和维护人们为达到特定的目的而采取行动的思想意识,是行为的直接原因。当需要被满足时,人的紧张和不安状态就会消除,心理也就重新恢复到平衡状态。

美国心理学家马斯洛的需要层次理论认为,人类的需要依重要性的不同可以划分为五个层次:第一,生理的需要,即饮食、睡眠、取暖等基本的生存需要;第二,安全的需要,即保护人身安全、财产安全等需要;第三,社会的需要,即希望被群体接受从而有所归属和获得友谊、爱情等的需要;第四,尊重的需要,即实现自尊、获得承认、地位等的需要;第五,自我实现的需要,即充分发挥个人能力,实现理想抱负,取得成就等的需要。马斯洛认为,这些需要的层次越低越不可缺少,因而越重要;人们一般是按照重要性的顺序,分轻重缓急,在低层次的需要满足后才设法去满足高一层次的需要。

【小链接3-1】

　　从华住集团获悉,面对新型冠状病毒肺炎疫情现状,华住集团要求旗下5700多家酒店即日起强化推行智能化无接触服务,以尽可能减少疫情期间人与人的面对面接触,降低病毒传播和交叉感染的风险。

　　智能化无接触服务,主要包括自助入住、机器人送物、零秒退房、华住会远程办理入住等,这样能够尽可能减少疫情期间人与人的面对面接触和客人在公区的逗留时间,保障酒店客人与一线员工在住宿环节的安全。华住相关负责人表示,"这些智能化服务是已经在华住旗下酒店经过多年验证过的。目前,华掌柜已在全国1600多家酒店推广使用,每年有超过500万人次使用,机器人平均每天送物121个。无论是操作便捷性还是使用舒适性,都是已经得到客人肯定的。此次疫情期间,再度强化推行,希望能够尽可能降低交叉感染风险。"

——资料来源:防疫再升级　华住强化推行智能化无接触服务,人民网,http://m.people.cn/n4/2020/0130/c902-13634253.html,2020-01-30。

在现实生活中,人们的各种需要和动机往往交织在一起,同一购买可能与多种需要和动机相联系。酒店要善于认识这种主导需要和动机,开展有针对性的营销活动,以提高营销工作的效率。

(二)感觉和知觉

消费者经过一定的心理过程形成了购买动机之后,便确定了购买行为的基本方向,并准备采取购买行动。但是,消费者是否采取行动以及怎样采取行动,还会受到感觉与知觉的影响。

感性认识和理性认识是认识的两个阶段。感觉、知觉、表象、思维等都是人脑对客观事物的认识活动,统称为认识过程。外部的客观事物刺激人的感官后就使人们感觉到它的个别属性,这就是感觉。随着感觉的深入,各种感觉到的信息在大脑中被联系起来并进行初步的分析综合,使人形成了对刺激物表面现象和外部联系的综合反映,这就是知觉。

人们的基本认识过程都是一致的,然而人们的认知世界是有所不同的。认知世界,是客观事物反映到人的头脑中而形成的主观映像,是个体对客观规律所持的看法或评价。对企业来说,不仅要了解人们的基本认识过程,而且要了解人们认知世界的差异性及其原因。

针对消费者认识过程的特点及影响认知世界的有关因素,市场营销部门必须适当地安排市场营销刺激因素,以便将有关的信息及时传递给目标客人,引起他们的注意,努力使他们对本酒店的产品及有关方面产生深刻的而且符合客观实际的印象和认识,并最终影响他们的购买决策。此外,鉴于感觉在认识过程中的重要性,酒店在安排市场营销刺激时要特别注意致力于影响消费者的感觉。

(三)学　习

所谓学习,指的是消费者在购买和使用商品的实践活动中逐步获得认识,积累经验,并据以调整购买行为的过程。

消费者的学习,是在驱动力、刺激物、提示刺激、反应、强化等方面相互作用、相互影响下展开和进行的,是由于后天经验而引起的知识结构和行为的改变。消费者在购买和使用了某个品牌的产品之后,如果感到满意,就会加以肯定并正向地强化对它的反应,从而在同一刺激物上重复或在类似的刺激物上扩大自己的行为;如果感到不满意,就会加以否定并反向地强化对它的反应,从而停止或不再重复自己的行为。为了引起或扩大消费者对酒店产品的需求,可以反复提供诱发其购买产品的提示刺激,并应尽量使消费者购买后感到满意,促使其今后再次购买。

(四) 信念和态度

信念是人们确信的对某种事物的看法和评价,它对人们的行为具有总体导向和很强的驱动与支持作用。人们的信念是多方面的,同时从多个侧面直接或间接地影响着人们的购买行为。例如,某些人以俭朴为信念,这就不能不影响到他们的需要、动机及有关的购买行为;再比如,某些人在购买某酒店产品的活动中,通过认识与学习对某个品牌形成了良好的信念,这就会使他们成为这一品牌的忠诚购买者。

态度指的是个体对某一事物所持有的评价和行为倾向,是认知、情感和意向的统一体。态度具有稳定性,一旦形成往往很难改变;态度对人的行为有重要影响,会使人的行为呈现出一定的规律性。消费者对某一品牌产品的态度一经形成,以后就倾向于根据态度做出相同的购买决策,不愿再费心去比较、分析、判断。

二、个体因素

酒店消费者的个体因素也是影响其购买行为的重要因素,主要包括年龄、家庭生命周期、性别、受教育程度和职业、经济状况、生活方式等内容。

(一) 年　龄

不同年龄的消费者对酒店有着不同的需要,消费或购买的酒店产品也存在着明显的区别,如儿童喜欢卡通类的产品或是娱乐设施,青少年喜欢现代的客房以及餐饮服务,而老年人则倾向于典雅而价格合理的酒店产品。可见,不同年龄的消费者对酒店产品的式样、风格等有所偏好。

(二) 家庭生命周期

家庭生命周期,指的是一个人从年轻时离开父母家庭独立生活,到年老后并入其子女家庭或独居至去世为止的家庭生活全过程。

根据消费者的年龄、婚姻、子女等方面的状况,可以把家庭生命周期分为单身阶段、新婚阶段、满巢阶段Ⅰ、满巢阶段Ⅱ、满巢阶段Ⅲ、空巢阶段Ⅰ、空巢阶段Ⅱ、鳏寡阶段Ⅰ、鳏寡阶段Ⅱ。

(三) 性别、受教育程度和职业

不同性别的消费者,因生理和心理上的差异而在消费需求方面存在着明显的不同,在接触的媒体、信息来源、购买方式等方面也存在着一定的差别。

受教育程度对消费者的需求、购买行为的影响,表现在受教育程度较高的消费者对书刊等文化用品的需求量较大,购买行为的理性度较高,审美能力较强,购买决策过程较全面,更善于利用非商业性来源的信息;受教育程度较低的消费者则经常表现出与此相反的一些情况。以服装为例,受教育程度较高的人一般较为讲究得体、典雅,受教育程度较低的人在穿着方面往往更富有流行性和时代感。职业不同的消费者,由于生活、工作条件的不同,消费构成和购买习惯也存在着较大区别。

(四) 经济状况

一个人的经济状况,一般是指他的收入状况(收入的水平、稳定性和时间分布)、储蓄和财产状况、借贷能力等方面的综合情况。经济状况决定着个人的购买能力,并在很大程度上制约着个人的需求结构和购买行为。消费者的经济状况较好,就易于做出购买决定,酒店新产品也容易推广;经济状况较差,在支出方面就较为慎重,偏重于满足对酒店产品的基本需求,更注意经济性和实用性。此外,对开支和储蓄的态度也影响着个人的实际购买力和购买行为。消费者对开支和储蓄的态度,不仅受收入水平、消费习惯和传统风尚的影响,而且受利率高低、物价稳定程度和商品供求状况等因素的影响。

(五) 生活方式

生活方式,指的是人们在自己的中心目标、价值观念、个性心理及经济条件等的制约下,在一系列外部环境因素的影响下形成的物质生活和精神生活的模式,它通过人们的活动、兴趣和意见表现出来。生活方式也是影响消费者购买行为的一个重要因素。市场营销人员可以根据人们的中心目标、价值观念、个性心理、经济状况或活动、兴趣、意见等划分生活方式的类型。例如,有些人属于把大量时间与精力投入到工作和学习中,期望在事业上做出成绩的事业型;有些人属于希望生活丰富多彩,注重生活情趣及生活方面的满足,并乐于在这些方面开支,愿意花费时间和精力的享乐型;有些人属于重视家庭生活,依惯例行事的归属型。具有不同生活方式的人,在个人偏好、需求特征和购买行为等方面具有许多不同的特点,了解消费者的生活方式可以制定出针对性比较强的营销方案和策略。

【小链接3-2】

携程发布《女性旅行白皮书》,超40%女性入住4星级以上酒店,她的旅途"不差钱"。

白皮书显示,携程女性用户中,70前用户占比为17%,80后占比为29%,90后占比为42%,00后占比为12%;无论是70前还是90后,自然风光都是女性最爱观光的景点类型,而00后女生对建筑人文更为偏爱;此外,公园、历史遗迹、山岳、动物园等类别也受到女性的青睐。

除了喜欢剁手买买买,越来越多的女性愿意花钱在旅行体验上,"她经济"在旅游业开始崭露锋芒。白皮书显示,超过40%的女性出行选择入住4星级以上酒店;携程直播订单中,女性较男性订单量高16%,客单价超1600元,高出男性7%;女性租车客单价超过900元。

"酒店即是风景线"。如今,逛酒店和逛景点一样有趣。携程女性酒店订单中,38%的下单来自90后,这说明90后更看中酒店在旅行中的体验;而80后女性更贪玩,女性景区门票订单的42%来自80后。

在酒店产品中,高星主题酒店受到女性用户的青睐:上海玩具总动员酒店、三亚海棠湾仁恒皇冠假日度假酒店、广州长隆熊猫酒店、珠海长隆企鹅酒店、长隆横琴湾酒店(珠海海洋王国店)、三亚艾迪逊酒店等在预订榜单上排名位于前列。

相比男性用户,女性出游更爱"晒":服务、环境、美食、体验、文化、交通等,都是"她旅途"中的热门关键词。在携程社区,高赞攻略多来源于女性旅行者的分享,其中"网红打卡地"类的攻略最受欢迎。

——资料来源:品橙旅游,携程《女性旅行白皮书》:十大女性热捧酒店,品橙旅游网,http://www.pinchain.com/article/241425,2021-03-05.

三、社会文化环境因素

社会文化环境主要包括文化和亚文化群、相关群体、家庭、社会阶层等方面。消费者的购买行为,除了心理和个人特性之外,还受到个人所处的社会文化环境的影响。

(一) 文化和亚文化群

文化,一般是指人类在社会发展过程中所创造的物质财富和精神财富的总和,表明了人类所创造的社会历史的发展水平、程度和质量的状态。这里的文化,主要是指观念形态的文化(精神文化),包括思想、道德、科学、哲学、艺术、宗教、价值观、审美观、信仰、风俗习惯等方面的内容。文化是一种社会现象,是在一定的物质基础上形成的,是一定的政治和经济的反映。由于不同社会或国家的文化通常是围绕着不同的因素在不同的物质基础上建立起来并与之相适应的,因此不同社会或国家的文化往往存在着较大的差异。社会文化通过各种方式和途径向社会成员传输着社会规范和价值准则,影响着社会成员的行为模式。大部分人尊重他们的文化,接受他们文化中共同的价值准则,遵循其中的道德规范和风俗习惯。所以,文化对消费者的需求与购买行为具有强烈而广泛的影响。这种影响表现为,处于同一社会文化环境中的人们在消费需求与购买行为等方面具有许多相似之处,处在不同社会文化环境中的人们则在消费需求与购买行为等方面具有很大的差异。

【小链接3-3】

蒙古包是草原游牧民族民居建筑中最基本和最典型的形制,是蒙古民族的象征性符号。这一极具辨识度的建筑语言作为酒店楼宇建筑设计和主题餐厅装饰的核心元素,诠释出草原文化"天人合一·敬天爱人"的核心理念,从而奠定了酒店主题文化的风格基调。当你远远看到内蒙古酒店时,主楼及东西附楼上三个巨大的蒙古包造型的建筑设计,让人们在城市的钢筋水泥里感受到了草原城市中"家"的召唤。

走进大堂,三个金碧辉煌的穹庐圆顶,让你领略天地之间人与家的吉祥温暖。吉祥文化在蒙古族文化中是一个非常重要的文化表达。酒店里我们用蒙古族最典型的吉祥符号"盘长纹"作为迎送宾客的祝福语言;迎宾茶杯上小小的吉祥珠串,是在表达酒店人对每一位宾客的吉祥祝福。

客房门上的马头琴图案、客房里吉祥八宝的床屏、幸福绵长的盘长纹刺绣、敞口的青花瓷扩角碗、"吉祥草原"的蒙文书法等元素,营造了蒙古族家居客房安详温暖的氛围,蓝哈达欢迎茶、蒙古族黄金茶、蒙式下午茶、特色蒙式晚安致意品带给客人"家"的温馨与关爱。

蒙古族有奉茶待客的传统,每当家里来了客人,好客的主人都会熬制香喷喷的奶茶再奉上品种丰富的各种奶食热情招待,在酒店的迎宾茶礼设计中,我们在客房为客人准备了专属蒙古族黄金茶,每遇贵宾酒店还有隆重的蒙古族茶礼服务,这样的表达方式,既是蒙古族以茶奉客的传统文化继承,也是酒店人对来宾吉祥安康的祝福。

——资料来源:赛娜.践行草原文化主题酒店的思考.中国旅游酒店业协会,http://www.ctha.com.cn/detail-2-59-2908.html,2019-07-04.

此外,在每一种社会文化背景下,又往往存在着许多在一定范围内具有文化同一性的群体,即亚文化群。在我国,亚文化群主要有民族群、宗教群和地理区域群。这些不同的亚文化群,在风俗习惯、审美情趣、价值观念、行为准则、消费偏好、生活方式等方面又存在着一定的甚至很大的差别,从而影响着他们的消费需求与购买行为。这是企业开展营销活动时所不能忽视的。

(二) 相关群体

群体,指的是具有共同目标或兴趣的两个或两个以上的人联结而成的人群。个人的相关群体,指的是对一个人的态度和行为等具有直接或间接影响的一群人。相关群体可分为直接相关群体和间接相关群体两种基本类型。

直接相关群体也称为成员群体,即一个人从属的并受其直接影响的群体。成员群体又分为首要群体和次要群体。首要群体,是一个人经常受其影响的群体,如家庭、朋友、邻居和同事等。首要群体往往是非正式组织。次要群体,是一个人不经常受其影响的群体,如工会、职业协会、学生会等。次要群体多为正式组织。

间接相关群体也称为非成员群体,即一个人不是其中的成员,仅受其间接影响的群体。非成员群体又分为向往群体和厌恶群体。向往群体,指的是一个人推崇效仿的,期望成为其中的一员或与之交往并受其影响的群体。例如,电影明星、体育明星、歌星等常有一些崇拜者、追随者仿效他们的穿着打扮,这些明星就是其崇拜者、追随者的向往群体。厌恶群体,指的是一个人讨厌或反对的群体。一个人总是不愿与其厌恶的群体发生任何联系,在各方面都希望与之保持一定的距离,甚至经常反其道而行之。

除了厌恶群体外,消费者通常都与其相关群体具有某些相似的态度和购买行为。群体结合得越紧密、交往过程越有效、个人对群体越尊重,它对个人的购买行为影响就越大。相关群体对消费者购买行为的影响,可以概括为以下几个方面:

第一,为个人提供可供选择的行为模式或生活方式。

第二,影响人们的价值观、审美观、消费偏好、消费需求,引起人们的仿效欲望。

第三,影响人们对产品品种、花色以至于品牌的看法和选择,促使人们的行为趋向于某种一致性。

(三) 家 庭

随着传统的三代同堂的主干家庭向一对夫妻一个子女的核心家庭的转化,核心家庭已成为我国消费者市场上非常重要的购买单位。此外,家庭是一种最重要的相关群体,它对其成员的购买行为具有强烈和持续的影响。企业要注意研究目标市场上各类家庭的特点、需求情况、家庭购买决策的类型、家庭成员在购买商品时各自所起的作用,以及他们之间的相互影响等问题,从而有针对性地开展营销活动。

(四) 社会阶层

这里所说的社会阶层,指的是根据职业、收入、财产、受教育程度等可变因素对人们进行的群体划分。处于同一社会阶层的人,通常在社会经济地位、利益、价值取向、思维方式、生活方式、生活目标、兴趣、消费欲望、消费偏好、购买行为等方面存在着许多相似之处;处于不同社会阶层的人,往往在上述方面存在着较大的差别。企业依据社会阶层进行市场细分,进而选择自己的目标市场,安排市场营销组合,可以大大地增强市场营销活动的有效性。

第三节 消费者的购买决策过程

一、购买决策参与者

购买决策参与者,是由参与和影响购买决策的有关人员构成的群体。有些消费品的购买决策通常是一个人作出的,如购买简单、价格较低的日常生活用品往往就是如此;而有些消费品,特别是价格昂贵的耐用消费品的购买决策,参与者就比较多,往往包括一个家庭的所有成员,甚至还有家庭以外的人员参与进来。

在购买决策过程中,购买决策单位中的各个成员可能充当着以下某个或某些不同的角色,发挥着特定的作用:

发起者,即首先提出购买某种商品的人。

影响者,即对最后购买决定具有某种影响的人。

决定者,即最后做出部分或全部购买决策的人(包括买什么、是否买、如何买、何时买、何处买等)。

购买者,即实施购买决策从事实际购买的人。

使用者,即消费或使用将要购买的商品的人。

企业的市场营销人员应注意了解这方面的情况,以便对购买决策参与中的有关人员施加有效的影响。

二、消费者购买决策过程的主要阶段

消费者的购买行为是一个过程,这个过程在实际购买之前就已经开始,并且一直延续到实际购买之后。对企业来说,在这一过程中始终伴随着愿望竞争、一般竞争、产品形式竞争和品牌竞争问题。企业的市场营销人员分阶段地研究和了解消费者的整个购买过程,为的是针对消费者这一过程中各个阶段上的思想和行为酌情采取适当的营销措施,以便系统地施加影响,使消费者的购买决策和购买行为朝着有利于扩大本企业产品销售的方向发展。

西方学者曾经提出过不少消费者购买决策的模式,但现代市场营销学中一般采用的是五个阶段的模式,见图 3-1。

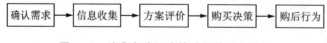

图 3-1 消费者购买决策过程的五个阶段

这是一个"提出问题—分析问题—解决问题"的模式,主要针对较为复杂和理性的购买行为。在实际的购买活动过程中,消费者的购买决策过程仓促而感性,并不是严格地按照上述模式进行的,有时会省略其中的某些阶段或颠倒它们的次序,在各个阶段上花费的时间和精力也有所不同。

(一)确认需求

消费者的购买过程是从引起需要开始的。需要的产生有时很简单,有时却较为复杂。一般地说,人的需要是由两种刺激引起的:一是来自身心的内在刺激,这是引起需要的驱动力;二

是来自外部环境的刺激,这是引起需要的触发诱因。在这两种刺激的影响下,当消费者意识到一种需要并准备通过购买某种商品去满足它时就形成了购买动机。因此,营销者的任务是识别引起消费者某种需求的环境。注意通过对上述两个方面的分析,了解那些在消费者中已经存在(或可能产生)的与本企业产品实际(或潜在地)有关联的驱动力及其强度,分析与这些驱动力有关的各种触发诱因的状况,进而适当地安排市场营销对策,以便引起对本企业产品的现实需要,诱发购买动机。

(二) 信息收集

消费者形成了购买某种商品的动机后,就要从事与购买它有关的活动。在多数情况下,尤其是不熟悉这种商品的种类、特性、品牌、价格、出售地点等情况时,消费者总是在收集一定的信息并对其进行分析判断后才做出购买决定,实施购买行动。这时,消费者增强了对有关信息的注意。消费者收集信息的积极性,主要与需要的强度有关;收集信息的数量和内容,主要与所遇到或所要解决的问题的类型和性质有关,并因购买行为类型的不同而有很大的差别。

为了有效地向目标市场传递信息,影响消费者的购买行为,企业要了解消费者获得信息的主要来源及不同来源的信息对消费者的影响程度。消费者的信息来源主要为商业来源、个人来源、公众来源和经验来源。

(三) 方案评价

在这一阶段中,消费者将根据所掌握的信息在众多可供选择的品牌中进行评价和比较,从中选择和确定他所偏好的品牌的商品,形成购买意向。对企业来说,这里的主要问题是消费者如何评价选择各个品牌的商品,以及如何让消费者选择本企业生产经营的商品。

消费者评价和选择商品的方法很多,其中主要有理想品牌法、最高期望值法等。所谓理想品牌法,就是消费者首先根据自己的购买目的等构想出一种"理想产品",并大致确定该产品几种主要特性的理想水平或可以接受的水平值;然后将进入选择中的几种品牌的实际产品作为购买对象。在实际运用理想品牌法时,消费者有时会根据情况调整要考察的产品的主要特性的种类及其水平值的标准。理想品牌法是消费者评价和选择商品的方法中最基本、最常用的一种方法。所谓最高期望值法,就是消费者首先对选择各品牌产品的若干主要特性分别进行评分,得出各自的特性值;然后分别确定每一特性的权数,再用权数与对应的特性值相乘后加总,分别求出每一品牌产品的期望值;最后将期望值最高的某一品牌的产品作为购买对象。实际上,消费者在评价和选择商品时很少进行这样复杂的数量分析。

在消费者对进入选择中的各品牌的产品进行评价比较后,每个品牌的产品的生产经营者大体会遇到下述两种情况:一是所有的产品都与消费者的理想产品相同或相接近,这时每个企业都面临着如何开展工作来影响消费者以使其选择自己的产品的问题;二是部分产品与消费者的理想产品相同或相近,这时与消费者的理想产品不同或不相接近的产品的生产经营者也面临着如何开展工作来影响消费者以使其选择自己的产品的问题。企业可以采取现实重新定位策略、心理换位策略、竞争换位策略和心理重新定位策略来影响消费者的购买选择。

(四) 购买决策

消费者经过对进入选择的各品牌的产品的评价比较后就会形成购买意向,在正常情况下便会购买他最喜欢的某个品牌的产品。但是,在购买意向与决定购买这两者之间往往会介入某些因素的影响和干扰,从而使消费者不一定实现或不马上实现其购买意向。这些影响因素有其他人的态度、意外事件、预期风险的大小等。因此,企业完全依据消费者对品牌的偏好和购买意向来判断其购买决定与实际购买并不十分可靠。

对于决定实际购买意向的消费者来说,在实施购买某一品牌产品的行动之前,一般还要作出一系列相关的购买决策,包括购买种类、品牌决策、何时买、在何处买、如何买等。需要注意的是,企业对于决定购买自己的产品的消费者应尽可能提供良好的销售服务,以避免客人在这一阶段流失。

【小链接 3-4】

从网络口碑的特点来看,相较于传统口碑,eWOM 凭借其快捷方便、一对多、没有面对面人际压力的特点更具影响力。网络的匿名性、低廉的沟通成本促使消费者自由地发表自己的真实经历或想法;网络口碑的传播范围和速度也是传统口碑无法匹敌的,后者多以语言形态为载体且只能依靠个人之间点对点、一对一的传播,而前者则是在公开的群体层面进行点对面、一对多的传播,载体丰富多样,语音、文字、图片都可以是网络口碑的形式。再者,传统口碑往往需要人们口口相传,这也限定了其传播范围只能是比较熟悉的亲朋好友之间,口碑的可信度与有用性非常之高,但是网络口碑沟通双方的弱联结关系、网络点评者的匿名性以及网络谣言的泛滥都影响到网络口碑的可信度。这使得一部分传统口碑的研究无法解释网络口碑中的现象。酒店和旅游业的产品及服务是无形的,在消费之前难以衡量;住宿服务行业的同质性扩大了决策制定的不确定性,人们往往需要从多种信息渠道获取酒店的信息并综合多种因素以更谨慎的态度作出预订决策。这些特点使得其他行业的网络口碑研究并不能完全适用于酒店业。比如,数码产品的积极/消极在线评论与音频/视频播放设备的销售排名显著正相关,但对数码相机的销售却无显著影响。酒店业正面的网络评论可以显著提高酒店预订的数量,网络评论的方差较大则对销售量产生负面影响。所以,以某行业为实验对象的网络口碑研究成果运用到其他行业未必成立。

通过研究,本文可以得出以下结论:

首先,在电子商务环境和现有的技术条件下,网上预订仍然具有不确定性和购买风险,消费者会对负面的点评作出更强烈的反应。不管是有无"有用性投票",有无强烈情绪的情况,负面点评都高于正面点评的影响效果。网络口碑传播的一对多、跨时空性使得负面口碑的传播速度非常之快,影响面也非常之大。因此负面口碑需要引起重视,酒店管理者应关注点评网站的负面口碑信息,及时、积极地沟通和补救。

其次,酒店领域网络口碑中的情绪强弱对口碑的影响力具有一定的作用。鉴于酒店产品是比较复杂的体验性产品,消费者的产品感知要素构成比较丰富,对网络口碑的信息内容要求更高,因此可能更希望通过细节性的信息来判断。点评文字的本身也是他们非常关注的地方。那些总评分一般的酒店,有强烈情绪的正面推荐如果只是情绪激烈而没有体现很多细节时,人们往往不会相信也不会予以采纳,甚至降低对这家酒店的信任度。而有强烈语气的负面评价则相反,会得到点评浏览者的重视。所以商家应鼓励提供更多细节的点评,看到情绪强烈的负面点评时要特别注意并尽力挽回局面。

最后,酒店的点评网页需要设计"有用性投票"。虽然有无"有用性投票"对 eWOM 的影响效果并不明显,而且现在网络写手较多,消费者不单单会参考"有用性投票",但研究结果发现,这种用户友好的页面设计仍可以为消费者提供一种有用的点评检索,使最有价值的酒店网络点评排在前面。当然有用性投票的作用是有限的,对于一些想要靠"有用性投票"来使对自己最有利的点评被最多相信的酒店,这样的方法未必奏效,顾客现在已变得老练,他们会根据自己对点评文本的分析和判断来断定某条网络信息是否有用。

——资料来源:沈涵,赵静,胡方丽.网络口碑信息特性对酒店在线预订决策的影响[J].旅游论坛,2020,13(1):35-44.

(五) 购后行为

消费者购买和使用了某种产品后,必然会产生某种程度的满意或不满意感。消费者购买后的满意程度,是消费者预期与产品的实际觉察性能的函数。产品的实际觉察性能若符合预期,消费者就会满意;若超过预期就会感到很满意;若达不到预期就会感到失望和不满。

消费者是否满意会直接影响其购买后的行为。如果感到满意,以后就可能重复购买,并向他人称赞和推荐这种产品,而这种称赞和建议往往比企业为促进产品销售而进行的广告宣传更有效;如果感到不满意,以后就不会再购买这种产品,而且会采取公开或私下的行动来发泄不满,这势必会抵消企业为赢得客人而开展的许多工作。

消费者购买后的感觉和行为与企业关系极大。企业的营销部门必须注意采取各种有效措施千方百计地增加客人购买后的满意感,如切实保证产品质量、同客人保持各种可能的联系、经常征求客人的意见、加强售后服务工作等。此外,企业在产品宣传中如实地反映产品的性能或适当留有余地,也有助于增加客人购买后的满足感。

讨论题

(1) 简述酒店消费者购买行为的特点。
(2) 简述影响酒店消费者购买行为的因素。
(3) 请用消费者购买决策过程分析某人订购酒店的过程。
(4) 请结合以下案例回答问题。

【案　例】

最新研究显示,尽管很多人说评论网站存在虚假内容,但游客仍然会在预订旅行前到TripAdvisor网站上浏览用户评论。TripAdvisor授权益普索MORI进行的研究从全球12个市场随机抽取了2.3万名受访者,研究显示,80%的受访者称TripAdvisor让他们对自己的预订决策更有信心。

他们访问TripAdvisor网站的主要原因包括有帮助的描述性评论(70%),内容的准确性(62%),以及旅游内容的广泛性(62%)。研究显示,85%的游客认为TripAdvisor上的酒店、餐厅和景点评论能准确反映用户体验,还有72%的游客称他们在旅行中决定入住哪家酒店或吃什么或下一步要做什么之前都会浏览网站评论。

在预订酒店时,81%的游客表示他们在点击预订前都会浏览评论,79%的TripAdvisor用户表示他们可能在两家基本相同的酒店中选择评分较高的一家。52%的受访者称他们不会预订没有评论的酒店。评论日期对游客来说也很重要,78%的受访者称在搜索时会关注最近发表的评论。平均每位TripAdvisor用户在预订酒店或餐厅前会阅读9条评论,55%的受访者称他们会浏览几页不同的评论,从而获得整体的了解。约有39%的游客表示他们会自动忽视一些极端评价。

此次研究还显示游客不一定会去 TirpAdvisor 网站进行投诉,因为 87% 的受访者表示希望可以其他游客分享好的经历才是他们写评论的主要原因。

另外,TripAdvisor 和益普索 MORI 在 2018 年 7 月进行的调查发现,有 97% 的受访者认为在线评价对业务的管理非常重要,92% 表示其社交媒体形象对于吸引现有和潜在客户至关重要。

——资料来源:品橙旅游.TripAdvisor:在线点评仍可增加游客预订信心.品橙旅游网,https://www.pinchain.com/article/197233,2019-07-16.

问题(1):请结合你的体验,说明一下点评在酒店消费者购买决策中的作用。

问题(2):请问处于家庭生命周期不同阶段的消费者的购买行为特征是否存在区别?他们在酒店产品选择上的主要区别有哪些?

第四章 酒店市场定位

【引导案例】

随着电竞游戏的日益大众化,国内电竞酒店发展迅猛,到电竞酒店"开黑"正在成为电竞爱好者们的新选择。同程研究院的预测指出,电竞的大众化和酒店行业的多元化趋势是电竞酒店市场高速增长的驱动力,2021年全国电竞酒店的存量预计将达到1.5万家,到2023年将突破2万家。

据了解,电竞酒店分为专门电竞酒店和普通酒店(电竞主题房),前者按照"电竞+酒店"的思路运作,完全围绕电竞用户的需求运营,后者则主要是普通酒店推出的电竞主题房型,遵循的是"酒店+电竞"的思路。数据显示,目前,按照客流规模,国内电竞酒店市场中,专门电竞酒店大约占35.6%的份额,普通酒店大约占64.4%的份额。同程研究院预测,专门电竞酒店的份额(消费规模维度)在未来两年内有望突破50%。

来自同程旅行平台的电竞酒店消费数据显示,目前国内主流电竞酒店的价位主要集中在250元/间夜以下,合并占比达62.2%。450元/间夜以上的中高端电竞酒店(主题房)合并占比为3.9%。在业内人士看来,随着专门电竞酒店的快速发展,以及中高端酒店对电竞IP布局的提速,400元以上的中高端电竞酒店占比将呈上升趋势。

对电竞酒店的用户画像分析显示,67.9%的电竞酒店用户为男性,44.2%年龄在26岁以下,也就是当前营销界较为关注的"Z世代"人群。用户属性(核心需求)方面,不同年龄层、不同消费特征的电竞酒店用户在电竞属性和酒店属性方面存在显著差异。商旅人群的酒店属性更强一些,而学生群体及电竞游戏爱好者等则具备更强的电竞属性,专门电竞酒店用户的电竞属性相对更强一些。

同程提供的数据显示,成都、重庆、长沙、合肥、西安、武汉、南昌、郑州、杭州、深圳等是国内电竞酒店用户分布较为集中的前二十个城市,它们同时也是电竞酒店消费最为活跃的城市。与电竞用户主要集中于一、二线城市不同,电竞酒店用户主要分布在区域中心城市,尤其是中西部的省会城市。在对其平台电竞酒店历史消费数据进行分析后发现,电竞酒店用户平均每人每年的消费次数约为1.5次,平均每年消费2次及以上的电竞酒店用户占比为22.1%。专门电竞酒店用户的消费频次相对更高一些。

同程研究院认为,电竞酒店的发展是文旅融合的一个成功实践,一方面为酒店行业多元经营做了一些有益的探索,另一方面也为我国电竞行业的大众化及可持续发展创造了新的机会。当前,国内酒店行业的多元化、休闲化趋势方兴未艾,从早年间的棋牌房到今天的电竞酒店、电影酒店、剧本杀酒店,随着国内酒店市场需求的日益多元化,会有更多创新业态涌现出来。

——资料来源:谈书,电竞酒店高速增长重庆消费活跃度高.《重庆商报》,2021-07-21,第004版。

酒店的客户群体庞大复杂、需求各异,消费心理各有不同,支付能力参差不齐。在酒店品牌林立的今天,任何一家酒店都无法为所有的客人提供满意的服务。酒店应该辨认能为之提供有效服务的市场。换句话说,并不是所有的客人都是自己的客人。因此,目标市场营销战略显得尤为重要。

目标市场营销战略的核心称为"STP"营销(见图4-1),即在确定自己的目标市场的过程中,要进行三个阶段的工作:市场细分(Segmentation)、选择目标市场(Targeting)和市场定位(Positioning)。

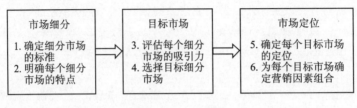

图4-1 STP营销

实施目标市场营销战略,要求酒店在详细的营销调研基础上细分市场,然后选择适当的目标市场,根据目标市场定位,确定营销因素组合,以便有效地为目标市场服务。

第一节 酒店市场细分

在讨论市场细分之前,先引出"大众化营销"模式。大众化营销是在实施营销活动中,企业对同一产品或服务,向消费者传播同一种信息,以吸引目标消费者购买,从而实现产品的规模市场价值。大众化营销以实现市场需求的一般满足为目标,客户辐射范围广、综合营销成本相对较低,在客户关系维持上存在较大难度。目前,市场正在分裂形成不同特质的小群体,广告媒体和分销渠道的多元化使"所有人使用同一种产品"显得越来越不合时宜。大众化营销正在走向衰亡。

酒店客源市场属于由许多具有不同需求的客人所组成的"异质市场"。在经营过程中,酒店已经放弃大众化营销模式,转为细分化、补缺化、本地化和差异化的细分营销。因此,每家酒店都应根据自己的特点,将客人按其需求的不同细分为若干个群体,然后结合特定的市场环境和资源条件选择某些特定群体作为自己的目标市场。

一、酒店市场细分的概念

市场细分是指营销者通过市场调研,依据消费者的需要和欲望、购买行为和购买习惯等方面的差异,把某一产品的市场整体划分为若干客户群的市场分类过程。每一个细分市场都是由具有类似需求倾向的客人构成的群体。

酒店市场细分是指酒店按照细分变量(即影响客人需要和消费行为的因素),把一个错综复杂的整体市场划分成若干个子市场(即细分市场),每个子市场由具有对酒店消费需求相同的客人组成。市场细分的结果是不同的细分市场具有异质性,而同一细分市场内部具有一定程度的同质性。

酒店根据消费者需求的不同,将整体酒店市场划分为若干不同类别的子市场,选取其中一个或几个子市场作为主要经营对象。如中高档酒店主要以商务旅游者及豪华观光度假旅游者为目标市场，而一些经济型酒店则常常以团体观光旅游者作为目标市场。

二、酒店市场细分的必要性

酒店市场细分是从客人的角度进行的，即从客人的需求、动机、购买行为的多元性和差异性来细分的。市场细分对酒店的生产、营销起着极其重要的作用。

（一）有助于捕捉市场机会和开拓新市场，提高市场占有率

营销成功的起点在于发现具有吸引力的市场机会，通过市场细分可以发现哪些市场过于拥挤、哪些市场还有潜在需求。通过市场细分，酒店可以对每一个细分市场的购买潜力、满足程度、竞争情况等进行分析对比，探索出有利于本酒店的市场机会，使酒店及时作出适当的销售决策或新品牌拓展计划，开拓新市场，以更好地适应市场的需要。

市场细分对中小酒店至关重要。中小酒店资源薄弱、设施滞后、管理体系相对不严密、竞争能力有限。通过市场细分，可以发现利基市场，采取有针对性的营销服务，进行补缺营销。补缺营销通常是把细分市场再进一步细分。一个有吸引力的利基市场有如下特征：有明确的客人需要；客人愿意为利基服务进行支付；利基市场不会引起其他营销者的注意；利基营销可以通过专门化服务获得理想的经济收益和市场回报；利基市场有足够的规模、利润和成长潜力。一些专注于利基市场的中小酒店已经从更为精巧的细分市场中得到高速成长。这些变化也同时引起了一些高档酒店的关注，它们也主动参与到酒店市场不断细分化的潮流中。于是，市场上一些诸如主题客房、特殊人群客房、绿色客房等纷纷涌现。

（二）有助于有效利用各种营销资源，取得最大的经营效益

酒店的人力、物力、资金都是有限的。通过市场细分，可以更清楚地认识客人的需求；通过市场细分，可以选择适合自己的目标市场，集中人、财、物及资源，去争取局部市场上的优势，然后再占领自己的目标市场。同时，按照目标市场的需求调整产品结构，安排合理的分销渠道，进行有效的促销宣传，整合自身资源，提高服务人员的劳动熟练程度，提高服务质量。使酒店更准确地适应市场，创造效益。

（三）有利于提高企业的竞争能力

市场细分后的子市场比较具体，酒店比较容易了解客人的需求，分析某一细分市场的竞争对象的优势和劣势，根据自己的资源、服务能力和营销力量，确定自己的服务对象，即目标市场。针对较小的目标市场，便于制定特殊的营销策略，将资源集中在目标市场上，从而扬长避短、有的放矢地进行管理与开发市场，提高客人的满意度和提升企业的品牌认知，从而提高市场占有率、增强竞争能力。同时，在细分的市场上，信息容易了解和反馈，一旦客人需求发生变化，酒店可迅速改变营销策略，制定相应的对策，以适应市场需求的变化，提高酒店的应变能力和竞争力。

三、构成市场细分的标准

酒店进行市场细分的目的是通过对客人需求的差异予以定位，来取得更大的经济效益。差异化营销会导致生产成本和推销费用的相应增长，所以，酒店必须在市场细分所得收益与市场细分所增成本之间做权衡。因此，有效的细分市场必须具备以下特征：

1）可识别性。首先，要有明显的区别，有合理的范围。如果某些细分变量或客人的需求

和特点很难衡量,细分市场后无法界定,难以描述,那么市场细分就失去了意义。其次,该细分市场特征的有关数据资料必须能够加以衡量和推算。再次,不同细分市场要有差异性,细分市场在观念上能被区别并对不同的营销组合因素和方案有不同的反应。一些带有客观性的指标,如年龄、性别、收入、地理位置和民族等,都易于确定,并且有关的信息和统计数据,也比较容易获得;而一些带有主观性的指标,如心理和性格方面,就比较难以确定。酒店可以取得必需的资料,描述各个细分市场的轮廓,明确细分市场的概貌。将调研资料进行量化是比较复杂的过程,必须运用科学的市场调研方法。

2) 可进入性,即所选择的市场是否易于酒店进入,并能进行有效的促销和分销,能够通过一定的广告媒体把信息传递到客人中去,能通过一定的销售渠道抵达目标客户。实际上就是考虑营销活动的可行性。酒店可根据酒店目前的人、财、物等资源条件,制定适当的营销组合策略来占领目标市场。

3) 可盈利性,即选择的细分市场规模要大,有足够的需求量和购买力,使酒店有利可图,使酒店值得为它设计一套营销方案,以便顺利地实现其营销目标,并且有可拓展的潜力,以保证按计划能获得理想的经济效益和社会服务效益。细分市场能为酒店赢得长期稳定的利润,实现预期的经济效益。

4) 相对稳定性,即细分市场是否具有潜力,能否在一定时间内保持相对稳定,这直接关系到酒店营销的稳定性。

酒店应参照以上标准,比较后选择符合企业目标、资源和能力的目标市场。重点考虑目标市场有无充分的发展余地和空间,企业的竞争优势和市场地位能否保障实现预期销售额。

四、市场细分的变量依据

酒店市场细分可以选择一个或多个变量作为依据。营销人员必须尝试不同的变量或变量组合,以便找到细分市场的最佳途径。

细分变量主要分为四类:人口细分、地理细分、心理细分和行为细分。

(一) 人口细分

人口统计变量是区分不同客人的常用变量。客人的消费要求、消费偏好、使用产品的频率等均与人口特征因素有关。人口统计变量常用的指标包括:年龄、性别、种族、国籍、婚姻状况、教育、职业、收入、家庭人口数量、家庭生命周期、宗教和社会阶层等。营销调研人员从政府部门和市场调研机构很容易获得人口特征方面的统计资料。另外,各种宣传媒介,如报纸、广播等也能提供有关人口特征方面的信息。人口统计变量比较容易衡量,有关数据相对容易获取,由此,酒店经常以它作为市场细分依据的重要原因。

1. 性别细分

根据性别,酒店市场可细分为男性客人和女性客人。由于生理上的差别,男性与女性在酒店产品的需求与偏好上会有一些不同,如吸烟或不吸烟、环境氛围要求等方面均有差别。现在,随着越来越多的女性参与商务或社会活动,有在外住宿的需求,不少品牌酒店正在研究市场机会,设计吸引女性客人的酒店产品。

2. 年龄细分

根据年龄,酒店市场可细分为老年客人、中年客人及青年客人等细分市场。不同年龄的酒店客人有不同的需求特点,如青年人喜欢有朝气、动感、时尚、便捷和特色的酒店产品,而老年人由于身体原因,需要比较安静的空间、一些特殊的设施设备和健康养生方面的服务。

【小链接4-1】
优美的居住环境、完善的公共服务设施、医疗康健服务、高品质个性化服务构成了养老型酒店发展的四大要素。

（一）优美的居住环境

周围环境好、空气好是老人对养老酒店的先决要求。在访谈过程中,近一半以上的老人更愿意选择山林景区度假养老酒店或乡村原生态养老酒店,原因是空气清新,更加舒适。

（二）完善的公共服务设施

养老酒店虽然是酒店,但从综合性和经营性的特征上来看,与养老地产有十分多的相似之处。经过访谈且与养老产业的对比来看,其中老人群体最看重的周边配套设施可以分为三点：周边有中餐厅,附近有超市、药店,以及附近可以慢运动。

（三）医疗康健服务

目前,国家提倡医养一体化,酒店内的医疗条件是老人决定是否入住的重要原因之一。在调查过程中,80%的人们对酒店医疗的要求相对于医院是比较宽容的,最希望拥有的两项服务是基本的身体检查和日常的护理。在访谈中发现,老人们对酒店内工作人员的专业素质十分重视,尤其是医护人员,与此同时,也希望能够在养老酒店内听到关于健康养生、预防老年人疾病的讲座。

（四）高品质个性化服务

一直以来,中国人都非常避讳谈论养老的相关事情,认为养老机构就是一个"等死的地方",然而,对于养老型酒店,我们可以结合亲情,让我们的老年能够感受到温暖、惬意,排解老人晚年的孤独。老人也能有第二青春,随着现在医疗条件的不断发展,每个人成为百岁老人的可能性大大增加。因此,当退休后,老人非常愿意尽情享受生活的乐趣,根据个人兴趣不同,组合成多种多样的社团,如音乐、垂钓、下棋、旅游等。

总的来说,在实际过程中,运营者应充分切实考虑老年人的根本需求,做出适合且被老年人所接受、喜爱的养老型酒店。

——资料来源：姚贵凤,洪燕云,霍婕,乐宝鑫,张子寅,陈婧.常州智慧生态养老型酒店市场调研现状分析.旅游纵览(下半月),2020,(01),88-89、92.

3. 收入细分

收入决定了客人的消费能力。高收入客人与低收入客人在酒店的品牌、星级、服务等方面都会有所不同。正因为收入是引起需求差别的一个直接而重要的因素,所以酒店在星级与档次上的细分相当普遍。

如果用两个或两个以上的变量进行复合,细分市场会更多。这些细分市场不太可能都是理想的目标市场,酒店可以根据自身特点选择一个或几个细分市场作为主要经营对象。

（二）地理细分

地理细分是按照消费者所处的行政区域、城市规模、气候、人口密度、地理位置、自然环境等有关因素将市场划分为不同的区域市场。地域之所以用作细分变量,是因为不同地域的消费者对同一类酒店产品往往有不同的需求与偏好,对酒店的营销策略与措施也会有不同的反应。酒店行业面临的客人来自国内和国际不同地域,在饮食、居住、风俗习惯等方面存在巨大差异,有些差异甚至会导致摩擦和冲突的产生。地理变量易于识别,是细分市场应予考虑的重要因素,也是酒店营销中常用的方法。

尽管地理因素有助于酒店营销人员制定营销决策,但是,只凭地理因素划分市场还不够,处于同一地理位置的消费者需求仍会有很大差异。比如,在我国的一些大城市,如北京、上海,有着数量庞大的流动人口,这些流动人口本身就构成一个很大的市场,很显然,这一市场有许多不同于常住人口市场的需求特点。因为消费者行为、态度、价值观念等不是地理细分所能涵盖的。所以,简单地以某一地理特征区分市场,不一定能真实地反映消费者的需求共性与差异,酒店在选择目标市场时,还需结合其他细分变量予以综合考虑。

(三) 心理细分

处于同一人口因素或地理因素群体中的人们可能有不同的心理。心理细分是指按社会阶层、生活方式或个性特征等,把消费者分成不同的群体。通常心理细分能产生更好的细分结果。

从需求角度看,客人入住酒店是为了满足不同的需要。有的是为了解决其生理上的需要,如吃、住、休息等;有的是为了满足其社交需要,如要求酒店提供一个合适的社交场合等;还有的是要满足其更高层次的需要,如得到别人的尊敬或自我实现等。

近来,以客人生活方式作为标准进行市场细分成为人们的生活方式,一般包括其日常活动、兴趣、意见及人口特征等内容。现在,各种以心理定位的主题客房成为客人的新宠。主题酒店具有独特性、浓郁的文化气息、针对性等特点,有很多种分类方法,比如以兴趣爱好为主题,可分为汽车客房、足球客房、电竞客房、电影客房等;还有以某种特定环境为主题的客房,如梦幻客房、海底世界客房、太空客房等。

(四) 行为细分

行为细分是指按照客人对产品的了解程度、购买使用酒店产品的时机、所追求的利益、客人使用情况、对品牌的忠诚度、待购阶段和对产品的态度等行为变量来细分市场。

客人选择和使用酒店产品都具有一定的行为动机,无论这种动机是直接的还是间接的,其目的就是追求达到对自己有某种价值的利益或是身心的满足感。客人的购买动机、选择过程、使用情况,以及对品牌的忠诚度等行为因素,直接影响着酒店的市场营销效果和市场占有率。

许多人认为,行为变量能更直接地反映客人的需求差异,因而成为市场细分的最佳起点。按行为变量细分市场主要包括:

1. 购买时机细分

根据客人提出需要、购买和使用酒店产品的不同时机,将他们划分成不同的群体。由于酒店行业有明显的淡、旺季之分,所以酒店可以根据客人在高峰时期和非高峰时期的需求特点、预定时间的不同划分不同的细分市场并制定不同的营销策略。如钟点客房是一种按小时收费的经营模式,以其灵活性和便利性受到客人的欢迎,这种经营模式尤其适用于中低档酒店和位于机场、车站等流动人口较多区域的酒店。此外,节假日期间调整酒店产品价格、钟点房、高考预订等就是对时机细分后所采取的营销措施。

【小链接 4-2】

随着防疫形势稳定、疫苗接种率的提高,国内旅游业回暖,即将到来的"五一"假期被业内认为有望成为"史上最热黄金周"。

由于游客的出游热情高涨,一些热门地区酒店的价格也水涨船高,部分地区的酒店平均价格甚至超过了疫情前水平。

在此背景下,一些游客一边订酒店,一边喊贵。事实上,不只是2021年"五一",每逢节假日,酒店的价格都会有一定程度的上涨。那么,酒店大幅涨价的做法合理吗?

从法律层面来讲,我国价格法规定的价格有3种:市场调节价、政府指导价、政府定价。

一般来讲,酒店实行市场调节价,只要明码标价就不涉嫌违法违规。但有的地方,在特殊时期,也对酒店实行政府指导价。例如,今年消博会期间,海口所有旅游酒店客房价格将实行政府指导价。在实施政府指导价期间,海口所有旅游酒店的客房实际交易价格,不得高于2019年3月1日至5月31日期间该旅游酒店同等房型、同等服务条件客房的最高交易价格。今年春节期间,海口也曾对酒店客房实行政府指导价管理。

从经济学角度讲,供求关系决定价格。节假日期间,一些热门城市、热门景点游客井喷,这些城市和景点周边,对于酒店的需求大幅增加,酒店价格必然会上涨。此外,酒店的从业者在节假日坚持工作,酒店的用工成本也会提高,所以酒店涨价也有其合理之处。

不过,有消费者指出,酒店适度涨价可以理解,但如果动辄翻番,甚至几倍,似乎也不甚合理。还有消费者表示,除了价格,质量也很重要,只要酒店明码标价且能提供符合价格的服务,那么价格高点也可以接受。

——资料来源:杨召奎,【经济观察】节假日酒店大幅涨价,到底合不合理?《工人日报》,2021年04月19日,04版。

2. 利益细分

客人购买酒店产品的主要目的不是为了得到产品本身,而是为了解决某类问题、满足某种需要、获得相应利益。然而,产品提供的利益往往并不是单一的,而是多方面的。消费者对这些利益的追求时有侧重。客人追求利益不同,购买行为会产生差异。客人的要求是多样化的,有的希望酒店提供良好的服务,有的希望酒店地理位置优越,有的则要求酒店价格实惠。此外替代性产品的存在及周边同类产品的价格比等因素也影响着客人的购买行为。价格是利益的核心,用户对价格有了一定的认同度后,相对稳定的价格有助于促进酒店产品的销售。

3. 使用者和使用率细分

营销人员根据购买和使用程度将客人划分为不使用者、潜在使用者、首次使用者和定期使用者。定期使用者又可分成"轻"使用者、"中"使用者和"重"使用者。例如,酒店客房的长包客人(停留时间在6个月以上的客人)属于"重"使用者,一些年轻背包旅游者及当地购物者则是餐饮部的"重"使用者。

4. 忠诚度细分

营销人员可根据客人对酒店产品的忠诚度将客人细分为优、良、中、差四个等级。忠诚度优,指客人始终如一地消费某酒店产品;忠诚度良,指客人总是在两种产品中做出选择而不去选择第三种产品;忠诚度中,指客人会从一种产品转移到另一种产品;忠诚度差,指客人没有固定的选择对象,有时使用这种产品,有时则使用另外一种产品,对产品的态度变化无常。集团用户是忠诚度较高的用户,有针对性地为集团用户提供个性化的服务,可以提高这些客户对酒店的忠诚度。通过了解客人的品牌忠诚情况和品牌忠诚者与品牌转换者的各种行为与心理特征,不仅可为酒店细分市场提供一个基础,同时也有助于酒店了解为什么有些客人忠诚本酒店的产品,而另外一些客人则忠诚于竞争酒店的产品,从而为酒店选择目标市场提供启示。

为了更好地描述人类购买行为,行为科学家科特·莱文(Kurt Lewin)提出了购买行为影响函数:

$$CB = f(P, S, E)$$

其中,CB 为消费者行为;P 为消费者个人特点;S 为社会影响因素;E 为环境因素。

而酒店产品购买者的行为也是个人特点、社会影响因素及环境因素这三个变量的函数。其中,个人特点可以分为个人因素和心理因素;环境因素可以理解为文化因素对酒店产品购买者行为的影响。这说明行为细分本质上也涵盖其他类型细分。

【小链接4-3】

早前由于印度连锁酒店独角兽 OYO、英国希尔顿酒店等国际品牌的强势进驻,以及受东南亚旅游经济下滑态势的影响,东南亚酒店业在无形中经历了一场悄无声息的行业洗牌。

将一个行业扭亏增盈的方式有许多种,但无论如何探索其外在方式,最终还是要回归到其经营本质中的。对于酒店行业而言,品牌忠诚度就是它的立根之本。RedSeer 咨询公司负责人 Behera 就尤其强调品牌忠诚度的重要性:"品牌忠诚度在决定利润方面比市场份额更重要,其衍生出的持续购买行为对品牌的成长具有决定性意义,这种习惯不会因为竞争对手的产品或服务而轻易产生动摇。"

商业时代的来临,加快了消费者需求或喜好的更迭速度,在此情境下,如何更好地建立酒店行业的品牌忠诚度呢?东南亚酒店行业选择通过重点加强国际合作与提升服务质量来实现这个目标。

关于加强国际合作,Behera 对其进一步解释道:"为确保占据市场的一席之地,该行业的参与者必须进行商业结盟,与不同行业、品牌建立战略合作伙伴关系,进行资源整合。比如东南亚各酒店同中国携程的合作,就有利于借助携程在中国的影响力,将旗下各类酒店推广给众多中国游客。也就是说,当中国游客通过携程网预订东南亚旅游路线时,很可能会再次选择同样品牌的酒店。"

而提供给住户物有所值的服务则是建立品牌忠诚度的核心,不断提供高质量的酒店体验,会让消费者更愿意住在同一家连锁酒店。因此,《酒店邦》杂志建议,东南亚本土酒店业应整合服务商,努力与客户建立长久的关系,为顾客提供个性化的住宿体验,并传达能引起客人共鸣的信息。

——资料来源:关秋韵,国际品牌欲来分一杯羹,东南亚本土酒店的"出路"在哪儿?中国—东盟传媒网,http://www.china-asean-media.com/show-12-23617-1.html,2021-04-23.

五、酒店市场细分的步骤

尽管每家酒店在对市场进行细分的过程中会有不同的步骤和程序,但根据美国市场营销学家麦卡锡(E.J. McCarthy)的研究结果,市场细分大致有以下重要步骤。

(一)正确选择市场范围

酒店市场细分必须结合本酒店的发展愿景及内部资源,符合酒店消费市场的发展现状与潜力,在此基础上确定出大致的目标市场范围。例如,某酒店的发展愿景是树立奢华和高品质的酒店形象,则其选择的市场范围就应侧重于社会较高阶层、较高收入的成功人士,而中低层消费者则不应纳入选择范围。

(二)确定市场范围内消费者的需求

市场范围内消费者的需求大多具有与人口细分、地理细分、心理细分和行为细分变量有关的特征,酒店通常依据以往营销的结果与经验进行判断预测,或是通过直接向不同的潜在消费者进行抽样调查的方式,了解潜在消费市场的各种需求。

(三)筛选细分变量

从不同视角对酒店潜在消费市场进行细分可以尽可能将消费需求特征展现出来。同时,还需注意细分变量之间的相互影响,以及有些细分变量虽然能反映酒店消费者的不同特征,但区分度不高。为使细分市场特征更鲜明,有必要在大量细分变量中选出几个代表性强、特征鲜明的属性作为细分标准。

(四)对细分市场的初步确定

根据细分变量,酒店可以将潜在市场粗略划分为不同的子市场,在此基础上,酒店根据构成酒店细分市场的标准评估子市场,提出那些不合理的细分子市场,形成细分市场的雏形。

(五)细分市场定名

结合各细分市场客人的特征,用形象化、直观化的方法为细分市场命名,如商务型酒店市场、度假型酒店市场和会议型酒店市场等。

(六)调查、分析、评估各酒店细分子市场

经过初步分析,酒店细分子市场的范围已经清楚,这时就要取得选定变量的相关资料,衡量各细分市场的规模,分析各细分市场的盈利能力,预测未来酒店市场的竞争程度及变化趋势等。

第二节 酒店目标市场选择

在对市场进行细分后,应对细分市场进行评估和优化,然后结合酒店自身资源状况,选取合适的细分市场进行有针对性的服务。这个过程就是目标市场的遴选过程。目标市场是指在若干可进入的细分市场中,选择可以集中进行营销和服务的那部分市场。它可以是某个细分市场,也可以是若干细分市场的集合。

每家酒店所服务的对象只是市场上的部分客人。善于寻找最有吸引力,并能为之提供最有效服务的特定客人,能够事半功倍。

一、评估目标市场的原则

每家酒店都有必要将有限的资金和精力集中在招徕最能增加营业额和利润的消费者群体。酒店通常应选择销售额和市场增长率高、利润幅度大和竞争微弱的细分市场作为目标市场。

具体来说,酒店目标市场应具备以下条件:

(一)市场空间大

客源市场人数要足够多、消费能力要足够强,并具有适度规模。要在自身资源和能力许可

的范围内,选择足够大的目标市场。这样的市场能够为酒店提供充足的客源,保证其经济利益的获得。同时,不同规模的酒店之间要形成配合和补充,同等规模的酒店之间要形成错位经营。

(二) 市场潜力大

有的目标市场虽然目前不算大,但随着时间的推移和相关环境因素的完善,会有较大的发展,会给酒店带来更多销售机会。营销人员应分析本地区具有较大销售潜力的细分市场,研究本酒店的经济资源,以免忽视有潜力的细分市场。

(三) 市场未饱和

市场未饱和指该细分市场尚供不应求,竞争尚不激烈或未被竞争对手控制。未饱和的目标市场可以使酒店充分利用其资源,发挥其优势,开发新产品,以满足客人需要。

(四) 酒店有经营能力

营销人员应了解本店的资源状况,分析周边同类酒店的设施和服务状况,同时,还应详细地研究该细分市场的需求,研究消费者对产品和服务的要求。

(五) 竞争对手能力偏弱

竞争对手的招徕能力如何,对目标市场的选择有很大影响。如果某些细分市场十分有潜力,大家同时来招徕这类市场,而且接待能力超过这类细分市场的需求量,这样的营销工作会造成很大的浪费。酒店在选择目标市场时,要考虑竞争对手对其构成的威胁,应避免与竞争对手因选择相同的目标市场而发生直接冲突。

二、进入目标市场的营销策略

酒店目标市场的营销策略是指为了经营好自己的目标市场而制定的各种策略。酒店常用的目标市场营销策略有以下三种。

(一) 无差异营销策略

无差异营销策略是指酒店把整体市场看作一个大的目标市场,不进行细分,用一种产品、统一的市场营销组合对待整体市场。这种策略在酒店的实际经营中表现为"来的都是客",不分主次,同等接待。

实行此策略的酒店基于两种不同的指导思想。第一种是从传统的产品观念出发,强调需求的共性,漠视需求的差异。因此,酒店为整体市场生产标准化产品,并实行无差异的市场营销战略。另一种思想是在经过市场调查后,认为消费者需求大致相同或差异较小。无差异营销的优点是可以降低酒店的经营成本、广告费用、营销研究和产品管理等费用。

但是,由于酒店市场的需求越来越多样化,忽视市场差异的经营方法只能淡化消费者对酒店的形象认识。因此,绝大多数酒店已经不再使用。

(二) 差异化营销策略

差异化营销策略是把整体市场划分为若干需求与愿望大致相同的细分市场,然后根据企业的资源及营销实力选择部分细分市场作为目标市场,并为不同的目标市场制定不同的市场营销组合策略。

采用差异化营销策略的酒店选择两个或两个以上的细分市场作为自己的目标市场,并为每个细分市场确定一种营销组合。各种营销组合在产品、价格、促销方法和销售渠道等方面都有所区别,从而提高了产品的针对性,提升了酒店在客人心目中的形象,增强了客人的忠诚度,提高了市场竞争力。

采用差异化营销策略的最大优点是可以有针对性地满足具有不同特征的客户群的需求,提高酒店产品的竞争能力。例如,在全世界酒店行业中,希尔顿酒店是最早注意到单身女性客人的特殊性的,为此他们早在1974年就在美国阿尔克希尔顿酒店里开辟了专门的女子专用楼层,为单身女性提供旅途中的一切便利。在希尔顿酒店的女子专用客房里,所有的设施设备和装饰色调都从女子的爱好与实际生活需要出发,女子客房单独辟成楼层,并配有大量的便装女保安人员。

【小链接4-4】

除了酒店住宿费收入,有戏电影酒店将发展点播院线、电影衍生品收入以及利用3000块大屏进行影视明星宣发等。

有戏电影酒店最大的特色还是观影大屏,其酒店的观影设备成本相比传统酒店的电视要高出几倍,采用的是影院级的三级放映设备,133寸大屏、1080P以上的清晰度和5.1环绕立体声响。目前,有戏电影酒店的片库里共有6000部电影。

青春版一个房间定价一般在300~500元,升级的雅致版一个房间定价在500~800元。有戏电影酒店面向的消费群体还是集中在80后和90后,其中85后占86.7%。在雅致版推出以后,年龄客群会往前移一些。

青春版主要是针对刚毕业工作三年内的年轻人,有一定的经济收入,对新鲜事物的探索欲特别强,社交需求也特别强的这样一类人。雅致版主要针对30岁及以上的年轻白领,这个人群不仅需要新东西,对生活品质有一定需求,整体风格更偏向中高端。

市面上的主题酒店还有亲子酒店、电竞酒店等,有戏电影酒店选择以电影切入,主要考虑到电影覆盖的人群较广、包容性强,另外一方面则考虑到电影IP后端还可以实现开发付费以及衍生品收益等。

——资料来源:周应梅,IP主题酒店尝试多元化收入,有戏电影酒店点播院线能逆势增长吗?新零售百科Retnews,第571期,2020-08-28.

但是,由于产品品种、销售渠道、广告宣传的扩大化与多样化,市场营销费用也会大幅度增加。因此,酒店应避免选择过多的细分市场。

(三)密集性营销策略

密集性营销策略是指将整体市场分割为若干细分市场后,只选择其中某一细分市场作为目标市场。任何一家酒店都不可能满足所有类型客人的需求,目标市场越多,竞争对手就越多,客人的需求面也就越广,酒店往往会处于穷于应付的被动局面,可能使所有的客人都不满意;而集中选准客源市场,就易满足客人需求,使酒店在这个群体心目中处于无可替代的地位。

对于中小型酒店,将有限资源分散在许多细分市场上,会弱化资源优势。因此,应将企业的人、财、物集中用于某一个最有潜力且最能适应的细分市场,并在此目标市场上取得绝对优势或建立强大的形象。

密集性营销策略对酒店的好处在于经营项目专业化。由于酒店全部营销活动都集中于某一细分市场,所以有利于提高资源的利用率、满足特定消费者的需求、强化目标市场的认知。

这一策略的不足是经营者承担的风险较大,如果目标市场的需求情况突然发生变化,目标消费者的兴趣突然转移,或是市场上出现了更强有力的竞争对手,酒店就可能陷入困境。

三、影响酒店目标市场策略选择的因素

影响酒店目标市场策略选择的因素主要有以下几种:

1) 酒店的人力、物力、财力资源。如果酒店的资源有限,密集性营销策略更为合适。

2) 市场的同质性。如果消费者具有同样的偏好,购买同样数量的产品和对酒店营销努力作出同样的反应,则采用无差异营销策略更合适。

3) 产品的同质性。无差异营销策略更适合具有同质性的产品,差异化营销策略或密集性营销策略则适合有差别的产品。

4) 产品生命周期阶段。当酒店引进一项新产品时,宜采用无差异营销策略或密集性营销策略。在产品处于其生命周期的成熟阶段时,差异化营销策略更适合,因为竞争对手较多。

5) 竞争对手的数量及其营销策略。如果竞争对手较多,且竞争对手积极采用市场细分法时,则采用无差异营销策略可能会导致巨大失误。相反,当竞争对手采用无差异营销策略时,酒店通过差异化营销策略或密集性营销策略能占得优势和获得更高的收益。

第三节 酒店市场定位

酒店市场定位是指酒店为了使自己的产品和服务在公众和目标客人心目中占据明确的、独特的、深受欢迎的地位而做出的各种产品决策和进行的各种营销活动,从而为酒店的产品和服务在市场上确定适当的位置。

在国际酒店行业中,正确运用市场定位获得巨大成就的酒店(或集团)不乏其例,如希尔顿酒店、喜来登酒店等,他们凭借优势,将其目标定位于豪华或商务市场;又如圣达特和青年旅舍则将其目标定位于经济类和青年自助类市场。

目前,我国酒店业竞争激烈,机械地采用"硬碰硬"的手段常常导致两败俱伤。因此,不妨采用"田忌赛马"的策略,用自己的优势与别人的劣势竞争。能不能认识并充分发挥自身优势,关键在于酒店市场定位是否准确。

一、市场定位的内容

市场定位包含的内容很多,主要有以下几个方面。

(一) 核心价值定位

酒店产品的属性以及客人能够体会到的核心利益是定位的关键。如希尔顿酒店给客人的认知是"高效率的服务",假日酒店则给人"廉价、卫生、舒适、整洁"的感觉。

(二) 酒店形象定位

酒店形象,即酒店以何种形象面对目标市场,为消费者提供何种产品和服务。酒店形象定位包括酒店规模定位、酒店星级定位和形象识别系统 CIS。

酒店规模大小是以其拥有的客房数量来衡量的,可以分成大型、中型和小型三类。大型酒店客房数多达 2000 间,而小型酒店客房数少至几十间。我国大多数酒店属中型,客房数在

300 间左右。

酒店星级表明酒店的档次。按《旅游饭店星级的划分与评定》(GB/T14308—2010)标准，酒店星级分为一星、二星、三星、四星、五星。该标准对酒店的建筑、装饰、设施设备及管理、服务均有不同的规定。

企业形象识别系统，即 CIS(Corporate Identity System)，是通过对企业一切可视事物，即其形象中的有形部分进行统筹设计、控制和传播，突出一个一贯化的印象，给目标客人、公众和社会造成视觉上的冲击，达到强化和识别的目的。CIS 包括建筑外观、酒店名称、酒店标志、标准字体、标准色等视觉因素，是酒店的"身份证"，直观地勾画出企业的形象和提供的价值。例如，万豪酒店能以其设施豪华而闻名，并以其稳定的产品质量和出色的服务在酒店业享有盛誉。J.W. 万豪酒店品牌是在万豪酒店标准的基础上升级后的超豪华酒店品牌；万怡品牌酒店主要针对商务客人；丽嘉则代表着非常豪华的超五星级酒店。

(三) 客人群体定位

酒店选择哪些客人群体作为自己的目标市场是至关重要的。一般来讲，客人群体分为商务会展群体、度假娱乐群体、观光旅游群体、修学考察群体和探亲访友群体。不过，酒店通常不是只选择某一类而是选择几类客人群体作为自己的目标市场，如瑞吉品牌被定义为顶级奢华品牌，五星级艾美品牌讲究欧式文化，福朋则定位为简约商务型。

(四) 酒店产品定位

酒店产品定位包括酒店地理位置、酒店产品价格定位和酒店服务水准定位。

按照酒店地理位置细分，可以分为城市中心酒店、市郊酒店和景区酒店。不同类型酒店的客源市场不同，经营管理方式也有差异。

酒店的产品价格定位不仅受供求关系、币值汇率、通货膨胀和价格政策等因素的影响，而且还受产品质量、利润目标、市场份额、淡季旺季和竞争对手等因素的制约。所以，酒店必须综合以上各种因素，制定切实可行的产品价格定位。

同时，酒店的服务质量标准也是酒店产品定位中需要考虑的主要方面。

酒店营销人员在为产品定位时，应强调以下三个要点：第一，为产品创造特色；第二，详细说明产品能为目标市场消费者提供的各种利益；第三，强调本酒店产品与竞争对手产品的差异。

(五) 销售渠道定位

销售渠道定位是指酒店将其产品和服务销售给客人的有效途径。酒店常用的销售渠道除直接销售渠道外，间接销售渠道也是非常重要的渠道，它包括旅行社、代理商、在线旅行商、航空公司等。

二、市场定位的步骤

(一) 找准目标客源

酒店在进行市场定位时，要根据目标市场不同层次客人的不同需求进行有条件的挑选，明确不同层次的客人的关键利益所在，有针对性地投其所好。

(二) 树立市场形象

在选择了具体的目标市场之后，经营者就应考虑酒店需要树立什么样的形象来博取客人的好感与信赖。经营中要突出自己的风格与个性，在竞争中独树一帜，让客人情有独钟。

（三）选择宣传媒介

酒店的市场形象一经确定，就应通过宣传媒介向目标客源市场传递和宣传。宣传要注重简练、具体，强调特色和客人能获取的好处，与此同时，挑选合适的媒介也是十分必要的。在选择时既要注意媒介在酒店目标市场的影响力，又要注意节约广告开支。

（四）设计酒店产品

酒店产品能否被客人接受并使客人满意是检验酒店经营质量优劣的标准，也是进行市场定位最终要达到的目的。

三、市场定位的实施与动态调整

市场定位首先要进行详细周密的市场调研，收集酒店所处地区的市场信息、近年客源类别及数据和周边同行客源情况和发展变化状况。其次要调查周边大单位客源潜力，物色足够大的目标市场。再次还要考虑酒店对客源的招徕能力。在定位确定后，便拟定可行性营销方案。

酒店营销中建立与市场定位相一致的形象，让目标客人知道、了解和熟悉企业的定位，并认同、喜欢和偏爱。巩固与市场定位相一致的形象，强化印象，保持了解，稳定态度，加深感情。矫正与市场定位不一致的形象，如定位过低或过高，定位模糊与混乱。

市场定位不是一成不变的。酒店建成经营一段时间后，发现现有的特色吸引力不强，就要未雨绸缪，乘酒店硬件改造之际重新定位；发挥自身的优势，开发新产品满足客人的需求，以与众不同的服务风格来吸引客人。如某客房不多的酒店，将康乐中心改造成当地最佳的减肥、美容场所，为白领提供各种按摩、皮肤护理和美容服务项目，这种独特的市场定位，给其带来了众多客人。

【小链接4-5】

随着消费升级，中高端酒店成为出行人士的"新宠"，既拥有非凡的品质与格调，也避免了五星级酒店高昂的价格。首旅如家旗下拥有两大知名中高端品牌，即中式国潮风的璞隐酒店与现代时尚莫兰迪风十足的和颐至尚酒店。这两个品牌都已经成为消费者和业主青睐的佼佼者，一些酒店甚至成为打卡胜地，例如昆明滇池旁的璞隐酒店与南京湖南路狮子桥步行街的和颐至尚酒店。而全新亮相的万信至格酒店则是第三种选择："多元"与"融合"成为关键词。

来到每一家万信至格酒店中，会领略不同的风格及体验，或以游客身份感受上海的海派文化、南京的民国文化、嘉兴的民俗民风、包头的草原文化；或以商务客人身份感受海派的现代时尚、金陵的严谨端庄、嘉兴的江南小资、包头的热情豪爽。

万信至格品牌定位"多元化中高端精选服务酒店"，强调"融合、精致、温暖、价值"。为了让酒店在每个维度的设计和服务上都变得井然有序，万信至格在设计的融合度、细节的精致度、服务的温暖度、投资的价值度上投入最多。其品牌标志"银杏叶"正是这种文化的集中体现。

万信至格酒店品牌加入首旅如家酒店集团后，将开启新的品牌升级计划。万信至格品牌将继续定位于"多元化中高端精选服务酒店"，秉承海纳百川的包容性，将市场的多元化、产品的精致感、社交的共享性和服务的关爱度糅合在品牌的每个细节，彰显品牌的格调。

——资料来源：缪璐. 首旅如家加码中高端：发布新品牌万信至格酒店. 中国新闻网-上海新闻(chinanews.com.cn),2021-04-22.

四、酒店市场定位的策略

（一）领先定位

领先定位指酒店在目标市场中始终保持第一位的优势，在产品质量、规格及服务上都先声夺人，始终以领导者的地位引领市场的消费需求发展方向。要保持领先地位，酒店需做好几点：第一，扩大市场总需求，寻找新客源；第二，保持优势的市场份额，通过扩大或缩小经营范围来实现；第三，继续提高酒店的市场占有率，提高酒店接待客人的次数。

（二）对抗定位

对抗定位指贴近竞争者，在与其重合的位置做针锋相对的经营。竞争双方在产品、价格、分销及促销各个方面少有区别。这种方法适用于在市场上占据支配地位的、势力最强的酒店。

这种定位有时会产生危险，但不少企业认为能够激励自己奋发上进，一旦成功就会取得巨大的市场优势。可采用正面进攻、侧面进攻、围堵进攻或迂回进攻等方式。

（三）避强定位

这是一种巧妙避开强有力竞争对手，利用竞争对手市场定位的偏差或疏漏对酒店目标市场进行定位的方法。利用这种方法，酒店能迅速在市场上站稳脚跟，并能在消费者心目中迅速树立起一种形象。

由于这种定位方式市场风险较小、成功率较高，常常为中小企业所采用。

（四）利基定位

利基定位是指精心服务于那些市场比例较小的专业型酒店，酒店要根据市场、消费者需求而变化，寻找市场空白或薄弱环节，通过专业性的经营占据市场中的有利位置。

与避强定位相比，采取利基定位的酒店将自己的目标市场范围缩至最小，更强调自己某一特定专业领域的优势。

（五）重新定位

重新定位是酒店改变市场对其原有的印象，使目标市场对其建立新的认识的定位方法。这种定位方式用于销路少、市场反应差的产品和企业，旨在摆脱困境，重新获得增长与活力。

不过，也有重新定位并非因为已经陷入困境，而是因为产品意外地扩大了销售范围引起的，也就是酒店在确定了某一目标市场之后，由此目标市场给酒店带来了新的目标市场。

【小链接4-6】

近年来，国内消费需求持续升级，进一步推动旅游消费供给侧改革，这也促使更多多元化的住宿业态和品牌开始涌向大众消费市场。

"中端酒店想成为酒店大众消费市场的主流，就一定要基于消费者的消费能力和偏好，对这个市场进行精细切分，能够细分出高、中、低三个不同的分类。"IU品牌CEO乔阿指出，能满足这类投资人需求的目前只能以经济型酒店的投资投入，获得中端酒店的品质和溢价的细分品类，也就是"轻中端"品类。

作为中端酒店金字塔的塔基部分,轻中端酒店一次性总投入较低、租金及运营成本较低、客户年龄结构更轻、房价更灵活和盈利模式迭代更快;相较于改造升级之后的高端经济型酒店,轻中端不仅产品品质和性价比更高,而且注重服务和体验,营销能力和客户黏性更强。

事实上,IU酒店在品牌创立之初就充分考虑了年轻人重线上的习惯,开发有娱乐社交小程序,比如发起一键开黑、陌生人线上组队参加活动等,让IU小程序成为一个兴趣主导的小社区,打造线上社交平台,并利用线上社交平台以引发话题等形式参与酒店日常运营,提高社群的黏性。在线下部分,IU选择当下年轻人兴趣占比较大的游戏作为触媒,重点打造游戏体验——公区有轻简版的VR体验区、个性版的playbox盒子,客房有游戏主题客房、电视投屏等,并且在酒店运营过程中,激励促使用户去体验、感受,让游戏成为社交的触媒,真正形成社交的氛围。与此同时,IU在品牌营销上尝试了很多跨界动作,挑选网易游戏、唱吧、狼人杀平台这些有群众基础的品牌或者平台去合作,让大家在住酒店时打破次元壁,产生"这个酒店跟我是同一类人"的品牌认同感。为了更好地迎合年轻人要酷、要方便、要好玩的天性,智能化将成为IU酒店接下来会重点关注的一个点,通过一键入住、智能家居、机器人服务员一类产品的引入让生长在网络时代的人更如鱼得水,体验更佳。

——资料来源:中端酒店打响"品类细分战"!轻中端酒店IU率先出击. 搜狐网, https://www.sohu.com/a/341957819_395910,2019-09-19.

(六)蓝海定位

蓝海定位指当酒店意识到自己的能力无法与强大的同行竞争对手相抗衡,也未能寻求到合适的市场空缺时,另辟蹊径,突出宣传自己的与众不同之处。

市场定位作为一种竞争战略,是企业向社会和公众、客人的承诺,通过这种承诺,使潜在的消费者或用户对酒店产品形成特定的观念和态度。酒店经营者要善于利用这一策略,在市场竞争中获得竞争优势。

讨论题

(1)简述酒店市场细分的概念及细分的变量依据。
(2)简述酒店目标市场的营销战略。
(3)结合实例分析酒店市场定位的策略。
(4)结合以下案例回答问题。

【案 例】

在首家艺龙酒店正式亮相上海后,同程艺龙再次吹响进军酒店行业的号角。

2021年4月22日,同程艺龙投资成立的艺龙酒店管理公司(下称"艺龙酒管")发布了艺龙系列、艺选系列两大系列的多个酒店品牌,将提供酒店品牌、营销、运营、人才、金融等服务,并表示未来将在全国扩张布局。

"首家艺龙酒店最新的入住率和RevPAR超出预期。"艺龙酒店管理CEO钟宗升对《21世纪经济报道》记者表示,存量、下沉、中端化是该公司今年发展策略的关键词,"我们计划推出4~6个酒店品牌,覆盖不同档次和人群类型"。

推出"组合拳"

艺龙酒管旗下品牌分为"艺龙""艺选"两大系列。在此次发布的品牌矩阵中,各品牌定位有所差异:艺龙玺程国际酒店定位为城市地标性高端酒店;艺龙朗悦酒店定位于商务人群的中高端酒店品牌;艺龙壹棠酒店主要面向中产人群旅居休闲;艺选系列酒店面向下沉市场中端酒店品牌,设计风格年轻化。

对此,钟宗升解释道,艺龙酒管根据新商旅人群、物业投资人及商圈物业等特性,打造了多元品牌矩阵,未来计划从一线城市到低线城市场景、人群的全面覆盖。品牌矩阵策略也将加速艺龙酒店品牌的连锁化发展进程。

"总体来说,中国酒店业的年转化率依然处于很低的水平,和发达国家的70%的年转化率相比,国内酒店的年转化未来十年还有巨大的上升空间。"同程艺龙COO王强指出,这个空间将对技术、资金、管理产生巨大的需求。

而在产业链协同方面,艺龙酒管计划还联合同程数科、同驿商城、安芯布草、艺同凡享等产业链合作伙伴,为物业投资人提供金融支持、物资采购、智能化系统开发等全链条服务。

——资料来源:易佳颖,曹恩惠.OTA再闯酒店业:"来势汹汹"的同程艺龙能成功吗?《21世纪经济报道》,2021-04-23.

问题(1):艺龙酒管旗下品牌进行目标市场选择时,是用什么变量进行市场细分的?

问题(2):结合现在的市场环境,请分析艺龙酒店品牌的市场定位策略。

第五章　酒店产品策略

【引导案例】

　　2021年五一假期,广东旅游控股集团(以下简称"广东旅控")、广州岭南集团控股股份有限公司(以下简称"岭南控股")旗下多家酒店迎来客流热潮。为延续五一热度,两家集团旗下酒店正千方百计跨界寻突破。

　　据广东旅控总会计师罗乾国介绍,五一假期,广东旅控酒店板块营收比2019年同期增长了5.6%;开房率增长了7.37个百分点;平均房价比2019年略有增长;满房天数达到31天,是2019年同期的1.5倍,酒店板块实现爆发性增长。而岭南控股旗下多家酒店单日营收创新高,酒店板块总营收较2019年同期增长了21%。岭南餐饮营收恢复到疫情前峰值水平,比2019年同期增长了50%。其中,广州花园酒店、南沙花园酒店、广州东方宾馆等酒店日均接待用餐均超过2000人次。

　　如何延续五一热度?据了解,2021年以来,两家集团旗下多家酒店推出了一系列潮玩休闲产品,并结合周边的文化和旅游资源优势,强化酒店及目的地的概念,以丰富的文化体验吸引休闲客人。

　　推出新产品组合。除常规的"客房+餐饮""客房+景点"组合类产品外,岭南控股旗下酒店推出了多种新玩法。其中,广州岭南五号酒店推出了惊喜"盲盒";广州花园酒店打造以"充电"为主题的元气创意市集,多种国潮文创艺术元素携手亮相,让市民在放松、休闲、自在的创意活动中感受花园酒店的多元魅力;南沙花园酒店推出的皮划艇野趣亲子套餐等"一站式遛娃解决方案"备受家庭游客的欢迎。

　　从2021年5月开始,白天鹅宾馆联合广州公交集团客轮有限公司,利用酒店拥有码头的优势,开发了"珠水百年·听见花开"系列航线,为住店客人提供珠江日游服务。

　　推出招牌餐饮。在餐饮方面,岭南控股旗下酒店挖空心思谋求增长。一湾溪水绿、两岸荔枝红,坐在"艇仔"上吃艇仔粥、听"讲古佬"讲经典故事,广州花园酒店荔湾亭餐厅致力打造沉浸式体验。中国大酒店丽廊餐厅曾引领广州自助餐文化和西式饮食新风尚,近期启动的东南亚美食节,带来泰国、马来西亚、新加坡、越南等地的东南亚美食,以美食展现东南亚各国历史文化。还有东南亚风情拍照打卡区,浓郁的异域风情让客人仿佛置身蔚蓝海滨与葱郁椰林之中。爱群大厦的杏荟旋转餐厅则推出了招牌创意料理。

　　推出联合促销。位于广州中心城区的白云宾馆借助地理优势,推出了缅怀先烈的黄花岗红色研学之旅、追溯历史的南越王宫探秘之旅等,还与周边商圈的友谊商店合作,联手促消费。

　　——资料来源:陈熠瑶.广州酒店跨界推新玩法.《中国旅游报》,2021-05-27,第05版.

　　酒店制定营销战略,首先要明确酒店能提供什么样的产品和服务去满足目标市场的需求,这是市场营销组合策略的基础。从某种意义上说,一个酒店成功发展的关键在于酒店产品是否能够满足客人要求的程度,以及所采取的产品策略正确与否。本章主要研究酒店产品的内容、如何开发酒店新产品及如何塑造酒店品牌形象。

第一节 酒店产品的内容

一、酒店产品的概念

酒店产品是指能提供给市场,用于满足客人物质需求的设备设施、实物产品等有形产品和能满足客人心理需求的无形服务的有机结合。从客人的角度而言,即为一次就餐、住宿或消费其他酒店服务的经历。服务作为酒店产品的必要组成部分,在酒店营销组合中的地位越来越重要。酒店产品既有旅游产品的共性,又有其自身的特点,这就决定了酒店营销管理的独特性与复杂性。

酒店的有形产品主要包括酒店的硬件设施与设备。例如,大堂及其设备的实用性与豪华程度;酒店的整体装修、客房及其设备、装饰、音响系统等;健身房及其他康乐中心设备等;餐厅及餐厅所提供的各类餐饮食品;商务中心及其他各类设备等。

酒店的无形产品可以给客人带来附加利益和心理上的满足感及信任感的售后服务,包括酒店员工的劳动与服务。例如,服务员的仪表、举止和服务技能等。

【小链接 5-1】

为做好 2021 年五一假期的服务保障,福州各酒店从清明过后就开始统筹安排接待人员、储备物资等,可确保营业高峰期的服务品质。其中,疫情防控是各酒店接待工作中的重点工作,也是酒店分会强调监督的重点。

上海市旅游行业协会酒店业分会也在节前发出通知,要求全市星级酒店和住宿业单位按照上海市文化和旅游局制定的最新版防疫指南,做好测温、核码、消毒、通风等疫情防控工作。上海市旅游酒店星级评定委员会还把疫情防控落实到本年度星级酒店评定性复核考查之中,实现常态化防控,确保假期大客流服务接待万无一失。力争用最好的服务和最安全的环境,迎接五一假期酒店住宿消费"春天"的来临。

以温泉为特色的甘肃省定西市悦心大酒店针对五一假期制定了专项疫情防控措施,包括保持室内空气流通、设立体温检测岗、人流过多时启动前台和餐厅的分流措施、实行工作人员健康监测制度、加强日常健康防护工作、规范日常清洁和预防性消毒措施等多个方面。该酒店相关负责人说,酒店还针对各部门的工作特点提出了具体的安全保障要求,要求各部门严格按制定的防控措施执行、把控,确保酒店平稳度过五一假期接待高峰。

——资料来源:陈静.五一假期酒店业迎接久盼春天.中国旅游新闻网,http://www.ctnews.com.cn/jdzs/content/2021-04-29/content_103020.html,2021-04-29.

有形的设施、设备、实物产品和无形的服务产品是酒店产品不可分割的两个重要方面。而酒店优质服务产品的提供,取决于各相关部门科学有效的管理。

二、酒店产品的整体概念

美国哈佛大学教授西奥多·莱维特率先提出"整体产品"的概念,将整体产品划分为核心产品、形式产品和附加产品等层次。

（一）核心产品

核心产品是指客人购买某种产品时所追求的基本效用和利益，是客人真心要买的东西。例如酒店为客人提供良好的休息与睡眠环境。

客人购买某种产品并不是为了占有或获得产品本身，而是为了获得能满足某种需要的效用或利益。由于不同客人的需求不同，为每个客人提供的核心产品也不同。对经济型客人来说，他只需要一些关心、一顿简单的晚餐和在干净舒适的床上睡个好觉，而又无须支付昂贵的费用。对于住世界一流的五星级酒店的客人来说，是享受全套体面的服务和豪华的设施。因此，核心产品是专为满足目标客人特定需求设计的基本服务和利益，包含了客人感受到的基本需求和追求的利益。

（二）形式产品

形式产品是指核心产品借以实现的形式，即酒店向市场提供的实体和服务的形象。产品的基本效用必须通过某些具体的形式才能得以实现，包括酒店的位置、建筑、装潢、设施、设备、服务项目、服务水平和酒店声誉等。它确切地说明了酒店在具体时间以具体价格所提供的产品是什么。

（三）附加产品

附加产品是指客人购买有形产品时所获得的全部附加服务和利益，包括酒店提供的免费旅游景点咨询、免费往来于购物点和机场的班车、网络接口、鲜花、结账快捷、美味的晚餐、优良服务等，能给客人带来意外的惊喜。

附加产品体现出在正式报价之外的附加价值。附加产品可以是有形的，如客人抵达酒店时免费送的果盘，或当地景点的门票；附加产品也可以是无形的，如前台服务人员提供的优质服务和友好的态度。

客人在住店过程中购买的是酒店产品的整体，包括核心产品、形式产品和附加产品，这三部分决定了客人对酒店产品的评价。这种从理论上对酒店产品的界定对酒店的营销具有重要意义，酒店经营者在进行酒店产品营销时，应关注客人对核心产品的要求，并在形式产品和附加产品部分上形成自身产品的差异化，以赢得竞争优势。

【小链接 5-2】

近日，一家3000元一晚的顶级奢牌酒店除了被媒体曝光客房卫生问题外，还被曝出客房设计存在巨大的隐私缺陷，夜晚客房里发生的一举一动如同电影屏幕一样被反光投射到隔壁的玻璃窗上，楼上阳台还能清楚地看到楼下卫生间的浴缸。面对不断出现的卫生门、隐私门，不得不让我们对酒店客房给予更多的关注。

客房是酒店的主体，更是衡量酒店档次和服务质量的主要内容。随着消费的"碎片化"，酒店越来越重视体验感，客房空间的场景塑造也成为酒店产品创新的重要内容。长期以来，围绕客房产品存在着两种对立的观点，一种观点认为，作为时尚类消费性产品，客房应该与时俱进，不断给宾客带来新奇与不一样的感受；另一种观点则认为，客房是宾客的旅途之家，应该尽量减少变化，给消费者一种熟悉的环境与氛围。理念可以交锋，创新更应鼓励，但是我们必须清醒地意识到，所有创新与尝试的前提都必须首先遵循和服从客房安全、舒适、方便的基本属性要求。

重视设计语言,强化空间特色是潮流,但需要注意的是,万事有一个"度",必须警惕片面追求所谓的"设计感"而牺牲客房的基本品质。

客房是消费者的"个人空间",隐私保护是消费者对客房最基本的要求。安全是酒店的第一属性。风格不能牺牲安全,调性不得侵犯私密,因此对消费者隐私保护是客房设计的前提条件,没有隐私保护,酒店安全性无从谈起,也更没有设计感、体验感可言。

客房设计直接关系到酒店的经济效益和社会效益,也直接影响到消费者在酒店的需求满足和心理感受,因此我们需要警惕片面追求所谓"设计感"而影响了酒店产品的基本品质。

——资料来源:李原. 警惕片面追求"设计感"而毁掉客房基本品质.《中国旅游报》,2021-04-15,第06版.

三、酒店产品的基本构成

(一)标准品

标准品,即酒店为客人提供的标准产品和服务,如标准间、团体会议套餐和自助餐等。

(二)选购品

选购品,即酒店提供的可供客人选择的产品和服务,如其他类型的客房、零点餐饮、送餐服务、车辆服务、洗衣服务、付费电视节目等,客人可根据实际需要自由选择。客人选择这类产品的比例越大,酒店收入也会相应提高。

(三)精　品

精品,即为客人提供的VIP设施及服务项目,包括房、餐、车及配套服务人员等。例如,20世纪80年代末,北京王府酒店为接待VIP客人专门购置了两辆银色劳斯莱斯轿车,车牌号分别为"8888"和"6666",为北京当时VIP接待豪华规格之最。

(四)附加品

附加品,即酒店给客人带来的附加利益和享受,属于非必需品,如全价房附带早餐、附加人身保险、馈赠品、纪念品等。这部分产品的提供能给客人带来更多的利益和更大的满足。

四、酒店产品组合

(一)酒店产品组合的含义

酒店产品组合是指酒店为客人提供的各种设施的种类和服务的质量水平。产品组合由酒店产品的宽度、长度、深度和相关性所决定。产品线指一组作用和功能相似的产品,即酒店的业务经营范围。例如,大部分酒店一般会有3个主要产品线,即客房、餐饮和娱乐。

1. 产品组合的宽度

产品组合的宽度是指酒店能提供多少条产品线,即产品组合的宽度取决于一家酒店提供多少产品线,如客房、餐饮、商品部、休闲设施和商务中心等。有些酒店有很宽的产品线,提供广泛的服务,而有些酒店只提供客房服务。

2. 产品组合的长度

产品组合的长度是指每一项分类产品中可以提供多少种不同的服务项目。例如,一家酒店有中餐厅、西餐厅、日式餐厅和韩式餐厅4个风味特色餐厅可供客人选择。

3. 产品组合的深度

产品组合的深度是指每一项目中又能提供多少个品种。例如，上述各餐厅能提供的各类菜肴、酒类和饮料的品种。

如表 5-1 所列，某酒店的产品组合宽度是 3；总长度为 9，每条产品线的平均长度为 $9 \div 3 = 3$；商务活动类的产品深度为 $4 + 4 = 8$。

表 5-1 某酒店产品组合的长度和宽度

饮食类	客房类	商务活动类
粤菜	豪华客房	综合性商务（4 类）
川菜	商务客房	小型会务（4 类）
大众菜	经济客房	
	钟点客房	

4. 相关性

相关性是指各条产品线在最终用途、生产条件、分配渠道或其他方面的关联程度，即各条产品线在吸引客人组合上的相似性，例如，酒店客房与餐饮在销售渠道上有较好的相关性。

一家酒店的性质和规模，决定了其产品组合的宽度、长度、深度和相关性。任何酒店的基本作用都在于为客人提供一个可以睡觉、吃饭的地方。除此之外，几乎人的全部经历都可能在酒店发生，酒店决策者就要选择为客人提供哪些产品和服务。例如，一家大酒店可能会有游泳池，因为大部分酒店经理认为这是他们休闲产品线中的必要组成部分。然而，如果这个游泳池每星期只有几个客人使用，修建和维修游泳池费用很高，并且占有很大空间，就可以考虑将这些空间用于其他更有经济效益的用途。虽然一家酒店因为没有游泳池可能会失去一部分客人，但会因为把空间用于其他用途而吸引更多的客人。

正如一位酒店经理所说："有时候你必须准备放弃一些生意。"因为有些客人不值得争取，给他们提供服务不大可能得到相应的投资回报。试图以多功能的产品组合方式来使每个客人满意的做法，其结果可能会使大部分客人失望。因此，要根据客人的需求有针对性地开发产品，使产品组合适应目标市场的需求。

（二）产品组合策略在实践中的应用

1. 明确的目标市场及定位是策划酒店产品组合的必要前提

酒店针对自身的特色及发展目标，通过对市场细分选择相应的目标客人，向这些客人明确地传达鲜明的特色与优势，而特色与优势正是可以通过不同的产品组合来体现的。

2. 酒店产品组合要突出针对性和特色化

（1）产品组合的针对性设计

酒店在进行产品设计与组合时必须与选定的目标市场需求相吻合。例如，三亚美高梅度假酒店为不同的客人设计不同的产品，2015 年夏天举办的魔法夏令营很受孩子们的喜爱；针对情侣市场，产品设计中特别安排了可以打包到客房的浪漫晚餐，并增设了"求婚"服务，为情侣们策划、安排一场浪漫、难忘的海边求婚仪式；针对小朋友，酒店专门配有儿童拖鞋、浴袍和牙刷等，浴池旁还有一套小朋友洗澡时喜欢玩的"小黄鸭"。酒店还升级为海南萌宠度假目的地酒店，允许客人带狗入住，让特殊的家庭成员一起享受假期。

（2）产品组合的特色化设计

酒店产品组合设计要有独到之处，即为客人提供在别的地方享受不到的产品和服务。例如，美国拉斯维加斯各酒店为客人提供以下独门绝技：全声控的顶级客房，水火交融的喷泉，饲养16只珍奇白老虎的动物园，展示世界上最大天然金块的珍宝馆，世界最新款的名车展示，一年一度的世界重量级拳王争霸赛等；新加坡五星级文华大酒店为客人提供具有各国不同民族风味上千个品种菜肴的大型自助餐，在新加坡可谓首屈一指，吸引了众多客人；杭州西溪悦榕庄，客人不仅可以欣赏到茶艺、古筝、旗袍秀等表演，在节假日，酒店还会安排捏面人、糖画、做灯笼、西溪小花篮制作、篆刻印章等活动，让客人动手参与进来，在增加他们的体验感的同时，也让他们了解到更多当地文化。正是由于上述酒店为客人提供了独特的产品组合，才能对客人有如此大的吸引力。

【小链接5-3】

玩得开心、吃得放心、住得舒心，是游客出游的三大主要需求。近年来，随着游客旅游消费能力的提升，旅游需求逐渐从传统观光向休闲度假转变，他们更加注重旅游过程中的体验感。在这种消费观念的驱动下，人们越来越重视宿地的特色和品质，甚至会因为一家出色的酒店决定出行目的地，"为一家酒店，赴一座城"的旅游方式受到追捧。

在海南，星级酒店、精品酒店、民宿客栈各美其美，大大丰富了游客的选择，加之愈发丰富的酒店休闲服务项目供给，从游玩项目到各国美食，再到亲子活动和艺术展览，一个好的酒店往往会给游客惊喜，成就一次新颖特别的度假旅程。

酒店也成为旅游目的地

2020年，9月底，来自广州的游客陈曦与男朋友在三亚度过五天四晚的假期，体验了三亚理文索菲特和文华东方酒店两家特色酒店。"这两家都是我在社交平台上被'种草'许久的。这次来三亚，我们主要是体验这两家酒店的服务、餐饮和娱乐项目，大部分时间都在酒店里度过。"陈曦说。

"我也不记得这是第几次来三亚了，这次再来主要是带孩子来体验亚特兰蒂斯，他早就迫不及待了。"近日，来自北京的游客王雪专程带着儿子和父母入住了三亚·亚特兰蒂斯。鱼儿成群的水族馆、惊险刺激的水世界和精彩有趣的C秀表演，让王雪一家玩得不亦乐乎。"在这里不仅住得舒心，还能吃得开心、玩得开心，足不出酒店就能玩几天。"王雪说。

如今，人们对旅途中住宿的需求日益走强，酒店不只是一个随便睡一觉的地方，越来越多的消费者更注重入住酒店的设计、配套设施以及服务，能够反映与生活态度相符的品位和个性的酒店更受他们的青睐。

在海南，极具口碑与品质的高端酒店密集，各家酒店设计风格迥异，服务理念各具一格，吸引着国内外游客前来度假，酒店成为他们的度假目的地。

——资料来源：李艳玫. 为一家酒店，赴一座城.《海南日报》，2020-10-29，第06版。

3．酒店调整产品组合

酒店对其产品应不断地进行审视，当需要对其某个产品线的项目进行变更时，有3种基本决策可供选择。

（1）扩大酒店产品组合

如果酒店一项产品的市场需求正在不断增加，而且产品可通过扩展来满足增加的需求，那么就应该扩大这一产品。这样做的依据是市场、经济、环境和行业指标表明这种增长趋势会持续。例如,酒店扩增亲子娱乐项目,从而提供了更加全面的亲子游客需要的产品组合。

酒店为扩展经营范围,可以扩大产品组合的宽度。它有利于充分利用酒店资源,适应多层次的消费需求,还可以是扩大产品组合的长度或深度。例如,增加酒店高档产品项目,提高现有产品档次,以促进销售;或增加低档产品项目,借高档产品声望吸引客人,提高市场占有率;或利用现有产品的声望填补产品的空缺市场。

(2) 保持酒店产品组合

如果由于经济、政策或其他方面的原因,酒店做任何的变更都不能带来更大的收益,那么保持和维持现状是明智的,但可以采取一些改进措施以增加赢利。例如,酒店内一个餐厅总是客满,可以考虑在一个时期内价格提高一点,这样也不会使客人觉得不满而离去。

(3) 缩减酒店产品组合

当一个设施正在亏本,没有了优势,那就可以放弃。例如,酒店的西餐厅自己经营不善,可以把设施特许给其他经营者经营。另外,亏本酒店还可以采取翻修、再定位和重新命名等措施,把目标锁定在新的目标市场。

总之,对酒店管理者来说,酒店行业、外部环境在不断变化,重要的是要认识变化意味着什么,然后根据客人的需求来设计产品组合,使其能更适应消费者需求。

五、酒店产品策略

酒店产品的显著特点是有形设施与无形服务相结合。酒店产品策略实际上就是用哪些产品和服务满足市场需求。从不同的角度,可将酒店产品策略划分为以下几类。

(一) 单一产品策略和多样化产品策略

酒店可以将经营集中于较小范围内,如传统的食和宿两个方面,甚至仅提供住宿,配以必要而简单的服务,这称为单一产品策略。而有些企业,则倾向于扩大经营范围,以食宿为基础,提供康乐设施与购物中心,经营与旅游有关的各种业务,如出租汽车、导游服务等,这称为多样化产品策略。

一般酒店在创建之初采取单一产品策略,随着企业资源的积累,会逐步涉足多个业务领域,采取多样化产品策略。但只要定位恰当,经营范围有限的酒店同样能创造良好的经济效益。例如,某连锁酒店,规模仅数十间客房,设施简单,不设餐厅。但它独具的优势,如地处机场与城市之间,为客人提供往返酒店与机场的用车服务,费用低廉、预订方便,使该酒店的客房出租率一直较高。

究竟采用单一产品策略还是多元化产品策略,酒店应结合自己的人力、物力、财力以及市场定位和市场需求来决定。

(二) 高档产品策略和低档产品策略

为了适应市场需求,增加销售量,创造更多的利润,在现有产品的基础上增加高档高价产品,称为高档产品策略;而在高价产品中增加廉价产品,称为低档产品策略。

全球闻名的美国假日酒店集团,多是三星级酒店。然而,自 20 世纪 80 年代以来,假日酒店发现高档旅游市场需求不断增长,进入这一细分市场将有很高的收益,于是决定采取高档产品策略,即在保持原有特色的同时,在一些旅游地兴建四星级和五星级酒店。现今北京的假日酒店就有四星级的丽都假日和五星级的皇冠假日等,用于满足不同档次消费者的需求,这就是高档产品策略。

而如果发现市场对高档产品需求下滑,或竞争过于激烈,则在高价产品中增加廉价产品,即实行低档产品策略。例如,在夏威夷哈尔莱四季度假村,一家餐厅正从昂贵的高档型改造为价格亲民的名为"沙滩树酒吧休息室"的加利福尼亚意式主题休闲会所。客户可在入住期间每天到此就餐三至四次,而不是以往的一次。餐厅的收益比以往有所好转,虽然价格降低,但每晚的用餐人数在增加。

(三)标准化产品策略和差异化产品策略

标准化产品策略是指酒店经营的产品品种不一定要多,但在加工制作、销售和服务上一律采取标准化操作。酒店除了要建立各种规章制度,加强培训与质量控制,以保证自己提供的产品与服务达到一定的标准与水平外,更重要的是酒店提供的产品与服务能为客人接受。

差异化产品策略是指酒店在市场竞争中不断开发与提供新产品、新服务,强调自己的产品与服务不同于竞争者,优于竞争者,进而使客人偏爱自己的酒店,这需要酒店具有自己的"独特销售点"。所谓独特销售点,指的是一家酒店在同质市场上提供不同于其他酒店的产品与服务,即差异点。就产品与服务而言,这种差异可以是有形的,也可以是无形的;可以是真实的,也可以是消费者想象中的。但无论是哪种差异,对客人而言都必须是重要的,且能为消费者感知。例如,北京王府酒店与中国大酒店均为五星级酒店,前者位于北京繁华的王府井大街附近,地理位置优越;后者则与国贸中心相得益彰,可为大型会议和展览提供场所与设备,或为常驻外商及家属提供住处。两者都具有商务旅行者的同类客源,而后者则突出可安排大型会议和展览的特点。

【小链接5-4】

北京五矿君澜酒店是君澜酒店集团在北京开设的首家酒店,于2020年9月开业,位处六环外,地理位置并不占优势。但开业以来,该酒店却通过精准定位客群、依据客群需求创新产品、开展多元化经营,取得了不俗的成绩。近期,携程发布的清明小长假全国热门酒店中,其排在第五位。该酒店总经理舒东认为,当前市场形势下,会议型酒店要靠多条腿走路,要学会做跨界、玩新媒体、做研发、造场景。他们构建了"5+2+节假日"的运营理念,即周一至周五做商务会议市场,周末和节假日做亲子度假市场。相应地,对酒店产品进行了创新和调整,比如,针对商务群体做"荟在西山"产品,策划"西山对话"等会议品牌;针对休闲群体做禅修系列,打造禅修客房、禅茶、森林氧吧、水疗产品;针对亲子群体,设计了勇敢小卫士、果蔬的奥秘、礼仪小绅士、澜灵谷剧场等14款"澜精灵部落"系列产品;针对年轻群体,研发了通航乐园、5G电竞产品等。"现在每周六上午,酒店员工就会扮成卡通人物,迎接小朋友们的到来。今年春节期间,'就地过年'政策带旺了京郊游,酒店平均房价达到了1463元。"

"当前,酒店行业面临着市场复苏、竞争加剧、成本上涨、收入受限、管理升级、团队重建、修复受损、寻求突破等现实课题。疫情加速了行业的转型升级,行业需要重塑,酒店企业自身也需要重塑。"昆明云安会都酒店是一家典型的会议型酒店,该酒店常务副总经理张杜娟表示,目前大多数会议型酒店都面临着从电梯模式向攀岩模式转变,原来自身锁定的稳定领域现在充满了不确定性,过去深耕单一领域,现在要转向多领域开花,原本是直通领域,现在要有很多横向抓手,才能在疫情防控常态化,各种因素都有可能影响市场的情况下,谋求生存和突破。

——资料来源:陈静. 疫情倒逼会议型酒店创新营销求脱困.《中国旅游报》,2021-04-01,第05版.

六、酒店产品生命周期

(一) 酒店产品生命周期的含义

产品生命周期与产品使用寿命是两个截然不同的概念。产品使用寿命是指产品的耐用程度,是产品从开始使用到损失报废的时间间隔;而产品生命周期则与消费者和新产品的推出速度有关。一般来说,产品生命周期包括4个阶段,分别是投入期、成长期、成熟期和衰退期(见图5-1)。产品生命周期的长度各不相同,有些产品会比别的产品更具生命力。

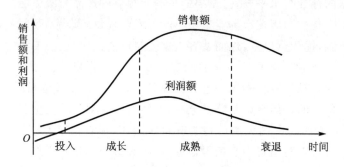

图 5-1 酒店产品生命周期示意图

酒店产品生命周期同样也是有限的。酒店产品生命周期是指某种产品从投放市场,经过成长、成熟到最后被淘汰的整个市场过程。处于生命周期的不同阶段,对营销者会提出不同的要求,利润也有高有低,企业必须制定相应的营销策略以促使企业达到利润最大化的经营目标。

(二) 酒店产品生命周期各阶段的主要特征及营销策略

1. 酒店产品投入期

在这个阶段酒店产品是全新的,在经过初期的市场调查和可行性分析后,开始投入运营并通过促销手段吸引目标客人的注意,酒店面临的竞争压力较小,但无论是酒店的客人还是中间商,还未完全了解酒店产品,销售缓慢成长,在这一阶段,因为产品引入市场所支付的巨额费用所致,几乎没有利润。

酒店产品投入期的营销策略应突出一个"短"字,即以最短的时间进入和迅速占领市场,为进入成长期打好基础。

2. 酒店产品成长期

如果酒店和它的产品可以被客人接受,那么它就会成长,而且有希望获得一定程度的成功。成长期是酒店产品被市场迅速接受和利润大量增加的时期。

在这一阶段的营销策略应突出一个"快"字,以便迅速抓住市场机会,取得最大的酒店经济效益。

3. 酒店产品成熟期

在成熟阶段,酒店达到了它的最高增长点并稳定下来。因为产品已被大多数的潜在消费者所接受而造成销售成长减慢。为了对抗竞争,维持产品的地位,营销费用日益增加,利润稳定或下降。

这一阶段的营销策略突出一个"长"字,因为这个阶段产品的销售量达到顶峰,给酒店带来了巨额利润,所以酒店的营销策略要着重于延长产品的成熟期。

4. 酒店产品衰退期

衰退期酒店的产品开始老化并需要更新改造,或是应被更适合客人需求的新产品所替代,市场的需求开始变化或酒店周围的环境发生了变化,酒店销售下降的趋势增强,利润不断下降。

酒店产品进入衰退期后,在市场上失去了吸引力,酒店需要成立一个由各个管理部门代表组成的审查委员会,根据市场大小、市场占有率、价格、成本利润等做出评估。如果确实进入衰退期,则酒店应尽早开发新产品,因此在衰退期的营销策略中应突出一个"转"字。

酒店产品生命周期市场变化情况见表 5-2 所列。

表 5-2 酒店产品生命周期市场变化情况表

市场情况	产品生命周期			
	投入期	成长期	成熟期	衰退期
市场增长	慢	加速	平级	下降
市场渗透率	低	高	更高	最高
市场细分程度	针对冒险客人	整体市场	细分程度最高,确定目标市场	不再有目标市场,获利可能最小
产品差异程度	独一无二或差别大	竞争者加入,差别减小	产品改造、调整,但本质上无很大差别	竞争者部分退出,市场上出现新的产品,但只是尝试性的
产品种类	很少	增多	最多	减少的速度很快
竞争者数目	几乎无竞争对手	增多	增多	减少很快
行业接待能力	低	随利润机会增多而增强	最强	过量,迫使某些竞争者退出

——资料来源:李丽霞. 新编酒店营销管理. 武汉:华中科技大学出版社,2011:121.

第二节 酒店新产品的开发

一、新产品的概念

产品生命周期理论提供了一个重要启示,由于当代科学技术水平的迅速发展,产品生命周期迅速缩短,已成为当代酒店所面临的现实。这种现实迫使每个酒店不得不把开发新产品作为关系其生存兴亡的战略重点。

新产品指与原有产品在技术、功能、结构、形态和服务等方面都有显著差异的产品。它是与新技术、新设计、新潮流和新需求相联系的产品。新产品既可以是能创造全新市场的世界性新产品,也可以是现有的产品进行微小改进或更新的产品。新产品是相对于老产品和产品具有新的特色,并且能适应消费者新的文化精神需求及其他需求而言的产品。实际上,大多数的新产品是改善的现有产品,即对产品整体概念中任何一部分的创新或改革。

新产品开发,无论是通过改进还是改变,其目的都是为了保留现有客人,吸引新客人。对产品开发的重视是一个不能间断的连续过程。酒店经营者要提高销售额,可以通过为客人增加新体验以改善产品或开发新产品等措施来保持其竞争力,增加或维持酒店利润水平。

【小链接 5-5】

诗和远方的结合必然会催生新的业务形态,演艺进酒店就是文化产业与酒店业在文旅融合大背景下,适应消费需求变化,打破固有行业界限,相互交融、横向合作,创新产品与服务的一种方法。

追求高品质的休闲化需要、追求时尚的体验性需要和追求人性回归的怀旧式需要,都要求酒店创造场景空间,提供更具仪式性与体验感的文化性主题产品。

作为酒店文化主题产品的一种独特形式,演艺活动通过在酒店服务中讲述中国故事、展现在地文化,使酒店成为城市文化事业的重要组成部分,从而强化酒店的社会公共服务属性,提升酒店的综合效益和存在价值。作为一种"活化产品",演艺产品是酒店服务方式创新的重要方式,能够形成酒店最具魅力、最具参与性、最具记忆性的仪式化产品,从而丰富酒店产品内涵的深度和广度,完善酒店产品的体验价值,为酒店产品迭代升级提供积极帮助。

作为酒店产品中的"嘉年华",演艺活动具有典礼性、仪式性、狂欢性等鲜明特点,能够有效地塑造和传递酒店独特的艺术气质和美学品位,构成酒店产品的特色与爆点,从而提高酒店的经营效益,为酒店品牌形象建设发挥重要作用。因此,演艺进酒店活动是酒店创新迭代、提升产品文化性、趣味性、故事性、娱乐性价值的有效方式,也就是说,演艺产品是酒店服务仪式化的高级层次。

——资料来源:李原. 演艺产品:酒店创新产品和服务的新尝试.《中国旅游报》,2021-02-25,第06版.

二、酒店新产品的类型

(一) 全新产品

全新产品是指为了满足消费者的新需求,运用现代科学技术或手段创造整体更新的产品。这种新产品对酒店和市场来说都是全新的,如新建设的酒店、新的酒店娱乐场所等。全新的酒店产品开发周期长,且投资较多,风险较大。

(二) 换代新产品

换代新产品是指对现有产品进行较大改革后生成的产品。酒店定期进行的更新改造就属于这类新产品。如酒店客房室内原用分体式空调,后改用中央空调;餐厅由提供纯粹的餐饮产品,发展为饮食兼娱乐的综合产品。

(三) 仿制新产品

仿制新产品是指市场已存在,酒店对其进行模仿后经营的产品,即其他酒店已经使用而本酒店还未开发和应用的产品。因为全新产品投资大,面临的风险也高,因而许多酒店往往不会首当其冲,而是静观其变,待看到其他酒店的全新产品推出后有很大的市场潜力,才迅速模仿该产品。

(四)市场再定位产品

市场再定位产品是指定位于新市场或新的细分市场的现有产品。竞争者推出的产品侵占了本酒店的市场,或是消费者的偏好发生变化,或是市场环境发生明显的变化,这些情况都需要酒店适应市场变化调整自身的定位。

上述几种新产品尽管新的程度不同,但都有一个显著特色,就是消费者认为具有同其他类产品不同的特点,因而也就承认它是新产品。如果消费者认为这种产品没有任何新的特点,没有带给其任何新的利益,就不称其为新产品了。

三、酒店新产品开发策略

酒店投入大量资源开发新产品,就是为了更好地满足客户的需求,获取更大利润,但新产品开发必然存在风险。不同酒店所具备的资源不同,在新产品开发上的能力也各不相同,应根据具体情况,选择恰当的新产品开发策略。从新产品进入市场的时机看,可分为抢先策略和仿制策略;从新产品的市场定位看,可分为增值策略、低价策略和新市场策略。

(一)抢先策略

抢先策略指酒店在老一代产品衰退前,率先推出新产品,使其占领市场的新产品开发策略。采用此种策略,要求酒店随时关注市场上消费者的需求动向,同时掌握竞争对手的状况和变化,这需要酒店具有较强的技术和管理实力,并有一套灵敏的市场处理和反馈系统。当消费者需求发生变化时,及时推出新产品,始终占领市场领先地位。例如,设立专业的菜品研究机构,组织专业的研究和试制人员。

(二)仿制策略

仿制策略是酒店将市场上已经存在且竞争者很少的其他酒店产品,仿制成自己的新产品的开发策略。采用此种策略,要求酒店随时关注市场上的新产品动向,包括餐饮形式、装修风格、经营模式等,经过吸收、改良,成为自己酒店的新产品。多数中小型酒店倾向于采用此种策略,能在减少投入的同时推出新产品,提高竞争力,例如,试菜、体验入住等都是进行仿制时常见的方法。

(三)增值策略

增值策略是在原有产品的基础上,通过提供附加产品内容,增加产品的让渡价值,从而进一步吸引原有客户的新产品开发策略。此种策略提供的新产品实质属于改进产品,是基于原有产品不完善的地方,增加附加产品。酒店要在充分调研的基础上,观察消费者尚有哪些需求未得到满足,改善原有产品提供的服务,提高消费者购买产品后的效用,以取得更多的收益。

(四)低价策略

低价策略是指在新产品开发时力求降低成本,以低价渗透方式进入市场,扩大市场占有率的新产品开发策略。通常新产品开发由于投入较大,加上市场尚无竞争产品,企业会选择撇脂方式推入市场。但如果能采用低价策略,以较低的价格吸引消费者尝试新产品,则会提高新产品投放市场的成功率。当然,采用低价策略必须处理好近期与远期的关系,在未来辅以增值策略提高价格来提高收益。

(五)新市场策略

新市场策略是指酒店寻找新的市场或客户群,按新市场的特点推出新产品的开发策略。这实质是产品组合的扩展策略,例如,高星级酒店针对普通大众开发的大众菜品等。

新市场策略的另一层含义也可以理解为酒店将原有产品按新市场的特点进行适当调整后推入新市场。只要消费者认为是较以往不同的产品即可视同为新产品。很多企业在原有产品进入衰退期后,希望将产品引入新市场从而开始新的产品生命周期,这也是企业积极开拓国际市场的重要动机之一。新市场或新客户群不一定必是国外客户,现有地区的不同客户群也可以作为新市场策略的新进入市场。例如,酒店希望进入自助游市场,在原有客房服务中增加旅游景区安全指导等内容。

四、酒店新产品开发程序

彼得·德鲁克提出创新是当代企业的特征之一,创新活动的成败直接关系到企业的成败。为了提高新产品开发的成功率,必须建立科学的新产品开发管理程序。一般企业研制新产品的管理程序大致如下:调查分析→构思→筛选→产品概念的形成与测试→初拟营销规划→商业分析→新产品研制→市场试销→商业投放→产品评估。

(一)调查分析

开发出的酒店新产品是否符合客人需要,是否能获得较好的经济效益,市场最有发言权。只有符合市场需求和社会需求的酒店产品,才会获得广阔的市场前景和强大的生命力。因此,在开发新产品之前,要做好详细周密的市场调查工作,了解市场需求情况,进行新产品开发可行性研究,再根据调研结果做出新产品开发决策。

(二)构 思

1. 酒店新产品构思的概念

酒店新产品构思指对酒店未来新产品提出的设想。根据调查分析掌握的市场需求情况,以及消费者对老产品的意见和企业资源,提出开发新产品的初步设想和构思,再通过对有代表性的种种设想加以分析、综合,就逐渐形成了比较系统的新产品概念。

在产品构思阶段,决策者应积极在不同环境中寻找好的产品构思,集思广益,鼓励员工、科技人员和消费者发展产品构思,收集创意方案,以便从中选择最佳的构思方案,并将所汇集的构思转送公司有关部门,征求修正意见,使其内容更加充实。

2. 酒店新产品构思来源

(1)酒店内部

酒店内部的管理者和员工,这是构思的主要来源。员工直接与客人接触,可以及时得到客人的意见和反馈,了解客人的需求。酒店高层管理者和酒店所有者的构思有时会起决定性作用。酒店应建立制度化的合理化建议处理体系,包括对合理化建议的有效奖励。

(2)客人方面

客人的需求和欲望是寻找新产品构思的起点。酒店可以通过对客人的问卷调查、客人的建议和客人的投诉意见来确定客人的需求和欲望。一般情况下,分析客人的问题和投诉是获得新产品构思的重要来源。

(3) 竞争者

了解同行竞争者的特点、状况，以及客人对竞争对手产品的评价来获得新产品构思。有时也可通过对竞争对手的广告和其他促销信息来获得有关新产品的线索，进而对竞争对手的产品进行借鉴来开发新产品。

(4) 分销商和供应商

他们掌握着客人的需求，对全国各地酒店产品的类型和特色了如指掌，有助于启发新产品构思。

(5) 调查与考察

通过对经常性客户、大型团队的调查以及出国考察，可以拓展思路，增长见识，产生新产品构思。

(6) 其他来源

从有关杂志、报纸、讲座、营销调研公司、广告公司、行业协会和专业人士的建议等中也可获得新产品构思。只有有了新产品构思，才可能把这种构思付诸新产品的实际开发中去。因此，酒店要运用各种手段获取信息，促使新产品构思的产生。

(三) 筛 选

1. 筛选的含义

筛选是看构思是否符合酒店发展目标和长远利益，即对所搜集的方案进行取舍。筛选的主要目的是选出那些符合本酒店发展目标和长远利益，并与酒店资源相协调的产品构思，摒弃那些可行性小或获利较少的产品构思。

2. 筛选过程应遵循的标准

(1) 市场成功条件

市场成功的条件主要包括新产品市场潜力、市场竞争程度、营销环境及前景估计，是否能获得较高的经济效益。

(2) 酒店内部条件

进行资源总体评价，判断酒店的人、财、物资源，酒店的技术条件及管理水平是否适合生产这种产品。

(3) 产品销售条件

产品销售条件是指酒店现有的销售结构是否适合销售这种产品。

(4) 利润收益条件

利润收益条件包括产品是否符合酒店的营销目标，获利水平及新产品对企业原有产品销售的影响。

这一阶段主要是剔除那些明显不适当的产品构思。筛选流程如下：某产品构思是否符合酒店目标、利润目标、销售稳定目标、销售增长目标、酒店总体营销目标→是否符合酒店资源→酒店是否有所需资源设施→是否能以合理的成本向外获得→酒店是否有所需技术→是否能以合理成本获得→是否符合酒店管理水平→能否以合理成本获得→经营效益分析→决定是否保留或取消该产品构思。

3. 新产品构思评判表

对于通过初步筛选后保留下来的产品构思，还应当进一步进行更为系统的审查，一般通过新产品构思审核表进行评判，划分出等级，然后再决定取舍，表5-3是较典型的新产品构思评判表。

表5-3 新产品构思评判表

产品成功的必要条件	权数(A)	酒店能力水平(B)											得分表(A)×(B)
		0.0	0.1	0.2	0.3	0.4	0.5	0.6	0.7	0.8	0.9	1.0	
公司信誉	0.20							√					0.120
市场营销	0.20										√		0.180
研究与开发	0.20								√				0.140
人　员	0.15							√					0.090
财　务	0.10										√		0.090
生　产	0.05									√			0.040
销售地点	0.05				√								0.015
采购与供应	0.05										√		0.045
总　计	1.00												0.720

注:分数等级 0.00~0.40 为劣,0.41~0.75 为中,0.76~1.00 为良。目前可以接受的最低分数为 0.70。

表5-3的第一栏是某新产品成功的条件;第二栏是按照这些条件在进入市场中的不同重要程度分别给出的不同权数;第三栏是对某新产品成功打入市场是否符合本酒店的目标和战略的综合评分。

在筛选阶段,应力求避免两种偏差。一种是漏选良好的产品构思,对其潜在价值估计不足,草率剔除,失去发展机会;另一种是采纳了错误的产品构思,仓促投产,造成失败。后者有三种情况:第一种情况称为"绝对性产品失败",酒店不仅无利可图,甚至连成本都收不回来;第二种是"一般性产品失败",虽然没有利润,但酒店通过销售,可以收回开发成本;第三种为"相对性产品失败",即酒店虽可产生利润,但低于酒店正常产品利润水平。

(四)产品概念的形成与测试

新产品构思经过上述筛选后,需进一步发展成为具体、明确的产品概念。产品概念是指已经成型的产品构思,要经过产品设计与鉴定两个步骤完成和实现。

产品设计的基本任务是将产品构思发展成几种产品设计方案,以文字、图形、模型描述出比较明确的产品概念。设计鉴定的基本任务是对每一个具体设计方案加以具体的评价。

设计鉴定首先在酒店开发部门进行,可以根据未来市场的潜在容量、投资盈利率、生产能力,以及对企业设备、资源的充分利用等标准权衡,衡量出每个产品设计方案的潜在价值。然后将设计方案提交给未来目标市场上有代表性的客人群体进行测试,听取他们的意见。最后,经过综合分析,选定一种最佳的设计方案。至此,酒店不仅可以得到较清晰的产品概念,而且能够了解新产品概念的潜在价值,使其趋于完善。另外,要对每一个产品概念定位。

(五)初拟营销规划

初拟营销规划主要包括以下三部分内容:

第一,描述目标市场的规模、结构及消费者的购买行为。新产品的市场位置,产品销售最初几年的销售量、利润、市场占有率等。

第二,规划新产品的预期价格、分销渠道以及第一年以促销(尤其是广告)为重点的营销预算费用。

第三,阐述较长期的销售额和利润目标,以及不同时期的营销组合策略等。

(六) 商业分析

商业分析实际上是经济效益分析。其任务是在初步拟定营销规划的基础上,从财务上进一步判断它是否符合酒店目标。

1. 预测销售额

预测新产品销售额可参照市场上类似产品的销售发展历史,并考虑各种竞争因素,分析新产品的市场地位及市场占有率,以此来推测可能的销售额。

2. 推算成本和利润

在完成一定时期内新产品销售额预测之后,接下来可以推算出这个时期的产品成本和利润收益。成本预算主要通过市场营销部门和财务部门综合预测各个时期的营销费用及各项开支,如新产品研制开发费用、销售推广费用、市场调研费用等,根据成本预测和销售额预测,企业即可以预测出各年度的销售额和净利润。审核分析该项产品的财务收益,可以采用盈亏平衡分析法、投资回收率分析法、资金利润率分析法等。

(七) 新产品研制

新产品研制是将通过效益分析,即商业分析后的新产品概念,交送研究开发部门或技术工艺部门研制成为产品模型或样品,同时进行包装的研制和品牌的设计。这是新产品开发的一个重要步骤。只有通过产品研制,投入资金、设备和劳务才能使产品概念实体化,才能发现产品概念的不足与问题,继续改进设计,也才能证明这种产品概念在技术、商业上的可行性如何。如果因技术上不过关或成本过高等遭否定,这项产品的开发过程即会终止。

应当强调的是,新产品研制应使模型或样品具备产品概念所规定的特征,并应进行严格的测试和检查,包括专业人员的功能测试和消费者测试。功能测试是在实验室测试新产品是否安全可靠,性能质量是否达到规定的标准等,消费者测试主要指试用样品,以利于发现使用中的问题,进一步修改计划。

(八) 市场试销

市场试销指把根据选定的产品概念制成的产品投放到经过挑选的有代表性的小范围市场上进行试销,旨在检查这种新产品的市场效应,然后再决定是否大批量生产。但是由于酒店的产品多为服务产品,想要试销服务产品就存在着一定困难。这是因为服务产品具有不可感知性,必须亲身体验才能对产品进行评价,但酒店产品作为一种服务产品没有实体产品可供试验。所以,只有实际的市场销售才能检验出服务是否适销对路,是否适应消费者需求。

(九) 商业投放

新产品试销成功后,即可正式投放市场。这时,企业就要动用大量资金,支付大量费用,而新产品投放市场的初期往往利润微小,甚至亏损,因此企业在此阶段应在以下方面慎重决策。

1. 投放时机

如果新产品是用来代替本酒店其他产品的,那么投入市场的时机应是在原有产品库存较少的情况下上市;如果新产品的需求具有较强的季节性,应在最恰当的季节投放,以争取最大销量;如果新产品需要改进,应等到产品进一步完善后再投放,切忌仓促上市。

2. 投放地区

在产品投放前一定要考虑好投放地区是在城市还是在乡村,是在国内市场还是在国际市场。一般情况下,应集中在某一地区市场上开展广告和促销活动,取得一定的市场份额后,再向全国各地市场扩展。但是,资金雄厚并拥有完备、顺畅的国内、国际销售网络的大企业,有时也可以直接将新产品推向全国或国际市场。

为了科学决策投放区域,酒店应对不同地区市场的吸引力作出全面评价,主要评价标准是:市场潜力、企业在这一市场的信誉、营销费用和该地区对其他地域市场的影响,以及市场竞争情况等。

3. 目标市场

目标市场的选择可以依据产品开发以来所收集的资料。最理想的目标市场应是最有潜力的消费者群,通常具备以下特征:最早采用的新产品市场,大量购买新产品的市场,该市场的消费者具有一定的传播影响力,该市场的消费者对价格比较敏感等。

4. 营销组合

要在新产品投放前制定尽可能完备的营销组合方案,新产品营销预算要合理地分配到各营销组合因素中,要根据主次轻重有计划地安排各种营销活动。

(十) 产品评估

新产品投放市场后,还要进行最终评价。其目的是搜集消费者的反映,检查产品的使用效果,掌握市场动态,为进一步改进产品设计和市场营销策略提供依据,或据以决定对现有企业的发展规模加以扩大、缩小或维持现状,抑或停止经营。

评价项目包括六个方面:

1. 市场销售情况

主要检查销售量的变化情况,如购买对象、重复购买者、潜在购买者和现有销售渠道是否合理等。

2. 新产品预测

检查新产品何时进入成长期、成熟期的销售量,市场占有率,以及成熟期的维持时间等。

3. 市场竞争情况

新产品进入市场后,必然引起竞争,因此企业必须掌握有多少竞争对手参与角逐,这些竞争对手的条件、策略,各自具有何种特点,以便于企业采取有针对性的经营策略,扬长避短,发挥优势。

4. 经济效益情况

要追踪检查新产品开发的投资回收期。如果比预测的投资回收期短,则效益性较好;如果有超过预定回收期的迹象,则要采取措施,增加销售量,降低生产成本,还要检查经营安全率。若经营安全率较高,就可以大力发展这种产品的生产规模;若经营安全率低于15%,则要采取紧急措施;若经营安全率低于10%,则要停止生产。此外还要检查新产品价格是否偏高或偏低,降价能否给企业带来实际利益。

5. 社会环境

开发新产品一定要符合环境保护的要求。

6. 产品构成分析

要对产品构成的各要素进行分析。例如,企业可以运用价值分析寻求进一步降低成本的可能性等。

在上述六个方面因素评价的基础上,进行系统分析、综合评价,同时还要同原定目标进行比较。当然,并不是每家酒店的任何一种新产品上市都要采取上述步骤,要根据酒店自身和产品特点,采取相应的步骤,使产品能适应市场的需要,为消费者所接受,为酒店带来最大的收益。

第三节 酒店品牌策略

当今品牌已不仅仅是一家酒店的核心竞争力之一,还是一个国家、地区经济实力的重要标志。随着经济市场开放程度和市场化进程的日益深化,竞争已成为酒店生存和发展的主体环境,成为酒店生存和成长的基础与前提。我国酒店业已出现了锦江国际集团和华住酒店集团等国内品牌,与国际著名酒店品牌的差异也正在不断缩小,但是,与万豪国际和希尔顿集团等酒店集团的品牌知名度还存在着一定的差距。品牌已绝非一个战役、战术性的任务,而是一个事关酒店发展前途和命运的战略性命题。国际知名的酒店集团之所以能在全球市场到处扩张,不仅仅因为其有着雄厚的经济实力和人才优势,同时也因为它们手中有两件市场竞争的法宝,即连锁经营和酒店品牌。

【小链接 5-6】

2021年6月24日,第十届"中国旅游住宿业MBI颁奖盛典暨高峰论坛(2020—2021)"于上海阿纳迪酒店隆重开幕。

会上,宏昆酒店集团首席运营官王季借宏昆酒店集团在过去10年中品牌发展的思考,分享了"新酒店品牌塑造方法论"的主题演讲。在演讲开始,王季带大家回顾了酒店行业过去十年的发展历程,罗列了三个相关数据,并总结出:"后浪"的需求,正是"前浪"的方向。大家对酒店的诉求不止基于商务型酒店,还有品牌酒店。

宏昆集团的发展历程,正是中国酒店所经历的四次浪潮的结合。

第一步,宏昆酒店集团建立了艺海汤泉品牌;第二步,组建五星级酒店——朗丽兹花园酒店,同步进行分解;第三步,建立度假品牌西山温泉项目;第四步,2012年布局康福瑞连锁的自有品牌;第五步,在2019年对宏昆控股和宏昆酒店集团进行了调配,打造了朗丽兹的酒店品牌,这就是属于他们连锁品牌的一个逻辑线。

最后,王季向大家展示了宏昆酒店品牌密码的三大组成部分。

第一个是产品,称之为酒店集团的产品。在集团里面建立了第一个产品线及13个服务支持部门,专门支持所有一线品牌真正落地。

第二个是品牌。做门店产品线的时候往往围绕着一点,就是"顾客要什么?"也正因为如此宏昆酒店专门成立了大数据中心部门,主要负责研究行业的顾客、了解顾客的需求。

第三个是需求。回到产品本身,根据不同的需求,对所有的服务以及硬件产品、软件产品进行升级,与行业合作,提升品牌的知名度,并将其融入实际线下产品中去,然后完成闭环的动作。

——资料来源:陈琳. 宏昆酒店王季:抓住时代红利,解锁新酒店品牌建设密码. 迈点网,https://www.meadin.com/229283.html,2021-06-24.

塑造成功的酒店品牌是个复杂的过程,不仅涉及许多相关理论,而且取决于酒店的经营、产品、服务和文化;除了品牌的创建,更重要的是创建品牌后的管理;不仅酒店的主要经营者要重视,而且要有相应的组织机构;不仅要抓一个阶段,而且要常抓不懈。可见,酒店的品牌建设是一个系统工程,是企业的战略目标。

一、酒店品牌的内涵

(一) 酒店品牌的含义

品牌是一种名称、术语、标记、符号或设计,或是它们的组合使用,其目的是借以辨识某个销售者或某群销售者的产品或服务,并使之同竞争对手的产品和服务区别开来。品牌包括品牌名称和品牌标志两部分。品牌名称指品牌中可以用语言称呼的部分,也称品名,如雅高、假日、香格里拉等;品牌标志指品牌中可以被认出、易于记忆但不能用言语称呼的部分,通常由图案、符号或特殊颜色等构成。

冯颖如在其编著的《全球化视角酒店经营与管理》中指出,一般来说酒店品牌至少包括以下三方面的内容:第一,酒店品牌是以一定的酒店产品和服务的功能质量为基础的;第二,酒店品牌能带来额外的情感上的满足;第三,酒店品牌具有特定的名称、文学、符号、图案和语音等特征。酒店产品和服务是酒店品牌的物质载体,名称是酒店品牌的形象符号,商标是酒店品牌的法律界定。只有当一个名称与酒店品牌的特定内涵,即所能提供的现实产品、服务、情感体验等建立联系和品牌认同时,该名称对酒店品牌才有速记作用,才形成一个品牌。

(二) 酒店品牌的本质

品牌的本质从不同角度出发有不同的概括。从品牌体现的关系上说,品牌是一种复杂的关系符号,它包括了产品、消费者与企业之间的关系总和。品牌是这三种关系属性在一定时期的商业整合与互动过程中形成的相对统一的关系模式,也是为三者创造价值的一种商业行为。品牌的本质表现为产品的利益点、企业的核心价值和消费者的体验与感觉,是三种属性的独特组合。

一个强势品牌可以表达六个层次的含义:第一是属性。一个品牌给消费者带来的特定的属性。第二是利益。品牌反映消费者的利益。消费者购买的是产品所带来的利益。这就需要把品牌的属性转化为功能型或情感型利益。比如,生日祝福、宠物看护等,能给消费者带来超值的、个性化的服务,从而给消费者带来利益。第三是价值。品牌还体现酒店的某些价值观。第四是文化。品牌可能代表了一定的酒店文化内涵。第五是个性。例如,Club Med 的简单、快乐、阳光的度假理念,反映出品牌的价值、服务文化和服务个性。第六是品牌使用者。使用者是品牌建议购买或使用该产品的消费者类型。它反映出品牌的用户形象,即体现购买和使用这种产品和服务的是哪一类消费者。例如,青年旅馆的消费者多数是青年旅游者,高星级酒店的消费者主要是从事公务、商务的人员和成功人士。

品牌六个层次的含义告诉我们,酒店营销品牌的决策不应当局限于建立品牌、使用品牌,更应着重于深层次开发品牌。如此,才能使品牌给酒店带来巨大的效益。

（三）酒店品牌的功能

品牌的功能用一句话来概括就是能给酒店带来的好处，不然就不会有那么多的企业不惜代价，冒着失败的风险创建品牌。品牌带给酒店的作用具体表现在以下几个方面。

1. 识别功能

品牌可以暗示一些产品特性，使客人易于辨认，更利于忠诚者的重复购买，使客人记住品牌并保持品牌忠诚度，也使酒店能掌握客人的意见和要求，并使各酒店产品能区别开来。例如，国内酒店品牌中，在广州一看到白天鹅宾馆、花园酒店人们就知道是高档酒店；南京的金陵酒店、北京的建国酒店忠诚客人也非常多。

2. 市场分隔功能

品牌构成产品的一部分，有助于创造产品印象，譬如青春、华贵、健康、权威等，使客人在获得实质满足之外，还可获得心理上的满足。利用品牌所建立的知名度与所赋予的产品特色，可以在客人心目中产生"产品差异化"的效果，创造了差别定价的机会，避免价格竞争。酒店适应不同客人的需要，开发多种产品推向特定的细分市场，不同的品牌就起到了分隔客人的作用。例如，北京东方君悦大酒店定位于高档酒店，而7天酒店则定位于大众群体。

3. 促销功能

品牌是广告的基础，透过品牌，可以使产品推广和广告宣传中带给消费者的印象凝结为实在而活生生的标志。

4. 价值凝聚功能

许多公司、酒店品牌的价值大大高于有形资产的价值，那强势品牌的价值有多大？英国品牌评估机构 Brand Finance 发布了"2021全球最有价值的50个酒店品牌"排行榜（hotels 50 2021），希尔顿以76.10亿美元名列榜首，凯悦和假日分别名列第二、第三位。

（四）品牌与相关概念的关系

把握品牌的概念、本质和功能，需要处理好品牌与相关概念的关系。

1. 品牌与商标的关系

品牌与商标之间有着十分密切的关系，因此不少人把品牌与商标混同起来，认为它们是相同的概念，其实，二者既有联系又有区别。

二者的联系表现为：品牌与商标都是用以识别不同生产经营者的不同种类、不同品质的商业名称及其标志。先有品牌，后有商标。商标是在品牌基础上发展起来的，经过法律程序确认的品牌，受法律保护。

二者的区别表现为：品牌是市场概念，是产品和服务在市场上通行的牌子，它强调产品及其相关的质量、服务等之间的关系，品牌实质上是品牌使用者对客人在产品特征、服务和利益等方面的承诺。

商标是法律概念，它是已获得专利权并受法律保护的品牌，是品牌的一部分。无论商标是否标在商品上，也不管商标所标定的商品是否有市场，只要采用成本法对其评估，它就必然有商标价值；而品牌则不同，不使用的品牌自然没有价值，品牌的价值是通过品牌标定的产品或服务在市场上的表现来评估的。商标是经过注册获得商标专用权从而受到法律保护的品牌。品牌使用无国界，商标权有国界。品牌世界通用，比如希尔顿、洲际，而商标只在注册国有效，离开注册国范围就不受保护了。品牌的使用由企业自己决定，商标经法律程序审批才有效。

品牌可以延伸,而商标发生变化则需要重新注册。

2. 品牌与名牌的关系

名牌是驰名品牌的简称。国外更多地称为强力品牌或强势品牌。强势品牌特征包括市场占有率较高、支持高价出售、产品性能卓越、客人忠诚度高、品质认知度高、创新比竞争对手快等。品牌是名牌的基础,名牌是品牌的提升,名牌是品牌中的佼佼者。

在 David A. Aaker 所著的《如何创建强势品牌》一书中提到,强势品牌的资产包括品牌知名度、对该品牌的肯定、品牌忠诚度、品牌联想。

名牌酒店比一般品牌具有更大的价值。酒店在不断强化品牌的基础上,创造名牌酒店,具有更重要的意义。可以用知名度、美誉度和客人忠诚度作为评价名牌酒店的标准,因此,塑造名牌应在知名度、美誉度和忠诚度上下功夫。实力强大的酒店集团还可以通过收购名牌酒店,实现品牌兼并,也可以利用名人带动名牌。

二、酒店品牌的设计和创意

品牌的设计和创意是运用品牌理论对酒店进行品牌创建的活动,是品牌成功的关键环节,是创造性思维过程。品牌设计的技巧在于抓住品牌特点,起个好名字,提炼核心价值。

(一) 酒店品牌的特点

设计品牌,首先要分析酒店行业与其他行业的不同特点,创建具有酒店特色的品牌。由于酒店产品和服务的行业特点,酒店品牌具有以下几个特征:

1) 产品和服务高度同质化,决定酒店品牌个性化更重要。酒店的设施相近、服务程序相仿、产品功能相同,所能区分的只有品牌。因此,提炼品牌的个性特征更显重要,没有个性特征就没有酒店品牌。

2) 由于酒店产品和服务是设施与人的结合,人的因素具有决定因素,所以更多的是塑造情感品牌,体现人性化特征和人文关怀。

3) 酒店产品直接体现建筑文化、装饰文化和服务文化。因此,文化在酒店品牌中具有更突出、更直接、更重要的作用。

(二) 酒店品牌命名策略

在品牌诸要素中,品牌名称是最重要的组成项目之一,因为它是最直接、最有效的信息传播工具,往往能迅速准确地表达出品牌的中心内涵和关键联想。因此品牌名称在制定之前往往要经过深思熟虑和调查研究。著名营销家麦卡锡认为好的品牌应具有十二大特征,例如简短、易拼易念、易识易记、适用于各种广告媒体等。

纵观世界上获得成功的酒店品牌,都曾进行过品牌名称的设计,它们的名称各具特色,包含着精彩的创意,这就成为品牌营销和产品促销成功的必要条件。从这个意义上说,品牌命名是建立强势品牌的第一步。一般来说,品牌在命名设计中应掌握以下策略:

1. 简短明了,易读易记

品牌名称是要让消费者掌握和熟悉的。只有消费者能很快地熟悉品牌名称,才能进一步产生联想和购买欲望。因此,品牌命名的第一个原则是可记忆性,只有品牌名称从本质上是可记忆的,并且是便于记忆的,才可以促进消费者对品牌的认知。品牌名称切忌复杂繁琐、难读难记,应该简单明了,易读易记,才能使消费者能够很快识别和掌握。

2. 个性突出,风格独特

品牌名称贵在标新立异,不落俗套,有独特的个性与风格,不与其他品牌名称相混淆,这样才有利于发挥品牌名称独到的魅力,给消费者以鲜明的印象和感受,经久难忘。

突出个性和独到风格的方式很多,有采用人名作为品牌名称的,如万豪采用的就是其创始人 J. Willard Marriott 先生的名字;有以企业的名称作为品牌名称的,如"Grand Hyatt Hotel Beijing";有用数字的巧妙组合形成的品牌名称,如"Accor"下属的"Formule 1""Studio 6""Motel 6";有以花草树木、动物名称命名的,如花园酒店、白天鹅宾馆;有以引起美好联想的词命名的,如香格里拉酒店;有以象征地位命名的,如豪门大酒店、帝都酒店;有以历史典故命名的,如金银岛酒店、昆仑酒店。此外,还有以产品功能、投资者简化名称或谐音命名等。

总之,品牌命名策略,不仅仅是一个简单的语言技巧问题,只有在对文化背景、民族心理、消费心理等方面深刻把握的基础上,才有可能找到一个称心如意的响亮的品牌名称。

三、酒店品牌定位

品牌定位、品牌识别和品牌形象,是塑造品牌的三个基本概念。20 世纪 60 年代是品牌形象时期,强调品牌形象对消费者的影响力,品牌的核心是在消费者心中建立美好的形象。到了 20 世纪 70、80 年代,品牌理论又有了新发展,特别是在艾·里斯和杰克·特劳特提出"定位"理论,强调任何品牌都必须有一个独特的定位后,品牌定位成了品牌的核心。20 世纪 90 年代,又提出了品牌识别的理论,强调品牌不只是外显在消费者心目中的形象和独特的位置,而且是内外统一的有机体。强调品牌长期的一贯性和恒定性,突出品牌的长久品性和特点。品牌形象、品牌定位到品牌识别反映了品牌不断完善的过程,它们是塑造品牌的核心和重点。

1. 品牌定位理论的内容

品牌定位是创造品牌的核心。品牌定位是指在市场调研和细分的基础上,发现或创造出品牌独特的差异,并与目标消费者心智模式中的空白点进行匹配择优,从而确定出一个独特的位置,借助传播手段在消费者心中打上深深的印记,建立起强有力的联想和独特印象的策略性行为。特劳特认为,任何一个成功的品牌都必须蕴含一个定位。品牌定位的实质,就是为品牌树立一定的形象和特色,以求在客人心目中得到认可,形成一种特殊的品牌偏爱。

按照定位理论,第一,品牌定位要有针对性,要切中目标市场;第二,品牌定位必须有独特的差异点;第三,品牌定位要靠沟通传播;第四,品牌定位的目的是在消费者心智中留下一个经营者期望的、独特的、有利的形象和品牌位置。

2. 消费者的心智模式理论

消费者是如何感知品牌、如何接受和理解信息模式的呢?研究发现,消费者心智模式有以下特点:一是消费者只能记忆有限信息,因此,定位要抓住要点和关键点;二是消费者因缺乏安全感而跟随,因此,品牌定位要消除不安全感;三是消费者对品牌的印象不会轻易改变,因此,改变品牌形象要慎重;四是消费者的想法容易因品牌的延伸或修改而改变,因此,品牌延伸和再定位要慎重。

3. 品牌定位的分析

品牌定位的分析主要是分析消费者选择品牌时会想哪些问题,如这个品牌能为我做什么、与我有哪些共同点、是否符合我的个性等。分析竞争者实力、战略、市场定位、优势、劣势,以及如何实现差异化。分析自身资源、实力、优势、劣势,以及与竞争对手的差别。通过以上分析,找出品牌定位的差异、个性和优势。

4. 酒店有效的品牌定位策略

有效的品牌定位策略有以下 11 种:

1)以产品特色和属性定位,突出与众不同;2)以产品效用定位,突出消费者从中受益;3)以公司信誉和形象定位;4)以目标客户定位;5)以事业或追求定位;6)以价值或价格定位,突出性价比、情感价值;7)以解决问题定位;8)以产品、服务个性定位;9)以消费者使用产品的用途、方式和时间定位;10)以竞争定位;11)以调动消费者情绪定位。

无论采取哪种定位策略都要做到特色突出,能够引起目标消费者的兴趣,否则很快就会被忘记。另外,定位必须依靠实力,光说不做或做不到,信誉就会丧失。除此之外,必须反映品牌某一方面的竞争优势,做到与众不同。

【小链接 5-7】

因为疫情的冲击,住宿业发生了很多变化。其中,既有国际酒店集团调整组织架构与换帅的消息,也有著名的国际品牌被投资方换牌的信息。而与此同时,国内酒店集团也是动作不断。总而言之,住宿业要想复业,着实不易。

近期,笔者不断收到同行的询问:现在是否到了民族品牌可以替代国际品牌的关键时刻?其实,品牌的关键在于其含金量以及营运团队的专业程度。因为投资方看中的是品牌能否带来理想的回报以及性价比。

据不完全统计,从行业最早流行的全权委托管理模式的到账收入来看,国际品牌平均每家酒店的年收入在 500 万元左右,国内品牌平均每家酒店的年收入在 100 万元左右,这 5 倍之差,可能和接管的酒店档次、规模有关,当然也有一部分是品牌的价值之差。

这些年来,不少投资方在选择酒店品牌时,对于品牌的认知是不全面的。比如,同样被认为是国际品牌,可能有的更准确的定位应该是"外国品牌",而不是"国际品牌"。因为外国品牌只是在某个国家区域性的营运,没有全球预订平台、会员体系和国际化运作团队,这样的外国品牌和国际品牌有全球预订平台、会员系统以及国际营运团队的含金量是不同的。对于国内品牌而言,道理也是同样的。有的品牌在某个省域范围内,由于对各类资源比较熟悉,所以运作得比较理想,但是,到了其他省份,受到各类资源的限制和影响,运营效果就大打折扣。此外,还有一种情况也较为普遍。为了抢占市场,国际一流大品牌挂到了二三线城市,由于当地的消费水平和客源问题,无法卖出一流品牌应有的价位,因而严重影响投资回报,受到投资方的指责。

目前,行业内还有一种更令人担忧的现象:不少国内集团以数量为导向、以轻资产为模式,大量注册商标、撰写 IP,再做出一家样板店,之后就以某某商标的名义开始收取加盟费。这样以追逐数量为目的的扩张方式,很难通过非专业的加盟商营运团队来将"商标"打造成"品牌"。而其新注册的"商标"含金量也不会很高。酒店行业发展到今天,国内已经形成了几个有价值的品牌。而这些品牌都经过了 20 年以上的打磨。我国酒店行业需要更多有价值的品牌,而当下最大的挑战就是国内酒店集团打磨品牌的心态和定力,要能够不受资本追逐的影响,脚踏实地,在 VI(视觉识别)、BI(行为识别)、MI(管理识别)上下功夫,打造民族品牌的关键是专业的团队,有了强大的专业的团队认真打磨具有东方文化特色兼有国际营运标准的产品,才能够成为享誉世界的中国酒店民族品牌。

——资料来源:袁学娅.酒店民族品牌要靠定力细细打磨.《中国旅游报》,2020-06-04,第006版.

四、酒店品牌传播

酒店品牌确立后,就要借助各种沟通工具,包括广告、公关活动、营销渠道、价格信息和售后服务等,全方位向消费者传递这一品牌。

(一) 广告是各种沟通方式中最主要的手段

广告通过图文并茂的形式,立体地呈现品牌,是最有效的表达方式。消费者的感知绝大部分是通过广告获得的。在我国,随着国外酒店的进入,酒店业的广告支出也开始增加。国内许多酒店开始用广告扩大品牌的传播。应该说,合理地运用广告塑造品牌,作用是显著的。我国酒店业已进入微利时期,塑造品牌要本着量力而行的原则,注重提高广告效益。

(二) 公关活动

积极开展各种公关活动,与本地区政府各部门、行政单位、行业内、新闻媒体、客户、目标消费群体建立广泛的联系,树立良好的公众形象,对于塑造品牌形象具有重要的作用。

(三) 整合传播

把品牌传播贯穿在产品营销、促销活动和售后服务等活动中,用营销活动深化品牌传播、用品牌传播推动营销活动,相互促进、融为一体。随着5G时代的到来,酒店品牌的整合营销渠道越来越多样化,流量争夺也越来越激烈。酒店微信公众号是现阶段品牌传播的主阵地,短视频和直播也是社交媒体时代流行的品牌传播模式。

在广告、赞助、活动、营销和售后服务中的传播要始终真实地反映品牌的价值和个性,要贯穿一个统一的品牌核心价值信息,塑造统一的、一贯的品牌形象。通过品牌传播实现提高酒店品牌的知名度、美誉度、忠诚度,以及强化酒店品牌联想度的目标。

五、酒店品牌管理

在市场经济中,一方面大量的品牌不断涌现,又不断消亡;另一方面一些品牌又健康长寿。如国外的万豪酒店、假日酒店、希尔顿酒店,我国的北京建国酒店、广州白天鹅宾馆、南京金陵酒店等品牌,几十年都经久不衰。如何延长品牌的寿命,是品牌管理的根本任务和课题。

品牌建立后,随着时间的推移,由于受企业内部和外部诸多因素的影响,品牌的地位随时可能发生变化:一是品牌地位不变,保持在同一水平;二是品牌地位不断提升和增强;三是品牌地位削弱,品牌影响下降。针对这三种情况,应采取不同的策略,加强品牌管理。

(一) 保持品牌的强势地位的策略

要保持品牌的强势地位,主要有三种策略:第一,加强营销支持。品牌是一种承诺、一种契约,是一种与消费者的关系。维持这种关系要靠各种营销手段,品牌要保持强势地位,必须一贯地给予营销支持。第二,提高产品质量。不断运用新技术提升产品质量和服务,使品牌跟上时代要求、具有现代形象,让消费者屡试不爽而忠诚于品牌,从而巩固品牌地位。第三,持续品牌识别和品牌定位。品牌识别和品牌定位不能轻易改变,忠实于品牌识别和品牌定位,就是忠实于消费者。因此,要保持一贯的品牌识别和品牌定位,牢牢地吸引客人。例如,假日酒店把客人当朋友,朴实无华、诚实可靠、坚持不懈、乐观大度,加之以一种复兴者的激情的综合体"来建立品牌的忠诚度。

(二) 重新定位的策略

品牌定位在品牌强势时不宜改变,但当品牌地位发生变化,出现以下情况时,往往要考虑品牌重新定位。第一,公司或产品形象不佳;第二,品牌形象模糊,不鲜明;第三,竞争者抢占了品牌地位;第四,消费者偏好发生了变化;第五,公司转向新的战略方向;第六,公司转向新的目标客人群。重新定位时要考虑成本费用和收益,同时要考虑成功和失败的各种影响因素。

(三) 品牌衰退及激活策略

对于多数品牌来说,品牌衰退是必然现象。品牌管理的任务是在发现品牌衰退苗头时,采取适当措施,激活品牌。品牌衰退有内部原因,比如产品质量下降、价格策略不当等,也有外部原因,比如消费者偏好和价值观改变、政府政策变化等。

根据品牌衰退的不同原因,应采取不同的策略激活品牌。

第一,创新激活品牌,对酒店经营服务进行改变;

第二,延伸激活品牌,改变形象,向高档或低档次延伸;

第三,调整部分要素激活品牌,例如,重新装修或提高科技含量;

第四,品牌重新定位,激活品牌。

(四) 品牌危机管理

品牌危机关系到品牌的生死存亡。品牌危机就是在品牌运作过程中,出现了品牌信任危机,如果不能有效处理,品牌就有可能退出市场。危机管理要坚持以下几条原则:

1. 应对危机随时发生的原则

酒店是公共场所,火灾、食物中毒、失窃等意外事件随时都有可能发生。因此在思想上必须有随时发生的准备,要有一套行之有效的应对办法。

2. 客人利益的原则

危机发生后,要关注消费者最关心的问题,重点是消除客人对品牌的怀疑和担心。目标是恢复消费者的信心和信任。

3. 迅速行动的原则

面对危机,企业不能无动于衷,必须迅速行动,制订一系列行动方案。

4. 实事求是的原则

对危机事件,实事求是的表达事件的严重程度及事故原因,并表示采取一切措施,全力解决这一危机。

5. 沟通的原则

危机发生后,要利用各种沟通手段和方式,进行充分沟通,让社会舆论和消费者充分感知企业非常真诚,在行动上体现出对消费者的极大关心。

【小链接 5-8】

后疫情时代酒店行业面临重新洗牌和快速变化,因此,酒店品牌的生命力、反脆弱性和抵抗突发事件的能力,在市场多重考验里被突出放大。

这次疫情将加速酒店存量资产的改造,也倒逼酒店业重新思考疫情所改变的市场需求和产品、服务迭代升级之间的关系。在未来,酒店必须立足在消费者所认同的,与他们生活深度相关的体验上来实现品牌文化、内容IP和线下场景的打通,这样的空间设计、品牌联动、跨界合作,才能给酒店带来良好的品牌资产溢价和流量,也才能称为酒店场景的"破壁"。

"近年来,很多酒店品牌都提出了'跨界大堂''社交空间''新零售'的概念,然而概念大于实际,很多都是伪命题!往往只是提供了空间,没有给出客户体验这个空间的动机,我们经常在说场景体验,但大多只有场景,没有体验!"湛业伟分析道。

如何突破?如何把"伪命题"变成现实里经得起检验的真答案?

诀窍在于品牌找到与自己契合的内容IP,进行长期和深度的捆绑。这不但能帮助品牌获得稳定而精准的流量,更能够为酒店建立产品场景,在场景中创建品牌角色,打破传统酒店封闭的场景壁垒,解放空间属性,实现"破壁"。

此外,"酒香也怕巷子深"。移动互联时代,消费者接收到的信息趋于碎片化,大众媒介和传统营销方法也逐渐失焦。基于数据的洞察找到跟目标用户最强关联的触点,将"IP合作+严选营销"通过场景化、可自我发酵性和可延展性的内容来精准触达目标人群,将品牌、产品服务与消费者三向深入交互,才能实现价值最大化,建立起品牌的流量池和商业护城河。

——资料来源:危机中打造商旅酒店场景破壁流量池——丽柏商业战略布局发布.迈点网,https://www.meadin.com/pp/218078.html,2020-08-16.

(五)品牌组织管理系统

目前,我国品牌创建发展缓慢、影响小,重要原因之一在于没有建立组织管理系统。许多酒店品牌建设没有摆上日程,有的企业把品牌建设放在企业的一个部门或委托广告公司全权负责。同时,企业的营销、业务、经营活动同传播部门各行其是,没有统一的管理。因此,创建品牌,首先要建立品牌管理的组织系统,明确职责和任务,建立协调、统一的品牌运作机制。组织系统包括:

1. 成立品牌管理委员会,建立品牌创建的领导机构

由企业总经理或副总经理任主任,各部门负责人为成员,可聘请专家担任顾问,形成领导亲自抓,企业各业务部门都能理解、沟通、统一认识、统一目标的品牌运作体系。委员会的职责是:第一,确定品牌发展战略;第二,批准年度品牌推广计划方案;第三,检查品牌管理组织的工作,提出要求和工作目标;第四,听取、研究品牌管理组织阶段性或重要问题的汇报,并做出指示。

2. 建立品牌管理组织,制定职责

设立品牌管理工作机构,由品牌经理负责品牌创建工作和品牌管理工作。工作职责是:第一,拟定品牌发展战略规划;第二,制定年度品牌推广计划;第三,研究消费者特征,确定目标市场和品牌定位;第四,品牌策划;第五,品牌理论培训和成功品牌介绍;第六,品牌传播方案及费用预算;第七,品牌的整合延伸和改造;第八,品牌的监测;第九,品牌价值的评估;第十,年度品牌工作总结。

3. 坚持两个结合,保证品牌"健康长寿"

第一个是品牌管理要坚持创建品牌与提高产品、服务质量相结合。创建品牌不能离开产品和服务,要从产品和服务中去提炼、概括品牌的核心价值,而不是从品牌技巧出发,去杜撰品牌的个性和精髓。企业创建品牌，首先要在产品和服务上下功夫，要切切实实地搞品牌战略规划，要和企业文化、价值观相融合。产品、品牌都要体现文化和价值观，这样创建的品牌才有生命力。

第二个是品牌管理要坚持内外结合。一方面要由企业品牌管理组织认真工作，另一方面要聘请专业人士参与指导，按照品牌要求帮助策划和创意。由企业独自创建或者全部委托给广告策划部门去搞，都是不可取的。

许多企业把品牌创建委托给广告策划公司去搞。一些广告人对消费者投其所好、随心所欲、虚构品牌形象、无限夸大和过度宣传。品牌创建后靠巨额广告费，铺天盖地宣传，于是品牌树立了，销售上去了。可是没多久，人们发现产品并不优秀。随着广告的减少，品牌也消亡了。因此，只有产品质量支撑品牌核心价值，品牌核心价值反映产品特征，才能造就健康长寿的品牌。

六、品牌国际化

品牌国际化是通过品牌的区域延伸，把某一个国家的知名品牌推向另一个国家的行为。一个酒店或酒店集团创建品牌，不仅要考虑国内市场，而且要考虑全球市场。

中国品牌在国际化过程遇到了一些障碍，主要来自环境、语言和文化方面。在环境方面的障碍表现为：各国的法律不同，品牌进入要符合该国法律规定；竞争结构不同，要根据竞争格局适当调整品牌定位、品牌认知和消费模式，要适应该国消费者的购买习惯。在语言和文化方面的障碍表现为：第一，国外对中国历史和文化了解较少，给品牌国际化带来了困难。第二，字母与文字的差异。拼音字母组合与英语字母组合代表的意思不同，给识记带来了困难。例如，中国的金陵酒店、建国酒店等，译成英语就失去了原来的意思。第三，中国品牌进入国际市场，品牌联想丧失。例如，白天鹅宾馆能给人带来美好的联想，可是译成英文后，就失去了生动性。

中国酒店品牌国际化可采用以下方法：其一，新创建的品牌，在创建时就要考虑国际性；其二，已形成的品牌，要做适当的调整；其三，对品牌的图案、标识做适当的调整，使之适合国际化；其四，品牌国际化要做国际注册，以得到保护；其五，进入国际市场要做到先易后难，有效突破。

【小链接5-9】

继华住之后，国内最大的酒店集团锦江也拉开了架构整合的大幕，开始谋划如何"攻守"海内外市场。日前，锦江酒店中国区公司正式成立。同时，锦江还开始推动全球"五大区域"建设，即中国区、亚太区、欧洲区、美洲区、中东非洲区。对此，5月28日，锦江国际集团方面表示，锦江酒店中国区公司的成立是锦江国际集团应对新冠肺炎疫情和全球大势变化、推进国际化战略的重要举措，未来将进一步谋求锦江在国际酒店市场中的地位。

北京第二外国语学院旅游科学学院院长谷慧敏分析指出，通常在大的危机之下，无论是国际酒店集团还是国内酒店集团，都会作出相应的调整，对于国内酒店集团锦江来说，不排除其想要"抄底"从而进一步扩展海外市场份额。

今年以来，受到疫情影响，万豪、洲际、希尔顿等大型国际酒店集团在全球各地均有不少酒店暂时关闭，此外，温德姆、万豪等酒店集团均在组织架构上作出调整，而凯悦酒店集团则宣布将在全球范围内进行重组并裁减1300名员工。业内人士分析指出，当前国内疫情要好于国外,国外一些酒店集团的估值也出现下降,而这对于想要出海的民族酒店品牌来说,也算是一个弯道超车的机会。

拉开整合大幕的锦江似乎对海外市场志在必得,不过就目前形势而言,仍然面临疫情和国外水土的双重"大考"。

放眼海外市场,锦江面临的挑战则更大。虽然一系列的收购让本土酒店集团锦江跻身国际酒店集团前三的宝座,但在华美酒店顾问有限公司首席知识管理专家赵焕焱看来,通过收购海外酒店品牌直接扩大国际酒店数量的锦江,距离一线国际化酒店集团还有不小的差距。赵焕焱认为,目前本土酒店集团都还只是收购国外品牌,在收购之后,海外品牌并没有和国内品牌真正融合,尤其是酒店后台支持系统,毕竟打造一个酒店集团,打通会员体系是必须要做的。此外,国内酒店品牌还不具备直接在海外开店的实力。

——资料来源:关子辰. 锦江酒店加减法显露出海野心.《北京商报》,http://m.bbtnews.com.cn/pcarticle/355188,2020-05-29.

讨论题

(1) 简述并举例说明酒店整体产品的三个层次。
(2) 简述酒店新产品的类型。
(3) 请用酒店品牌的含义分析三个国内外知名的酒店品牌。
(4) 结合以下案例回答问题。

【案 例】

随着年轻一代消费群体的崛起,消费升级导致商旅人群的住宿需求发生转变,酒店的服务能否满足消费者多元化、体验化的需求也成为对中高端酒店的一个巨大挑战。近日,华住集团旗下的中高端酒店品牌桔子水晶焕新升级,"新水晶"在上海长风商务区开业。

新桔子水晶融合了目标受众的审美情调和价值取向,以满足商旅人群对于高品质出行的追求。在大堂公区的设计上,"新水晶"回归本真与纯粹,采用胡桃木、古铜、玻璃元素,打造出空间的朦胧感和高级感。客房内部,油画般的质感,流畅典雅的线条,于静谧中感受水晶的格调与品格。

设计悦目,体验悦心。"新水晶"在强调美学升级的同时,注重强化消费者的住宿体验,着力通过硬件设施提升整体的服务效能。新增的威士忌酒廊,以提升商旅群体的入住体验为主线,优雅中带着商务,这也与华住集团创始人兼董事长季琦先生在规划桔子水晶在升级之初所强调的"格调"相契合。"新水晶"期望用威士忌来做商务旅客的身份对接,入住体验媲美五星级酒店。灵活性、私密性、高效性兼具的城市会客厅,满足现代商旅需求。客房内,一杯手冲咖啡袅袅生烟,氤氲的香气让风尘仆仆的旅途慢下来,威士忌特调体验装、晶石香氛、精油洗护、丝涟床垫等设施,为商旅增添了优雅放松的生活方式。功能性与设计感结合的专业健身房及洗衣房,让旅途不忘规律、不失从容。

"新水晶"也对餐厅进行了全面的空间赋予与品牌诠释,以当地的特色菜品,开启商旅人士元气满满的一天。"30秒入住0秒退房"、机器人送物等标准化智能服务,于细微处彰显效率服务。

华住集团总裁、华住中国 CEO 金辉表示,"实现中高端市场的突破是华住必须迈过的三座大山之一,也是今年的重点战略。桔子水晶作为华住集团进军中高端市场的头部品牌,以'五星的体验,四星的价格,三星的造价',为商旅客人带来有品位、高审美的新选择,也为中高端酒店品牌的升级带来全新洞察与思考"。

谈及桔子水晶未来的具体战略规划,桔子家族事业部 CEO 曹娟也表示,"未来三年,桔子水晶将力争达到 400 家店的规模,主要聚集在一二线城市,随着用户的审美和对于体验感的追求逐步提高,桔子水晶也会考虑下沉到三线市场。我坚信,未来桔子水晶将站立在中高档酒店的顶端,以高级优雅的品质旅途赋能消费者,重塑中高端酒店的品牌形象"。

——资料来源:曹磊. 华住集团中高端酒店品牌桔子水晶升级满足商旅人群品质需求. 东方网,http://news.eastday.com/eastday/13news/auto/news/finance/20210711/u1ai9886082.html,2021-07-11.

问题(1):请用产品整体概念分析新"桔子水晶"的三个层次。

问题(2):"桔子水晶"是否会经历产品生命周期的各个阶段?为什么?

第六章　酒店定价策略

【引导案例】

眼下正是旅游旺季，不少游客慕名来扬。为了让广大旅客更加舒心地畅游扬州，从 2021 年 4 月 23 日起，市发改委主动对外发布市区及仪征市共计 22 家宾馆酒店客房的价格和预订率，同时，邀请广大游客共同监督，一旦发现违反价格、收费政策情况，将立即取证、严肃处理。

游客可从扬州发布 App、扬帆 App、文广旅局网站、瘦西湖网站、个园网站、何园网站等平台查询到最新的酒店客房价格。

这样，可使价格投诉有实据可查，让消费者有房源可寻、有价格可比。"后续我们还会进一步扩大公示范围，让更多的酒店参与其中，通过'晒一晒、比一比、查一查，互相看'的方式，使得扬州旅游环境向稳定、健康、有序方向发展。"

针对网传 4 月 24 日，扬州酒店客房"一房难求"的说法，市发改委价格处相关负责人进行了辟谣：说法不属实。

该负责人介绍，本次统计的 22 家酒店，包括五星级 8 家、四星级 6 家、三星级 5 家、经济型 3 家，覆盖了主流酒店。据统计，这 22 家酒店 4 月 24 日平均订房率为 71.3%，订房率超 90%（含 90%）的有 7 家，不足 50% 的有 4 家，中位数在 70%。就客房价格而言，标准间平均价格为 577 元，最高为 1199 元，最低为 290 元，中位数为 493 元，其中标准间高于 1000 元的有 4 家，800~999 元的有 3 家，500~799 元的有 4 家，400~499 元的有 5 家，400 元以下的有 6 家。

如果出现扰乱旅游市场健康发展的行为怎么办？

该负责人介绍，市发改委将严格监督执行政府价格、收费政策。"我们将对政府定价的国有景区门票、国有停车场及占道停车收费，严格执行价格和收费标准，严格执行上浮时限与幅度，做好景区、停车场明码标价和收费公示工作。"该负责人介绍，与此同时，我市将建立价格政策执行情况报告制度，登门督查、告诫提醒，一旦发现违反价格、收费政策情况，立即取证、严肃处理。同时，通过网站主动宣传政府定价政策，发布国有景区门票价格水平、国有停车场及占道停车收费标准信息，接受市场和游客监督。

"我们将时刻关注与应对处置可能发生的突发事件。"该负责人介绍，对旅游市场相关价格、收费问题咨询投诉，及时处理完毕。与此同时，将联合市文广旅局和市市场监管局对旅游行业信用监管和价格领域信用监管，对监管对象进行分级分类，根据信用等级高低采取差异化的监管措施，依法依规实行严管和惩戒。

——资料来源：丁蕾. 扬州每日公开酒店客房价格，让游客"透明"消费. 扬州发布，https://www.yznews.cn/p/1418243.html，2021-04-24.

价格是调节市场的重要手段，也是营销人员应掌握的平衡市场的措施。酒店既不能因简单强调创收而忽视市场和竞争形势，又不能为追求市场份额而陷入价格战。酒店可以通过采取适合的定价策略和方法,赢得市场竞争优势,最终实现既定的酒店定价目标。

第一节 酒店产品标准价格及策略

一、酒店价格概述

《旅游饭店星级的划分与评定》(GB/T14308—2010),在原来设定的五个星级基础上,增加了一个新的等级——白金五星级。除了提供客房服务以外,一般四星级以上的高星级酒店在酒店内均配有齐全的桑拿、健身设施等。在行业内有一种说法:健身、娱乐设施是作为高星级酒店的配套产品来增加核心产品——客房的附加值的。可见,酒店的主要收入来自于客房,特别是对于三星级、经济型酒店而言,制定合理的客房价格是关系到酒店经济效益的关键。因此,本节以客房的定价问题作为讨论的重点。

酒店的客房价格依其接待对象、时间等不同,分为多种类型。

(一) 标准价

标准价是常用的房价术语,也称为"门市价",即在酒店价目表上明码公布的各类客房的销售价格。标准价是一种基准价格,其他各种折扣价都是在此基础上打折形成的。标准价应当用作定位价,它能够使客人和旅游中间商在将本酒店同其竞争者,以及同给定市场上所有其他酒店进行比较后,对酒店产生某种认知与评判。

(二) 奖励价

奖励价是指为了争取潜在业务,给予那些有业务往来的机构和客人的一种福利价格,如旅行社和航空公司的客人。这种价格还常常用于为激励未来业务,而提供给领队、会议策划人员、旅游安排人员,以及其他能给酒店增加客房销售的人员。

(三) 合同价

经常为酒店提供客源的公司或机构,酒店与其签订房价合同,并按合同规定向对方客人以优惠价格出租客房,以求双方长期合作。房价优惠的幅度视对方能够提供的客源量及客人在酒店的消费水平而定。

(四) 团队价

团队价主要是针对旅行社的团队客人、大型会议制定的折扣价格,其目的是与旅行社建立长期良好的业务关系,确保酒店长期、稳定的客源,提高客房利用率。团队价格可根据旅行社或会议的重要性和所能组织客源的多少以及酒店淡、旺季客房利用率的不同加以确定。

(五) 小包价

小包价是酒店为客人提供的一揽子报价,除了房费以外,可能还包括餐费、高尔夫球费、网球费等,以方便客人。

(六) 家庭租用价

家庭租用价是为携带儿童的家庭提供的优惠房价。

(七) 淡季价

淡季价是指在营业淡季,为了刺激需求,提高客房利用率,而为客人提供的折扣价。通常是在标准价的基础上,下浮一定的百分比。

(八) 旺季价

旺季价是指在营业旺季,为了更大程度地提高酒店的经济效益,而将房价在标准价的基础上,上浮一定的百分比。

(九) 赠送价或免费

赠送价或免费通常指客人住店期间免收房费,一般是给特殊客人或重要行业巨头的房价,但客人用餐、打电话等其他消费需要付款。

(十) 日　价

日价是指为白天下榻酒店的客人(会议类客户、误机客户等)所定的房价。日价最长时限为 6 小时。这类房价可使酒店客房在一天内租出两次,因此旺季出租率可超过 100%。

(十一) 等待价

这类房价通常比标准价低 30% 左右,服务对象为未预订而需要等待空房的客人。除此之外,夜晚 10 点以后要求入住的客人也可以享受这种优惠。

(十二) 预付价

预付价是酒店为鼓励尽早付款、加快现金流动而采用的一种奖励性价格。凡预付房租者,可享受一定的优惠。如果客人取消预付,则不会收到退款。这种价格虽然保证了酒店不会因客人取消预订而遭受经济损失,但却为客人带来了一定的风险。

二、酒店产品定价的原则

酒店是通过物质性的载体来出售非物质性的服务,同其他商品的价格一样,价值决定是定价的一个重要科学依据。同时,季节因素、旅游资源、酒店定位等因素会影响酒店的经营。因此,酒店产品定价既要以价值为定价基础,又要考虑酒店所处的宏观环境与微观环境。一般来讲,在制定酒店产品价格时,应遵循以下原则。

(一) 反映酒店本身的质量

俗话说"一分价钱一分货",消费者选择一家酒店,最为关注的是其能否满足自己的要求,酒店的物业与服务是酒店质量的综合反映,也是酒店满足消费者需求的基本保障。

酒店价格并不是越便宜越好,消费者并不完全反对高价,也希望能够付出高价换来优质的服务。因此,酒店在经营过程中一定要注重服务质量。世界著名酒店集团还通过提供特色服务,以满足不同消费者的个性化需求,这些个性化服务成为其成功的法宝之一。例如假日集团的"热情式"服务、香格里拉的"亚洲式"亲情服务等,这些个性化的服务因其具有明显的差异性,使酒店在定价中具有一定的优势。

(二) 具有相对的稳定性

酒店行业与其他行业一样,其收益与投入基本稳定,因此酒店定价时也需要具有一定的稳定性和连续性。酒店产品的价格政策代表该酒店在市场中的形象与声誉,如果变化过于频繁,就会给现实消费者带来酒店经营不稳定的感受,甚至还会挫伤市场潜在消费者的积极性,导致本酒店产品的需求量大幅下降。

(三) 具有相对的灵活性

酒店行业面向各种类型的消费者提供服务,很多酒店将客人分为商务客人和散客。由于入住酒店的客人目的及身份的区别,其对酒店价格的要求也是千差万别的,这就需要酒店在定价时能够具有相对的灵活性。酒店在标准价的基础上,应该根据旅游季节、所处地区、服务质量的不同,制定比较灵活而富有弹性的价格,以实现最佳经济效益。

> 【小链接 6-1】
>
> 全球范围内的旅游需求骤降,对于酒店运营商来说,此时更适合实施动态定价。以下是制定价格时需要考虑的几点因素:
>
> * 生存需求:酒店需要多少收入才可以生存下来?固定成本、债务、薪资、保险、利息等都是需要考虑的因素。如果业主至今都不清楚一间空置的酒店客房的实际成本,真的是一件很糟糕的事情。
>
> * 竞争者的定价:在动荡的市场环境下,需要采取新的策略才能够保持竞争力。酒店运营商可以参考竞争者的定价,但不要盲从。重要的是,要清楚自身的定位和产品,这样才能制胜。
>
> * 供需关系:大多数旅游目的地的酒店已经供过于求,而且还有很多在建酒店。酒店运营商需了解,当地是否有即将新开业的酒店。如果有,它们就将以新产品争夺市场份额。同时,还需关注是否有酒店暂时关闭。酒店运营商可以把握机会,发现新的需求点。
>
> * 外部因素:有很多因素会打乱计划,例如,国家政策、边境管控、航空运力限制、疫苗研发情况、就业环境、失业人数,等等。这些都是不可控的因素,但是会直接影响酒店的入住率和价格。酒店运营商必须实时关注动态,实现灵活定价,从而保持竞争力。如今还没有哪项技术能够把控不确定因素,帮助酒店定价。
>
> ——资料来源:王瑶.行动才是硬道理,酒店在疫情之下应该这样定价.环球旅讯,https://www.traveldaily.cn/article/140323,2020-09-03.

(四) 服从国家政策

制定酒店的价格要遵守国家的政策、法令和有关的规定,特别是要遵循国家文化和旅游发展的总方针。此外,酒店产品价格的制定还要遵守酒店业的一些协会或是国家主管部门制定的相关法规和规定。

三、酒店产品定价的目标

所谓定价目标就是产品价格在实现之后应达到的目的,它规定了企业定价的目的与水平。酒店产品定价目标是酒店营销目标的基础,是酒店选择定价策略及定价方法的依据。

(一) 以维持生存为目标

同其他企业一样,酒店经营中的最低目标就是在市场竞争中维持生存。基于这一最基本的考虑,酒店定价有其保本点,这一价格可以使酒店处于不亏不盈的状态。但由于酒店产品具有不可储存性,因此,酒店产品不存在最低价格。如房价为 100 元/天,保本点为 60 元/天,降低为 50 元/天,卖不出去每天亏 60 元,卖出去每天只亏 10 元。于是在产品供过于求时,许多酒店会选择这个目标,削价竞争便是典型反映。

（二）以获取利润为目标

酒店主要通过高价格获得高利润，以增强酒店的生存力和竞争力，使其在市场中能够较好地实现产品的价值，取得尽可能多的利益。由于消费者的拒绝、竞争者的增加、替代品的产生等因素，使用这种定价目标应注意，酒店需要结合内外部环境，选择一种适合的具体目标。

（三）以保持和扩大市场占有率为目标

这里所说的市场占有率是指酒店销售额或营业收入在同行业中市场销售总额或营业总收入中所占的比重。一般来说，市场占有率是企业发展的基础，从一定程度上代表潜在的利润率和发展潜力。在竞争激烈的市场中，酒店为了保持或扩大市场占有率，经常采用的是低价渗透的策略。

（四）以稳定市场价格为目标

为了增加市场的稳定性，实现整个行业的稳定健康发展，拥有充分后备资源且打算长期经营的企业，在市场竞争和供求关系较为正常的情况下，往往将价格稳定在一定水平上，不轻易变动。

四、酒店产品定价的策略

（一）新产品上市定价策略

1. 撇脂定价策略

撇脂定价策略是指在新产品刚刚进入市场时从优采取的高价投放策略，以便迅速收回投资，取得丰厚利润。这种定价策略适用于特色鲜明、垄断性强、其他企业难以仿制或开发的酒店产品。

优点：第一，可以使酒店前期投资迅速收回；第二，为后期产品降价创造了条件；第三，提高身价，树立企业的良好形象。

不足之处：第一，高价一旦被消费者抵制，则难以打开市场，导致投资难以收回；第二，高价厚利容易导致竞争对手增多，加剧市场竞争。

因此，这种价格策略一般不宜于长期使用，只能是一种短期价格策略。

2. 渗透定价策略

渗透定价策略是指企业在推出新产品时，在产品价格的可行范围内尽可能地制定低价，吸引大量的消费者，利用价廉物美迅速占领市场，取得较高的市场占有率。

优点：酒店的渗透价格策略以较低的价格渗透市场，有利于增加酒店产品的销售量，尽快地为酒店获得较大的市场占有率。同时，使用这种定价策略也便于阻止竞争对手介入，并有利于自己对市场的控制。

不足之处：第一，较低的定价，在短期内可能无法获得足够的利润；第二，价格变动余地小，不利于新产品后期降价；第三，价格较低，有可能被认定为不正当竞争，影响企业的形象与发展。

3. 满意定价策略

满意定价策略介于撇脂定价策略与渗透定价策略之间，价格水平适中，同时兼顾企业、旅游中间商及消费者利益，使各方面皆能顺利接受。采用这种定价策略价格会比较稳定，在正常情况下盈利目标可按期实现，但这种定价策略比较保守，不适于需求复杂多变或竞争激烈的环境。

(二) 心理定价策略

心理定价策略是指企业定价时利用消费者心理有意识地确定不同的价格,以扩大销售。

1. 尾数定价策略

尾数定价策略是指酒店定价时有意保留产品价格的角分尾数,一般消费者往往认为尾数价格是经过精密计算的,因而产生一种真实感、信任感,从而有利于扩大销售。

2. 整数定价策略

整数定价策略与尾数定价策略相反,是指酒店会有意识地将产品价格制定为整数。在整数定价策略下,酒店凭借整数价格给客人造成高价的印象。整数定价常常以偶数,特别是"0"作尾数。例如,酒店客房可以定价为1000元,而不必定为998元。这样定价的好处表现为:第一,可以满足客人炫耀富有、显示地位、崇尚名牌的虚荣心;第二,方便酒店和客人的价格结算;第三,利用产品的高价效应,在客人心目中树立高档、高价、优质的产品形象。

3. 声望定价策略

酒店针对具有较高知名度和较高信誉的产品制定高价,此种即为声望定价策略。这种策略满足了消费者求名、求胜的心理需要,既补偿了提供产品或劳务的酒店的必要耗费,也有利于满足不同层次的消费需求。

4. 招徕定价策略

招徕定价策略是指酒店有意识地将某些产品价格定得很低,发挥其促销导向作用,吸引潜在的客人,从整体上提高企业的销售收入。例如,酒店特别设置几种低价畅销商品,以招徕客人。客人多了,不仅卖出了低价商品,也带动和扩大了其他一般商品和高价商品的销售。

【小链接 6-2】

影响消费者对价格的敏感度的因素,包括:

(1) 独特价值效应。给人造成一种你的产品与众不同的印象,消费者的价格敏感度会降低。

(2) 替代知晓效应。如果不知道有替代品的存在,对价格的敏感度就会降低。

(3) 商务支出效应。当由别人付账时,消费者就不会很在意价格。

(4) 最终收益效应。当产品的价格占最终收益的很大比重时,消费者对价格会比较敏感。

(5) 总支出效应。一个人在一种产品上支付越多,他对该产品的价格越敏感。

(6) 沉没投资效应。购买者对他们的实际正在使用的产品有投资时,会对价格变动不敏感。

(7) 价格质量效应。消费者往往将价格与质量联系在一起,尤其是在他对产品没有任何先期经验的时候。

——资料来源:胡敏.酒店营销实务.北京:中国人民大学出版社,2017年.

(三) 折扣定价策略

1. 数量折扣

数量折扣是根据购买数量或金额总数的差异而给予不同的价格折扣。购买数量越大、金额越多、折扣率就越高,这种是鼓励消费者大量购买和频繁购买的一种定价策略,也是保持客人忠诚度的一种有效的方法。数量折扣分为两种：

1）非累计数量折扣，是指消费者一次购买的数量或金额达到或超过一定标准时就给予一定的价格折扣，以鼓励消费者一次性大量购买。

2）累计数量折扣，是指一定时期内，消费者购买的数量可以相加，当购买数量或金额达到一定量后，可以享受一定比例的价格折扣。在实际运用中，酒店也可以并不给予消费者低价，而是给予一定数量的免费品。

例如，希尔顿2017年对客户忠诚度计划进行转型。通过与亚马逊的合作，希尔顿引入了免费的"积分共享"服务，会员可通过这一服务与最多十位会员一起合并积分。此外，希尔顿网站平台将引入全新的"滑条"（slider）管理机制，会员可使用"积分＋现金"的任意比例进行结账。作为与亚马逊合作的一条重要协议，希尔顿会员在亚马逊购物时，Hilton Honors 会员积分可直接抵扣现金用于支付。

2. 现金折扣

现金折扣是酒店对现金交易或按期付款的消费者给予的价格折扣。酒店之所以经常采用这种策略的原因是为了鼓励消费者提前付款，以便尽快收回现金，改善酒店资金的周转状况，同时降低自己收款时所产生的费用。

3. 季节折扣

季节折扣是酒店在淡季给予消费者的季节折扣。酒店可以根据自身的类型，推出不同形式的促销与优惠活动。比如，商务酒店为提高商务酒店的周末客房出租率可以实行周末促销活动。

4. 实物折扣

实物折扣是酒店对于购买者以实物形式给予激励的一种折扣策略。这种折扣适用于关联性较强的酒店产品，如酒店为入住客人免费提供早餐、免费接送等。

（四）产品组合定价策略

1. 产品线定价

产品线定价是酒店就同一系列产品的不同质量、不同服务标准，按照相近原则，将之划分为若干个档次，按不同档次制定不同价格。

2. 选择品定价

许多酒店在提供主要产品的同时，还会提供与主产品密切相关，但又可独立使用的产品，此种产品即为选择品。选择品定价有两种主要策略：一是将选择品的价格定得较高，使其成为酒店盈利的一个来源；二是将选择品价格定得较低或免费提供，以吸引消费者购买。

3. 补充品定价

如果一种产品的销售会促进另一种产品的销售，则这两种产品互为补充品。酒店通常情况下会为主要产品制定较低的价格，而为附属产品制定较高的价格。

4. 两段定价

在服务业中，两段定价法是经常采用的方法，即酒店先收取一定的固定费用，在此基础上再加收一定的可变费用。

5. 副产品定价

如果副产品对某一消费群体具有价值，能带来收入，酒店可在必要时将主产品价格制定得较低，以提高竞争力。

6. 产品系列定价

产品系列定价是酒店把相关产品组合在一起，为其制定一个比分别购买更低的价格，进行一揽子销售。

第二节 酒店产品定价技术

一、酒店产品定价的影响因素

从我国初期的政府发文定价，到现在政府指导下的市场定价，酒店拥有了很大的自由定价权利，可以为自己寻求最合适的价格，争取最好的经济效益。然而，由于酒店所处宏观环境的变化，以及酒店自身因素的影响，酒店在制定价格时，受到许多因素的制约。归纳来讲，影响房价制定的因素可以分为两大类：一类是外部影响因素，另一类是内部影响因素。

（一）外部影响因素

1. 供求关系影响

需求量、供给量和成本在酒店产品定价中起着重要的作用（见表6-1、表6-2）。假定其他因素不变，价格上升，需求量就会降低；价格下降，需求量就会上升，即价格与需求量之间呈反比变化。假定其他因素不变，价格上升，供给量就会上升；价格下降，供给量就会下降，即价格与供给量之间呈正比变化（见图6-1）。

表6-1 影响客人需求量的因素分析

需求上升的因素	需求下降的因素
① 竞争对手房价上升； ② 客人经济收入增长较大； ③ 酒店产品对客人偏好的满足； ④ 酒店内互补产品质量的提升； ⑤ 客源国经济状况好转； ⑥ 政府鼓励消费，银行利率下调； ⑦ 通货膨胀； ⑧ 旅游旺季来临； ⑨ 大型节庆活动、国际会议、展览在本地举行	① 竞争对手房价下降； ② 客人经济收入下降； ③ 客源市场的偏好发生转移； ④ 酒店内互补产品质量降低； ⑤ 客源国经济萧条； ⑥ 政府鼓励储蓄，银行利率上升； ⑦ 经济衰退或萧条； ⑧ 旅游淡季来临； ⑨ 失业

表6-2 影响客房供给量的因素分析

客房供给量上升的因素	客房供给量下降的因素
① 国家或地方政策明显对酒店有利； ② 政局稳定； ③ 经济增长； ④ 生产成本和经营费用大幅度下降； ⑤ 投资者预测未来的旅游需求会有很大增长	① 国家或地方政策明显对酒店不利； ② 政局动荡； ③ 经济萧条； ④ 生产成本和经营费用上升； ⑤ 投资者无法预测未来旅游需求是否会增长

——资料来源：刘晓琳，曲春蕾. 酒店市场营销. 北京：中国旅游出版社，2012：113.

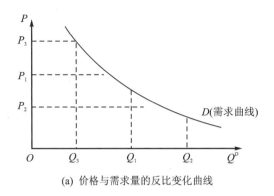
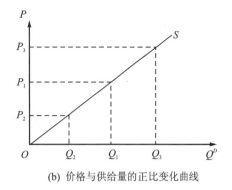

(a) 价格与需求量的反比变化曲线　　(b) 价格与供给量的正比变化曲线

图 6-1　价格对需求量与供给量的影响曲线

酒店商品的价格随供求关系的变化而不断调整,当供过于求时,酒店业需要考虑降低价格;当供不应求时,酒店要考虑适当提高价格。

【小链接 6-3】

随着防疫形势稳定和疫苗接种率提高,国内旅游业回暖,即将到来的"五一"假期有望成为"史上最热黄金周"。游客的出游热情高涨,直接带动酒店价格水涨船高。从同程旅行发布的《2021 年"五一"假期居民出行预测报告》来看,各地酒店"涨"声一片,最高的是秦皇岛,上涨了两倍多。

近年来,"每逢佳节必涨价"成为许多酒店的保留节目。酒店业服务业实行市场调节价,经营者有自主定价的权利。从经济学讲,商品价格除了取决于成本因素外,还受供求关系影响,供大于求,价格下跌;供不应求,价格上涨。节假日期间,公众扎堆出行,热门城市和景区酒店爆满,一房难求,这无疑给了经营者涨价的底气。

从公平交易的角度来看,节假日酒店价格可以上涨,但也应该在合理范围内,不应漫天要价,大涨乱涨。否则,不仅直接加重了游客的经济负担,而且容易损害城市的外部形象,不利于当地旅游业的长远发展。对此,有关部门应引起重视,综合施策,有效化解。

首先,适时价格干预。《价格法》在赋予经营者自主制定属于市场调节的价格同时,规定"与国民经济发展和人民生活关系重大的极少数商品价格",政府在必要时可以实行政府指导价或者政府定价。比如,近年来每逢洛阳牡丹文化节,河南洛阳就对市区客房价格实行价格指导,以控制涨幅。这种做法值得其他地方借鉴,对于节假日酒店大幅涨价,适时实行价格指导。

其次,加强执法监督。节假日期间是哄抬价格、串通涨价、价格欺诈等价格违法行为高发时段,有关部门应加大监管力度,开展节假日价格专项执法检查,对于不按规定明码标价、预订成功后酒店单方面毁约、平台滥用大数据杀熟等现象依法查处,以儆效尤。

此外,落实带薪休假。从长远来看,只有带薪休假全面落地,公众自主错峰出游,才能化解市场结构性供需矛盾,为酒店任性涨价釜底抽薪。

——资料来源:张涛. 节假日酒店大幅涨价需综合应对.《北京青年报》,2021-04-20,第 A02 版.

2. 社会政治、经济形势的影响

旅游经济具有脆弱性,一旦出现负面的影响,就会使旅游行业出现不稳定性和波动性。联合国世界旅游组织2021年1月发布的数据显示,因疫情导致全球旅游人数大幅减少,2020年全球旅游业收入损失1.3万亿美元,成为"旅游业历史上最糟糕年份",给酒店业造成了致命的打击。可见,稳定、繁荣的社会政治及经济环境,对酒店来讲是至关重要的。

3. 季节性影响

季节性强是旅游业的一大特点,有些地区甚至由于自然气候这一因素的制约,在旅游淡季景区放假休息,这直接影响酒店经营的好坏,酒店需要提供优惠的房价等措施来维持正常的生存。

例如,受到自然气候、旅游产品开发等因素的制约,过去每年十一黄金周过后,青海湖景区就放假休息。随着高原旅游热的兴起,青海旅游的季节在不断延伸。据《北京晚报》(2017年)报道,包括北京故宫、西藏布达拉宫和青海湖在内的多家国内著名景区,从2017年11月开始执行淡季票价。

【小链接6-4】

在跨省游恢复近两周后,旅游住宿板块也开始趁暑期加快复苏。2020年7月27日,记者从多家酒店集团了解到,近期不少热门旅游目的地的酒店入住率大幅提升,其中三亚部分酒店入住率超过90%,价格环比上月也出现了大幅增长,部分酒店的价格涨幅甚至超过50%。就在酒店业量价齐涨的同时,民宿业也开始吸引客源,打出了"随心住"的牌。在业内人士看来,在旅游出行需求大幅增长的暑期,酒店、民宿板块也迎来了快速"回血"时刻。

携程提供的数据显示,7月21—30日,入住酒店间夜量环比6月21—30日大幅增长,其中,重庆地区酒店间夜量增长41%,此外,西安、杭州、上海、云南、广西地区酒店间夜量分别增长87%、45%、72%、66%、74%,而热门目的地三亚的涨幅超过1倍,为105%。

"暑期的来临确实拉动了旗下酒店的预订量。"洲际酒店集团相关负责人表示,尤其是海南、云南、四川这些传统度假热门目的地的酒店,暑期入住率显著上升,另外一些城市周边的度假型酒店也很受欢迎。

记者还了解到,像三亚地区的一些热门酒店,7月以来更是几乎爆满。业内人士预计,接下来的8月,酒店入住率将进一步提升。

伴随着酒店入住率的上涨,价格也水涨船高。除了热门旅游目的地三亚,北京、成都、上海等城市酒店房价也均有所提升。以北京为例,不少京郊度假酒店周末房价上涨几百元不等。

——资料来源:关子辰.酒店涨价民宿促销　住宿业趁暑期"回血".《北京商报》,第04版,2020-07-28.

4. 政府或行业组织的价格约束

政府为了维护经济秩序,或为了其他目的,可能通过立法或者其他途径对酒店行业的价格进行干预。政府价格干预行为主要能够起到两方面的作用:一是维护消费者的利益,防止价格过高形成酒店价格的暴利;二是保障企业的利益,避免恶性价格竞争。

例如,2021年首届中国国际消费品博览会在海口举行,海口市规定消博会期间(2021年5月7—10日),海口市旅游饭店客房价格将实行政府指导价管理,明码标价,对哄抬价格的违法行为,一经查实,将从严查处。

5. 消费心理

客人的消费心理是进行定价时应重点考虑的因素。例如,消费者会在面子心理的驱动下消费,甚至超过自己购买或者支付的能力。酒店可以利用这种心理进行定价,获取溢价。

（二）内部影响因素

1. 酒店选址

有关数据显示,酒店地址的好坏对酒店成功运营的直接和间接影响在众多相关因素中占到60%左右。选址不仅关系到市场开发能力的大小,对消费者吸引力的大小,更重要的是对长期效益的取得具有战略性的影响。

2. 投资成本

根据国际酒店业的一般标准,五星级酒店的投资成本,换算成以每间客房为单位来计算,在15万~20万美元,四星级酒店为10万~14万美元,而经济型酒店则为1.5万~4万美元。因此,酒店的投资大小是影响客房价格水平的基本因素。此外,投资成本回收期的长短,以及目标利润率的高低,都会对房价的制定产生影响。

3. 服务质量

被誉为"美国酒店大王"的斯坦特说过,"酒店业就是凭借酒店来出售服务的行业",可见酒店业就是与"情感"关系密切的行业,优质服务是酒店生存的基础。酒店作为典型的服务行业,每天要接待来自四面八方的消费者,优质的服务有助于发现并留住具有消费能力的回头客,为酒店创造稳定收入。希尔顿酒店认为,只要每年有十分之一的老客人光顾,酒店就会永远客满。

【小链接6-5】

"端午假期客流量还是不少的,6月26日(端午小长假的第二天),酒店预订大约有近200个间夜。"北京日出东方凯宾斯基酒店工作人员对于端午小长假是否受到防控等级上调的影响,给出了这样的答案。

实际上,即便是200间入住率的当天,也并非完全是假期正常价格的释放,背后也不乏酒店低价促销的"自救"策略。

为了缓解酒店经营上的资金压力,北京日出东方凯宾斯基酒店此前加入了"6·18大促"的行列,其中力度较大的产品为"998元特价产品"。根据酒店销售人员介绍,998元套餐包含原价为2488元的豪华城景房/入住豪华城景房一晚(无早)以及免费房间迷你吧、免费使用健身房等权益。但开放区域的打折,让本就对出行有担忧的消费者望而却步。

据酒店工作人员介绍,由于疫情防控,目前北京日出东方凯宾斯基酒店只提供入住和用餐服务,其他设施如游泳池、健身房、儿童俱乐部等均已关闭,这些设施关闭后,有游客认为,2000多元的价格仅仅是到郊区住一晚,这个性价比确实不高。

——资料来源:关子辰,杨卉. 假日经济热退去 网红酒店日出东方凯宾斯基的增量难题.《北京商报》,2020-06-30,第04版.

4. 行业内竞争

文化和旅游部发布的《中华人民共和国文化和旅游部2019年文化和旅游发展统计公报》表明,年末全国星级饭店达10130家,平均房价为378.55元/间夜,同比增长6.3%;平均出租率56.7%,同比下降1.3%。

由于酒店数量的不断增加,以及新冠疫情影响的不确定性,行业内竞争日益加剧,为了获得高客房出租率,削减房价成为一种常用的竞争定价方法,竞争的后果会导致房价偏低。

二、常用的酒店定价方法

(一) 成本导向定价法

1. 盈亏平衡定价法

该定价法是指酒店在既定的固定成本、平均变动成本和旅游产品估计销量的条件下,实现销售收入与总成本相等时的价格。这种定价方法一般与客房出租率有关系,按国际惯例,一般要求客房出租率超过65%～67%,低于这个数值则难以实现盈亏平衡。盈亏平衡定价法常用作对酒店各种定价方案进行比较和选择的依据(见图6-2)。

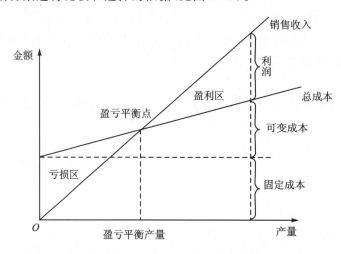

图6-2 盈亏平衡定价法

2. 客房面积定价法

客房面积定价法是通过确定客房预算总收入来计算单位面积的客房应取得的收入,进而确定每间客房应取得的收入来进行定价的一种方法。

这种定价方法主要受客房预算收入的影响,房价制定是否科学合理,主要取决于经营者预算收入的准确度是否符合实际。如果预算收入较高,则客房价格也较高,但如果市场不接受或预算收入偏低,则会给酒店经营和预期利润率带来负面影响。

3. 赫伯特公式定价法

赫伯特定价法又称目标利润定价法,由美国酒店和汽车旅馆协会主席罗伊·赫伯特主持发明。它是以目标收益率为定价的出发点,要求在客房成本计算的基础上,并在保证实现目标利润的前提下,根据计划的营业量、各项费用支出及所需得到的利润计算确定客房价格。

【小链接6-6】

赫伯特定价法公式如下:

年客房预计销售额(指标)=酒店总投资额×投资收益率(目标)+企业管理费用+客房经营费用-其他经营利润

客房价格(平均)=年客房预计销售额/客房数量×预计入住率×365(天)

例如:本市A酒店共有客房150间,全年营业费用为300万元,税收和保险费用为50万元,折旧费用总计200万元,目标投资收益额为350万元,其他经营利润预计120万元,

预计年平均入住率为70%,则平均客房价格应为:

① 年客房预计销售额=350万元+300万元+50万元+200万元-120万元=780万元;

② 客房价格=780万元÷(150间×70%×365天)≈204元

——资料来源:李立红.酒店营销.上海:华东师范大学出版社,2015年.

4. 千分之一法

千分之一法亦称建造成本法,以酒店投资额的千分之一作为定价基础。由于酒店房屋及其附属设施通常占酒店投资的70%左右,所以客房造价与房价有着直接的联系。千分之一定价法对不同的酒店设备、设施、服务条件等各种差异进行了取舍,用简洁统一的价值尺度来表述酒店水平和房价的关系。酒店建造过程中需要投入土地、建筑实体、家具物品等,计算中所采用的成本应包括酒店占用的土地使用费、建造费及设施设备成本。具体公式如下:

$$平均每间客户租价 = \frac{土地使用费 + 造价 + 设施设备成本}{客户总数} \times 0.1\%$$

使用千分之一法定价,酒店管理者可以迅速做出价格决策。如某酒店有客房500间,总投资为5000万元,平均每间客房的造价为10万元,按千分之一定价法,每间客房标准房价就应定为100元。千分之一定价法适用于以住宿为主、膳食为辅的酒店,但由于现在酒店经营结构发生了一些变化,许多酒店除了客房还包括餐厅、酒吧、康乐中心等建筑投资,因此,在正式的定价过程中,应考虑酒店实际情况。

(二)需求导向定价法

需求导向定价法以消费者对酒店产品的理解和认识为依据,是市场导向观念的产物,它主要包括弹性盈亏分析、理解价值定价法和差异定价法。

1. 弹性盈亏分析

这种分析方法对原始盈亏平衡分析做了两处改动。首先,在图表上出现了数条反映不同价格的总营业收入曲线;其次,根据不同价格预测出不同的需求量(见图6-3)。从图6-3中可以看出,每条总营业收入曲线上都标有该价格水平可以获取的销售量。将这些点连接起来,就形成了不同价格时的获利区域。

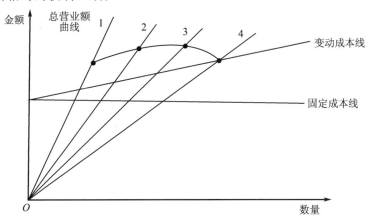

图6-3 弹性盈亏分析中不同价格的获利区域

当酒店的定价目标不是获取最大利润时,可以利用这种方法算得最佳获利价格及其他获利价格。例如,酒店经营季节反差较大,在淡季酒店面临需求不足,而在旺季又出现超量需求。在旺季,酒店可以提高价格,因为通常需求量越大,供给量相对越小,而价格也就越高;在淡季,酒店需要客源,可以降低价格来吸引客人(见图6-4)。

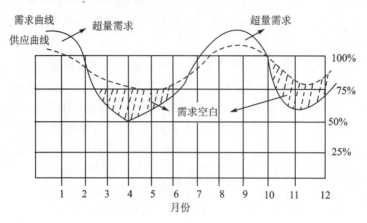

图6-4 酒店淡旺季的需求波动

2. 理解价值定价法

这种方法是以消费者对产品的认识程度为依据而制定价格的方法,消费者的主观感受和评价是制定价格的基础,而不是产品的成本。每家酒店的价值在客人心目中都有特定的位置,客人会对备选的酒店进行比较,通过权衡相对价值的高低来决定其最终选择。因此,酒店首先需要为其产品在目标市场上"定位",并运用各种营销手段来影响消费者的价值观念,使消费者感到选择此产品比选择其他产品能获得更多的相对利益。然后,企业就可根据消费者所形成的价值观念大体确定客房价格。运用理解定价法的关键,是把自己的产品同竞争者的产品相比较,准确估计消费者对本产品的理解价值。

3. 差异定价法

这种定价方法是将同一酒店产品定出多种价格,以便运用在不同的细分市场上。制定出不同价格的依据主要包括以下三点:

第一,客人不同。不同的客人类型会给酒店带来不同的利益,针对不同的客人实施不同的价格可以增加酒店的营业额。如果一个无预订的散客进店,酒店给出的是门市价;而业务单位介绍来的客人,由于业务单位给酒店带来持续而稳定的客源,酒店给客人的就是优惠价或折扣价。

第二,地点不同。同一集团的酒店,因其所在的地理位置不同,定价会有所差异。

第三,时间不同。例如,2020年12月,三亚市发改委出台了《三亚市2021年春节期间旅游饭店标准客房价格调控实施方案》,依据"优质优价,价质相符"的原则,对于三亚市旅游酒店分片区、星级档次制定2021年春节期间旅游饭店标准客房差别化政府最高指导价(含手续费、服务费),最高限价5900元/间。

(三)竞争导向定价法

这种定价方法是通过研究竞争对手的产品价格和服务质量,以竞争者的价格为基准点,确定同类产品价格的方法。这种定价方法的特点是,竞争是定价考虑的中心,除非市场需求或成本因素的变化引起了竞争者价格的调整,否则不对其做出反应。

1. 率先定价法

酒店根据市场竞争及自身的市场定位,率先制定具有竞争性的价格,以吸引并拥有占领市场的优先权。若价格符合市场供求需要,就能够在竞争中获取较大收益。例如,某国际大酒店率先将客房降价为一间498元,这一价格的推出反响不错,这种针对团队客的定价方式会对本市高星级酒店的整体价格有影响。

2. 随行就市定价法

酒店根据同一行业的平均价格或其直接竞争对手的平均价格来制定自己的价格,可以较好地避免正面的价格竞争。在竞争对手众多的酒店产品市场,价格稍有出入,消费者便会涌向价廉酒店。因此,随行就市定价法在竞争态势不明朗,酒店缺乏较强竞争力的情况下易于避免竞争,帮助酒店保持市场份额。

三、增加营业收入和利润的定价策略

(一)细分目标客源,制定差别价格

广州、北京、上海是我国经济发展、对外交往的三个重要"窗口",是拥有五星级酒店最多的三个城市。一般来说,同等级酒店为相互的竞争对象。然而,长城酒店、凯宾斯基酒店、昆仑酒店等五星级酒店"扎堆"出现在北京"燕莎圈",这些地理位置、硬件设施均相似的酒店却能够"和平共处",关键原因是:准确定位、细分客源。

美国哈佛大学迈克尔·波特教授认为,差异化是企业的竞争策略之一,而且要做到密集化营销。面对激烈的市场竞争,酒店的首要任务是对自身进行明确的市场定位,找准目标客源,实现小市场、大份额。如果市场定位不清,忽视自身层次,追求出租率、忽视营业额,很有可能陷入盲目降价、越层竞争的境地。酒店市场营销中,选择目标市场也就是目标客源是非常重要的一项工作。酒店应结合自身的星级或档次,寻求最合适的客源,争取最大的经济效益。

(二)保持高品位,维持高价位

从1987年开始,与世界各国一样,我国采用了酒店评级分类制度,将酒店分为五个星级。随着星级不断增加,酒店的硬件设施和软件标准不断提升,酒店的平均房价也不断提高(见表6-3)。

表6-3 2020年全国星级酒店经营情况统计表

项目 星级	数量/家	平均房价/ (元·间夜$^{-1}$)	营业收入总额/ 亿元	餐饮收入比重/ %	客房收入比重/ %
合计	8423	313.91	1221.53	41.63	39.92
一星级	30	117.28	0.46	56.02	40.75
二星级	1100	161.85	29.78	37.21	42.96
三星级	4074	206.21	263.22	41.82	40.37
四星级	2399	300.21	453.52	42.06	38.88
五星级	820	518.81	474.55	41.37	40.48

注:数据来源《2020年度全国星级饭店统计报告》,文化和旅游部网站,http://zwgk.mct.gov.cn/zfxxgkml/tjxx/202105/t20210507_924310.html。

一般来说,高星级酒店就意味着高品位、高质量,消费者可以直接依据星级的高低来选择其能够并愿意购买的酒店品位和服务。因此,作为数量较少、品牌声誉较高、特色鲜明的高星级酒店可以采用高价位的策略。首先,在保持高出租率的情况下,可以增加其营业收入和利润;其次,也可以防止出现"先降价格,再降服务"的恶性循环;再次,还可以保持高星级特别是五星级酒店高品位的对外形象与声誉。

【小链接6-7】

近日,三亚某五星级度假酒店推出一间夜只要299元的超低预售价,且有效期长达一年,引起业内关注。不过,记者采访发现,该酒店促销产品为10间夜起售,对于具体入住旗下哪一间酒店、旺季入住时间,都有较为严格的销售条件。据了解,该品牌酒店平时价格为一间夜600~700元。

受新冠肺炎疫情影响,国内各大酒店都在承受巨大的运营压力,那么针对疫情后的旅游市场推出大幅度降价促销,是否是五星级酒店增加营收的有效举措?消费者又是否应该抓准时机"捡漏"?《新京报》记者登录万豪、洲际、希尔顿及香格里拉等各大国际酒店集团官网,以及预订App,均未看到相关降价促销的活动。同时记者也从各大酒店集团了解到,目前旗下高星级酒店并没有推出大幅度降价促销的计划。

一位北京国际品牌五星级酒店的负责人告诉《新京报》记者,该集团酒店淡旺季的客房定价和促销活动,都要通过集团的相关部门来决定,有比较严格的程序,作为单体酒店一般不会擅自推出房价的打折活动。另外,这名负责人还表示,为了保证酒店品牌的形象和品质,国际高端酒店品牌很少会有大幅度的降价促销,即使针对淡季或者特别节日推出相关促销,也是以套餐的形式,比如客房升级或者增加餐饮、Spa、接送机等附加服务,基本不会出现"跳水"式降价。

——资料来源:曲亭亦.五星级酒店开始"跳水"降价?事实并不是这样.《新京报》,https://www.bjnews.com.cn/detail/158332227915562.html,2020-03-04.

3. 改变个别定价,提高整体效应

随着社会的不断发展,富于变化的营销策略是酒店行业满足客人动态需求的"必修课"。群策群力研究出的创新促销方案的成功关键,可以是设计个别亮点来带动整体效应,而这些个别亮点又能够和细分市场的目标客人形成"对话",这样创造利润就有了前提。酒店可以找到或创造一个良好的契机,将定价与促销策略结合运用,在酒店各个部门推广并应用这种亮点带动整体效益的做法。

4. 运用价值创新,提高客人价值

客人价值指客人认知利益与其认知价格之间的比或差,客人价值创新的目标是努力超越现有产品或服务的价值标准,使产品或服务的价值构成发生显著改变以吸引并留住客人,在企业与其他竞争者之间建立起竞争隔离带,从而减缓与同类企业的竞争,实现与竞争无关的效果。酒店在增加营业收入过程中,可以运用这一原理,提高客人净享受价值,消除客人对价格的敏感,提升客人的忠诚度。

酒店客人净享受价值(愿意支付的价格水平)=(酒店的产品价值+酒店的服务价值+酒店的人员价值+酒店的形象价值)—(客人货币支出+客人时间支出+客人精力支出+客人心理支出)。

提高客人价值可以有很多途径，国内许多星级酒店做出相关的规定并进行着有益的尝试。例如为了增加酒店的服务价值，白天鹅宾馆要求服务员在住店客人外出时对客房及时进行小整理，使客人返回客房时有焕然一新的感觉；洲际酒店集团则向全世界的旅行社和会议组织者提供质量保证承诺，承诺对客人不满意部分重新服务或退款，减少客人的心理支出。

四、酒店产品定价的步骤

确定一个合适的酒店产品价格，一般应考虑酒店初始投资和固定成本的比例、酒店产品本身的特点，以及住宿率、入住季节、市场因素等。通常应遵循以下步骤：

（一）市场需求整体分析和变化分析

酒店管理应灵活运用SWOT分析法，综合分析酒店在市场经营中的优势、劣势、机会和威胁要素，找出影响需求的外在因素和内部原因，密切注意和了解区域市场和酒店竞争对手的情况，确定客源市场，预测客房需求量和需求变化趋势，为酒店市场定位和客房定价做好准备。

（二）酒店目标市场细分

由于客人的多元化、酒店自身的竞争优势及酒店希望占有更多的市场份额，酒店将目标市场进行细分，然后选取一个或几个细分市场作为自己的目标市场。

（三）酒店市场定位

市场定位是酒店高层管理人员或专业机构向市场传递的酒店鲜明的特色，市场定位会参考多种因素，包括酒店所处的地理位置、环境、星级、知名度、接待设施及营销能力等。

（四）产品定价和评估

酒店根据市场对客房的需求状况及酒店自身的市场定位和对各细分市场的分析，对各类细分市场在不同季节、不同类型客房设计出一个合理梯度的价格，来吸引不同细分市场的客人。

五、酒店前厅产品报价技巧

前厅对客报价是酒店为扩大自身产品的销售，运用口头描述技巧，引起客人的购买欲望，借以扩大销售的一种推销方式，包括推销技巧、语言艺术、职业道德等。只有适时采取不同的报价方法，才能达到销售的最佳效果。

（一）产品优点法

所谓"一分价钱一分货"，高质意味着高价。对于新入住的客人而言，酒店产品的优点不能一下子认识到，而价格却一目了然。若客人抱怨价格过高，接待员要向客人讲清为什么价高，例如理想的位置、新颖的装潢、幽雅的环境、美丽的外景、宽敞的房间等。尽量介绍产品的优点和独特之处，化解客人心里的价格障碍。

（二）客人收益法

接待员将价格转化为能给客人带来的益处和满足。强调客人收益，强化了客人对产品价值的理解程度，从而提高其愿意支付的价格限度，例如"这间客房的床垫、枕头具有保健功能，让您在充分休息的同时，还能起到预防疾病的作用"。

（三）比较优势法

当酒店的供给价格与客人的需求价格不符时，接待员以自己产品的长处与同类产品的短处相比，使本酒店产品的优势更加突出。例如，"我店的设施是本地区最新的，可以收看多套卫星电视节目"。

（四）价格分解法

接待员在推销时可将价格进行分解。例如，某房间价格为580元，可在报价时将80元免费早餐分解出来，告诉客人房价实际是500元。

（五）限定折扣法

接待员在充分了解客人购买目的的基础上可限时、限地、限量给予适当折扣。例如，如果您能在明早8点退房，可以给予您8折优惠。

（六）利益引导法和高码讨价法

利益引导法是对已预订到店的客人采取给予一定附加利益的方法，使其放弃原预订客房，转向购买高一档次价格的客房。高码讨价法是指在客房销售中向客人推荐适合其地位的最高价格客房，适合于向未经预订、直接抵店的客人推销客房，从而最大限度地提高高价客房的销售量和客房的整体经济利益。

（七）适当让步法

对于确实无法承受门市价格的客人，适当给予优惠，否则，会出现将客人主动推到竞争者手中的现象。当然，优惠幅度应控制在授权范围内。

讨论题

(1) 简述酒店价格的类型。
(2) 简述常用的酒店定价方法。
(3) 结合现在的市场情况，思考增加酒店营业收入和利润的定价策略。
(4) 结合以下案例回答问题。

【案 例】

不同平台同天同房型价格有差异，记者查看了2021年7月27日至7月30日三亚半山半岛洲际酒店最低价格房型（水景房）的价格。

结果发现，携程1453元、去哪儿网1512元、马蜂窝1530元、飞猪1580元、同程艺龙1532元、booking 1573元、官网会员价1453元。对比来看，价格波动在130元，最低价为酒店官网会员价及携程价。

对此，北京都季酒店管理有限公司总经理祖长生对北青报记者解释称，不同酒店的价格不同，涉及到两个概念，一个是"定价权"，一个是"动态定价"。其中定价权从根本上说是酒店的，但在互联网出现后，目前有三种定价模式：一是酒店自己保留定价权；二是OTA在线旅游平台掌握部分定价权；三是旅游公司等代理商自行定价。

"我们以OTA平台为例，OTA的后台，对合作酒店是直接开放的，他们可以自行修改定价，平台不参与，这是一种情况。还有一种情况，是酒店与平台之间有协议，平台根据酒店

第六章 酒店定价策略

提供给他们的底价再去定价。"祖长生说。

因为酒店基本都是预付制,因此在预付制上,又有两种模式,一是底价制,比如酒店以1000元的底价将房间提供给平台分销,平台根据市场竞争、收益管理进行定价,可以卖1100元,也可以卖1200元,酒店就不再参与。目前很多代理商都是这样的模式。而如果区域位置不太好的酒店或在需求淡季,代理商可能会以很低的价格打包拿走一批酒店的房间,通过自行定价出售来赚取差价。二是佣金制,不管酒店定价多少钱,平台只从中抽佣金。目前,很多的OTA平台会采用这种模式。

祖长生说,看似都是平台,但不同平台之间能拿到的酒店价格也不同,"由于酒店和不同的OTA平台合作的深度不同,那么给他们的价格待遇就不同。比如在A平台上,可以给这家酒店更高的排名、曝光率和流量,但条件是我的卖价要低于其他平台,那么,酒店在B平台就不能再以这样的低价出售了"。

而"动态定价"则是说,酒店的价格并不固定,酒店和平台会根据库存、需求等因素,及时调整价格。祖长生解释称:"从收益管理角度,动态定价是符合商品经济交换规律的。需求会产生一定的溢价,当酒店产品没有变,由于需求变了,价格就会发生变化。而这个变化的时间是随时的。"他表示,比如今年五一,一些酒店的价格因为过高而被监管部门约谈,这就是因为旅游需求爆发,导致价格的变化幅度太大,超出了合理需求溢价的范畴。

——资料来源:温婧. 不同平台预订酒店为何价不同?《北京青年报》,2021-07-06,第A10版.

问题(1):结合本案例,分析酒店定价的影响因素有哪些,影响强度如何。

问题(2):本案例中的三亚半山半岛洲际酒店采用了哪种定价方法?请说明判断的依据。

第七章 酒店促销策略

【引导案例】

  面对三亚·亚特兰蒂斯推出的3天2晚海景房4188元起一价全包（包括住宿、餐饮、游玩、旅拍等）产品，游客叶女士很心动。"按照平时的价格，套餐包含的项目费用至少要6000元以上，趁现在这波营销'囤货'十分优惠，并且有效期到明年12月。"叶女士说。

  10月底开始，围绕"双十一"的促销活动愈发热烈。在三亚，各星级酒店的促销热潮正在"兴头上"，多样折扣活动及优惠信息刷屏微信、微博、小红书、抖音等社交平台，掀起一波酒店促销热潮。

  三亚海棠湾民生威斯汀酒店市场传讯总监告诉记者，11月2日至4日酒店开启了"双十一"第一波促销活动，人均448元就可享受在酒店"吃喝玩乐住行"全包服务。"市场反响不错，销售额约50万元，我们打算在11月11日中午再进行一次返场直播促销活动。"孙欧说。

  记者注意到，今年"双十一"三亚各星级酒店推出的产品种类不局限于住宿产品，还涉及吃、玩、娱、拍等多个方面，并将这些内容进行整合营销，推出多样式的"一价全包"产品，满足游客日益变化的度假需求。例如，三亚湾假日度假酒店推出了2晚至4晚亲子家庭套餐服务，包含了住宿、餐饮、亲子活动、旅拍等内容，价格669元起。

  叶女士表示，受疫情影响，出境游暂未开放，今年冬天只能在国内旅游，三亚是首选旅游目的地，因此更加留意这里价格便宜、性价比高的酒店。"目前来看，三亚许多酒店都推出折扣产品，大多数在5折到7折，想抓住此次营销购买几家酒店产品套餐。"

  当下，直播带货方式流行，不少酒店也开始尝试以这种方式促销产品。为抢占"双十一"市场，11月来，三亚海棠湾仁恒皇冠假日度假酒店开启"BOSS直播"活动，邀请酒店管理层人员做客直播间介绍酒店产品特色及优惠信息，拉近与消费者的距离，进而带动消费。

  据了解，2020年"双十一"，三亚市旅游推广局与线上旅行平台飞猪开展合作，定制了三亚旅游产品专场活动页面，并推出"双十一"爆款好货清单，通过各类型媒体向广大网友推荐。

  "随着'双十一'购物狂欢节的热度持续提升，我们还将继续用线上直播、线下探店等方式，为网友推荐更好更优惠的旅游产品。"三亚市旅游推广局有关负责人介绍。据了解，2020年"双十一"，三亚酒店等旅游产品广受网友热捧，据不完全统计，截至2020年11月5日，三亚的"双十一"旅游产品销量已超2019年同期。

——资料来源：李艳玫. 鹿城酒店掀起促销热潮.《海南日报》，2020-11-06，第A04版.

  沟通是酒店业的生命线。酒店要占领各种市场，就要传播有关酒店的有利信息，使客人经常不断地获得信息，从而促使客人更多地购买酒店产品。

第一节 人员推销策略

一、人员推销的特点

人员推销是指推销人员通过面对面洽谈业务,直接向客人提供信息,劝说客户购买酒店产品和服务的全过程,即酒店销售人员说服客户购买自己酒店产品的过程。人员推销的任务主要是寻找客户、传递信息、销售产品、提供服务。人员推销有以下特点:

(一)针对性强

通过推销人员与客户的直接接触,将目标客人从消费者中分离出来,能可靠地发掘推销对象,把推销努力集中于目标客人身上,避免了许多无效劳动。

(二)灵活性强

推销人员在接近客人前后,以及在推销过程中,根据特定对象的态度和特点,可随时调整自己的推销策略与技巧,充分发挥推销者的主观能动性,保证推销效率。

(三)双向沟通

销售人员在与客人的直接接触中,一方面能将酒店和产品的有关信息及时、准确地传递给客人,另一方面又可以听取到客人的意见和要求,并迅速反馈给酒店,以指导酒店经营,使产品更符合消费者的需要。

(四)消费指导

人员推销可以给消费者提供现场的消费指导。

(五)亲和力强

人员推销通过面对面的人际交往,易于与客人联络感情,建立友谊,争取长期买主。

人员推销的缺点主要表现为支出较大,成本较高。对推销人员的要求较高,人员推销的效果直接取决于推销人员素质的高低。

二、人员推销成功的基础

(一)充分了解酒店的产品和服务

除非销售人员对酒店的产品和服务熟悉到无须查对有关资料便能详细道来的程度,否则就不能算是完全了解。假如正在向某旅行社推销团体业务,销售人员必须能很快说出酒店的各类房型、房价、各种服务设施、各种会议厅(室)的面积、厅(室)内的布局、容纳人数,以及各种音像设备的性能等方面的情况。

另外,销售人员要掌握有关酒店的知识,必须掌握酒店的发展目标、策略和政策,掌握有关产品的知识,了解所要出售的产品;掌握有关市场和产业的知识,熟悉旅游业和酒店业的业务;掌握有关竞争对手的知识,即销售人员必须了解竞争对手的状况,这样才能在酒店之间和产品之间作出比较。

(二)充分了解客户的需要

如果销售人员对客户的需要有充分的了解,也就完成了推销前的准备工作。比如,一家公司要到酒店开一个会议,那么要了解客户的公司是干什么的,谈判对象是谁,他通常召集哪类会议,以及他召开的会议通常花多少钱等。另外,需要理解你的客户,在推销会议设施过程中,某些时候销售人员应当说这样的话:我们知道你们想要开一个成功的会议,你们的成功就是我们的成功,我们的利益是一致的。

(三) 充分了解自己的销售形象

要通过销售人员的装束、言谈、举止等方面的表现,向客户传递销售人员的销售形象。如果销售人员的形象不符合客户预想,就需要调整。销售人员可能非常了解酒店产品和客户,但推销工作仍然可能会失败,因为有可能销售人员没有意识到给别人造成的印象不好,或者销售人员没能调整自己的形象去适应客户的预想。

三、酒店人员推销的一般过程

(一) 酒店派员推销

酒店派员推销是指酒店派销售人员在酒店的营业场所之外进行推销活动,其主要形式是派推销人员上门拜访客人,推销酒店产品。

1. 酒店派员推销的类型

酒店在经营过程中,会产生各种访问需要。不同的需要,具有不同的推销目的,应采取不同的推销方法,推销内容也有所不同。酒店派员销售访问有如下类别:

(1) 一般性销售访问

这类访问的主要目标是突出酒店形象。推销人员应着重介绍酒店产品和服务质量,使客人愿意购买酒店产品。这类访问常常辅以广告等其他推销活动,以加深客户对酒店的印象。销售人员在做一般性访问时要设法与客户交朋友,建立经常性联系,以提高酒店销售额。

(2) 特殊任务销售访问

销售人员进行特殊任务推销访问,具有特殊的目的。

一是向客户直接销售产品和服务,让客户直接预订酒店产品。例如,客户来电预订宴会,酒店派销售人员直接与客户洽谈宴会事宜,签订宴会合同。

二是销售人员拜访中间商。例如,国内外旅行社、会议组织、奖励公司、航空公司等。与中间商洽谈预订客房、会议厅的数量,洽谈房价,签订合同,中间商再把产品销售给客人。

三是拜访推销代理机构。例如,饭店协会、旅游展览会等,将酒店的宣传材料送去,希望这些机构把酒店的宣传资料放在显眼的位置,帮助推销酒店产品。

(3) 技术性销售访问

技术性销售访问是向客人提供技术上的指导。比如销售人员拜访会议组织者,给予他们技术和程序方面的指导,提供会议所需设施设备、会议室布局等信息。同时销售人员要了解会议组织单位的需求,帮助他们解决困难。这种访问能使客人信任酒店,增加重复购买酒店产品的机会。

(4) 开发新客户销售访问

这类销售访问的目的是获得新客户。特别是在酒店开发新产品阶段,开发新客户要求更为有经验的销售人员承担,他们要善于洞察客人的需求,采取灵活的推销手段开发潜在客人。

2. 酒店派员推销过程

(1) 寻找潜在客人

推销过程的第一步是寻找潜在客人。推销人员必须利用各种渠道和方法为所推销的产品和服务寻找客户。推销人员不仅应当抓住老客户,还应不断寻找新客户。推销人员可通过以下方法获得推销线索:请客人介绍;请供应商、中间商非竞争对手的推销人员、饭店协会等介绍;通过报刊、工商目录等资料了解潜在的客户;在各种社交活动中了解客户;通过电话和信函了解潜在客户。推销人员还要了解潜在客户的需求、支付能力和购买能力,即对客户进行资格评定,筛选出目标客户集中精力推销,提高成交比例和推销工作效率。

(2) 计划准备

推销人员在推销之前,必须进行充分的准备,包括尽可能了解客户的需求、拟定推销时间、预测推销中可能出现的一切问题、准备好各种推销资料等,采用电话、电子邮件和社交媒体等形式约见准客户,并确定访问事由、时间和地点等内容。

(3) 推销洽谈

这一阶段是推销过程的核心。一般来说,推销洽谈需要推销人员利用各种推销技巧,向客人传递本酒店产品信息,激发客人的购买欲望。善于找出酒店对客户最有吸引力的优点是销售中必须发展的技巧。

(4) 处理客户异议

在推销洽谈过程中,客户会提出各种购买异议,如价格异议、购买时间异议和产品异议等,销售人员应针对不同类型的客户异议,采取不同的策略、方法和技巧,有效地加以处理与转化,促使成交。

(5) 成　交

成交是整个推销工作的最终目标。一个优秀的推销人员,要密切注意成交信号,把握成交机会,帮助客户做出最终选择,还可以提供适当的优惠条件,促成交易,并完成成交手续。

(6) 售后服务

如果推销人员想要确保客人再次购买酒店产品,就要搞好售后服务,与客户发展长期的友好关系,确保客户满意。

(二) 客户来店洽谈业务

客户来店洽谈业务是在酒店内部实施推销的方式。凡是亲自来酒店参观的客户,往往就是要去购买酒店产品和服务的人,至少是对酒店感兴趣的人。如果酒店的销售人员能够做好对他们的接待工作,就可能以较小的促销成本带来较大的生意。所以,这类客户来酒店参观时,酒店的销售人员应做好以下工作:

1. 使客户感觉到他们是真正受到了欢迎

酒店的销售人员要以热情、友好的态度接待这些客人,并向酒店所有参与接待的员工介绍客户的姓名和所属单位。

2. 让客户参观他们将使用的酒店设施设备

销售人员应带领客户参观整个酒店。如果有必要的话,还可以让他们享受酒店的某些技术服务和项目,销售人员要记住自己代表着酒店及酒店所提供的一切,以自豪的心态、热情的态度来承担起这一责任。

3. 设法要求客户订房

酒店的销售人员应尽量抽出时间与到店客户相处,借此来与客户沟通,并不失时机地向客户提出或暗示订房。一般来说,酒店销售人员可以掌握一些折扣和优惠限度,并以此来促使这些客户许下承诺,购买酒店的产品。

4. 对客户的咨询表示感谢

当客户下订单时,感谢他们带来生意并表现出诚意。如果客户不下订单,要让客户知道即使他不买,酒店也对他的咨询表示感谢。最后要做全面检查以确保所有该为客户做的事都已做到。

(三) 电话推销

电话推销主要包括酒店销售人员主动打电话给客户;酒店销售人员接到客户电话,进行推销。电话推销虽然不能像直接派员推销那样与客户面对面交谈,但是,与派员推销相比,电话推销费时少、费用低,因此,推销人员应充分利用电话推销这一方法。电话推销中的要诀有:

① 清楚地介绍自己,并询问接听电话者的身份。

② 清楚地说出电话的目的或是询问对方来电的目的。

③ 认真聆听,做好记录,并迅速地给予正确的、清楚的答复。

④ 同人员推销中的情况一样,应充分了解你的产品和服务。对于客户问及的问题,你不能迟疑或回答"等我查完了这方面情况后再告诉你"。

⑤ 确保你的推销形象是行家和正面的形象,因为你说话的语气和打电话的风格既可能光大你的推销形象,也可能损害你的推销形象,从而影响整个酒店的形象。

⑥ 主动给客户一些建议,最好是有多种选择余地,并礼貌地要求客户进行预订。

⑦ 争取得到客户的明确答复,并向对方致谢、再见。

⑧ 推销员应继续保持与客户之间的联系,使暂定类预订客户变成确定类预订客户,并确保客户的各种需求能在本酒店得到最大满足。

总之,酒店电话推销的最大作用是可以给酒店的促销带来一个良好的开端。通过电话推销,酒店推销人员不仅可以获得客户的预订,还可以获得关于市场行情变化的信息、客户改变原定计划的信息,甚至可以安排一次与客户的约见。酒店的电话推销可以寻找、追踪和说服客户购买酒店产品,得到他们的许诺,直至让他们来酒店进行预订。所以,酒店要高度重视电话推销。

四、酒店使用的销售工具

(一) 酒店推销性宣传册

宣传册中包括酒店简介(各种服务设施、服务项目、会议厅的布局和容纳能力)、酒店的多种图片、服务指南、酒店所在地交通服务指南、联系方式和通信地址、受理联络事宜的销售人员姓名等。酒店宣传册应该设计新颖,具有吸引力,内容齐全,起到促销酒店产品和服务的作用。

(二) 文化活动和娱乐场所指南

这种指南应包括各类商店、娱乐活动项目、附近的旅游景点等内容。告诉客户本酒店有哪些文化娱乐场所,还告诉他们附近有哪些文化娱乐场所,这样有助于尽可能扩大市场。

(三)酒店预订客户意向确认函

客户意向确认函一般由酒店营销总监或销售部经理答复,内容应包括预订日期、抵离时间、明确的房价、准备预留房间的数目和类型及其他注意事项。这一函件很重要,因为它是同客户签订最终合同的基础。介绍本酒店及其各种服务设施的宣传册可随该函一并寄出。酒店预订客户意向确认函参见表7-1。

表7-1 酒店预订客户意向确认函样例

```
20__年10月11日
密执安保险公司副营销总监
菲尔·杰克逊先生

亲爱的菲尔:
    昨天我很高兴在电话中同您谈及我们花园大酒店承接贵公司于2010年2月会议的可能性。
    我们将在2010年2月4日至2月7日,按您的要求提供120间客房。
    此次会议用房的房价如下:
    单人房      $95.00          双人间        $105.00
    普通套房    $125.00         公园视野套房  $150.00
    天空视野套房 $175.00
    我对贵公司此次会议要求的理解是:2月4日你们需要在酒店举办120人规模的招待宴会;2月5日至2月7日三天,你们需要容纳120人的会议厅,使用时间为上午8:00至下午3:00。房费、消费税和杂费都直接计入团体客人总账。菲尔先生,我们希望能在2010年1月6日前收到您的具体时间安排。
    随信附上本酒店现有会议设施和其他服务设施的宣传册。我们将尽力使你们的会议举办成功。
    菲尔先生,先将本函的复印件一并寄上,希望您确认后签署并寄回。
    再一次感谢您打电话给我。我们期待能与贵公司进一步合作。

                                                保罗·J·温斯洛
                                                  营销部主任

确认人(签字)
_____
日期
_____
```

——资料来源:Ronald A. Nykiel. 酒店与旅游服务业市场营销. 李天元,译. 北京:中国旅游出版社,2002:81-82.

(四)VIP客户预订要求登记表

酒店VIP客户是指对酒店客源、酒店形象等具有积极作用的个人或团体。酒店要用特殊方式接待他们并提供特殊的服务。VIP客户预订表样表见表7-2。

表7-2 VIP客人预订要求登记样表

```
姓名:_____          到店日期:_____
职务:_____          抵达时间:_____
单位:_____          离店日期:_____
地址:_____          离店时间:_____
电话:_____          同行人数:_____
```

续表 7-2

```
来访目的：个人目的
        公务考察
        其他（说明）_____
住宿要求：单人间          特套
        双人间          总统套
        普套            简易套间
房价说明：免费
        特价（说明）
        结账方式
特别要求：特种饮料、酒类      新鲜水果
        香槟              其他（说明）
提出要求者：_____    日期：_____
批准人：_____      日期：_____
```

——资料来源：Ronald A. Nykiel. 酒店与旅游服务业市场营销. 李天元，译. 北京：中国旅游出版社，2002：80.

（五）销售检查表

销售检查表是一种工作文件，应使用订书机钉于有关档案客户的卷首，它包括：销售人员姓名及日期、确认函发出日期、会议举办日期、商定的价格、确认的房价、住房要求及签订的合同、预订答复卡、费用支付程序、付款指示、客房特殊要求、餐饮指示、到达次数、航班及重要客人名单等方面的研究数据、特殊说明。销售检查表样表见表 7-3。

表 7-3　销售检查表样表

```
销售经办人_____        日期_____
发出确认函_____        日期_____
重点日期：确认否？是_____ 否_____ 如果已确认，时间_____ 经手人_____
如未确认，有何提议_____      联系人_____
是否已纳入团体客人登记簿_____ 是_____ 否
用房资料：_____ 发到总台的确认函
         _____ 发到总台的用房类型、数量及特殊要求
         _____ 所有各类用房的具体房价已送交前台和会计处
         _____ 特殊客房服务程序，如 VIP 客人等
         _____ 是否涉及免费客房____ 数量、位置
         _____ 最后确认日期_____ 经手人_____
         _____ 是否最后记入团体客人登记簿
         _____ 预订卡_____ 是否要求回复
结账形式要求：_____ 个人
            _____ 团体客人账户、账号
            _____ 其他（具体说明）
餐　饮：_____ 计划单已得到客户确认
        确认日期_____ 副本寄出_____
        _____ 每人或每餐价格已确认
        _____ 饮料和酒类等其他特殊安排
```

续表 7-3

```
展览要求：_____有_____无（如有，记下日期安排）
         _____价格  展品运入_____  运出_____
         特殊需要清单_____
重点信息：_____是否已记录抵达时间/航班号
         _____是否已记录离开时间/航班号
         _____是否需要车辆接送
特别说明：_____有无特殊人员要求，即残疾人、孩童等，具体说明_____
         _____预期会出现的问题（如果有，提出问题）以及何人负责预先解决_____
```

（六）酒店会议预订表

该表是为了对正式预订的会议做一个永久的记录。该表的编号与客户单位的档案编号一致。表中应包括：销售人员姓名；预订团体的名称和地址；主要联系人的姓名、职位、地址和电话号码；计划与会人数；担保客房数；计划入住日期、计划离店日期；保留客房的截止日期；最后决定日期；单人房和双人房价格；套房价格；结账支付方式；免费客房情况；必要的特别说明等。会议正式预订样表见表 7-4。

表 7-4　会议正式预订样表

```
编  号_____      销售人员姓名_____
确定日期_____    批  准  人_____
预订团体名称和地址_____
主要联系人姓名、职位、地址及电话号码_____
主要情况：会议人数_____
         订房数_____
         计划入住日期_____  时间_____
         计划离店日期_____  时间_____
保留房间至_____  联系人_____
商定房价：单人房_____        双人房_____
         普通套房_____       套  房_____
结账方式：个人_____  团体客人账户_____
有无特殊要求_____  具体说明_____
预订手续：销售办公室列入登记_____  其他_____
免费用房：档案编号_____  姓名_____  批准人_____
```

星期日　星期一　星期二　星期三　星期四　星期五　星期六	经理签名
	房间需求/日期
入住　　　离店	

（七）合同报告单

合同报告单概括性地记录了合同的主要内容，它能帮助销售经理在签订销售合同时避免错误。合同报告单样单见表 7-5。

表 7-5 合同报告单样单

```
日    期_____组织_____
主要合同_____
职    务_____
地    址_____
电    话_____
会议及评论_____
    日    期_____
    日    期_____
    日    期_____
应采取的措施_____    禁忌事项_____
            _____                _____
```

(八) 集会时间表或工作计划表

集会时间表或工作计划表是整个酒店开展有关工作的依据,见表 7-6。

表 7-6 集会时间表或工作计划表样表

```
活动团体名称_____
主要联系人_____
电话号码_____
▲上述人员是否有权签单_____
▲团体客人账户/账号_____
▲个人账户/要求_____
活动名称_____
房间分配_____
音响设备需要_____
特殊要求_____
会议厅免费□
会议厅收费□    如果收费,说明协议_____
```

日 期	时 间	集会活动	说明(所有具体细节)	负责人

(九) 付费程序说明

清楚准确的付费说明能避免客户在付费时产生不一致意见,它不但能使客户满意,而且还能使客户快速支付费用而不拖欠。

(十) 感谢信

由实际受理预订并经办该项业务的销售人员以私人信件形式发信致谢。该销售人员也可以再打电话给客户表示感谢。

第二节 广告策略

一、酒店广告的含义与作用

酒店广告是指酒店通过各种媒体,以付费的方式向现有和潜在的消费者传播有关酒店产品或服务的信息,促进酒店销售的非人员形式的促销。酒店广告具有以下作用:

(一)介绍产品,指导消费

酒店通过实事求是的广告宣传,能增进消费者对有关产品的内容、优点、用途及使用方法等多种信息的了解,协助消费者通过所接受的信息,去选择适合自己需要的产品并产生购买欲望,采取购买行为。

(二)扩大销售,促进生产

广告能激起人们的购买欲望,使现实消费者和潜在的消费者对广告宣传的产品产生兴趣,促使他们决定购买。

(三)树立形象,有利竞争

通过精心设计的广告,宣传酒店的产品、酒店的价值观与企业文化,能使酒店形象深入到消费者心中,有利于提高酒店及其产品的社会知名度,保持酒店在市场竞争中的优势地位。

二、酒店广告设计的原则

(一)真实性

广告内容必须实事求是,不夸大其词。不诚实的广告是不能取得公众信任的。只有以对消费者负责的态度如实地传递产品信息,才能指导消费,促进销售。言过其实、弄虚作假的广告不仅会严重损害企业的声誉,也是国家有关法规不允许的。

(二)针对性

广告宣传必须目标明确,有的放矢,在设计广告作品和它的风格时应针对消费者的偏好和习惯分别采取不同的宣传内容和方式,不可千篇一律地开展对外宣传,只有经过对消费者的深入调查研究,针对不同对象进行不同内容的广告宣传,才会收到预期的效果。

(三)思想性

广告是一种信息传递。它是通过各种媒体以不同形式将产品有关知识与思想内容融为一体,因此必然会潜移默化地影响社会文化和社会风气。所以,广告必须符合社会文化和思想道德的客观要求,其主题、思想、语言文字、音乐、图像应达到良好的社会效果,杜绝暴力、色情、颓废、诽谤等不良内容。

(四)简练性

广告宣传不同于产品说明,要语言、文字、标题精炼,使消费者容易接受并能产生明确的印象。消费者接触广告信息具有很大的随意性,短时间内能够有效接收的信息又是有限的,因此,广告设计要注意简明性。

(五) 艺术性

艺术性可以大大提高广告对受众的吸引力,放大广告效果,这就要求广告设计要构思新颖,语言生动,色彩协调,形式不断创新。

【小链接 7-1】

店长推荐、热销、抢购……日常生活中,不少商家都会在店内用上"推荐型"的字词作为宣传词。但这些看上去能让广告宣传更加权威、更有可信度的字样,一旦用上则有可能违法。近日,我市查处了多起涉及"推荐"字样的广告宣传违法行为。

"这家酒店很可能利用CCTV做宣传,欺骗消费者,希望你们能核查一下。"近日,黄岩区市场监督管理局接到群众举报,一家打着"专注海鲜22年,CCTV推荐品牌"的酒店疑似通过虚假宣传,吸引消费者。

黄岩区市场监督管理局工作人员到达该酒店后发现,"专注海鲜22年,CCTV推荐品牌"的宣传语随处可见,告示牌、包厢内的桌贴、餐巾纸外包装上都印有这些字样。这些随处可见的广告语,是否与真实情况相符?

经过调查,这句响亮的广告语,一半是真一半是假。"这家店的老板跟海鲜打了22年交道了,这家店跟CCTV也有交集。"执法人员介绍,去年,CCTV2美食栏目来该店进行过拍摄、采访,从视频素材看,该视频确实是在该店拍摄取景的,然而整个报道都在介绍海鲜美食,全过程未曾提及过酒店的名称,也未曾拍摄到酒店的招牌、标志等任何酒店信息,并没有直接对该酒店进行推荐。

该执法人员认为,"推荐"是指把好的事物向别人介绍,就CCTV2拍摄的视频报道来看,其推荐的是海鲜美食,而不是这家酒店。该酒店发布不真实的广告,想借央视知名度吸引消费者,其行为违反了相关法律规定,目前,该案件由黄岩区市场监督管理局立案调查。

——资料来源:陈佳杰.广告宣传,"推荐"一词不能乱用.《台州晚报》,2021-02-24,第01版.

三、酒店广告决策

(一) 确立广告目标

广告目标是在特定时期内对特定的广告对象所要完成的特定的沟通任务和所要达到的沟通程度。广告目标必须服从有关目标市场、市场定位和营销组合各项既定决策,广告目标的设定应该非常明确具体。

如果把广告要解决的问题作为广告的目标,广告目标可以分为提供信息、说服购买和提醒使用三种。

1) 通知性广告主要用于酒店产品的市场开拓阶段,目标是建立初步的市场需求,即通知消费者某产品和服务已经上市,并告诉他们如何购买。

2) 说服性广告常用于酒店产品竞争趋于激烈的阶段,目标是影响消费者心理,为品牌培植选择性需求,即劝导消费者,使其相信某产品和服务优于竞争对手。

3) 提醒性广告主要在酒店产品的市场成熟期使用,目标是保持客人对其产品的注意和忠诚,使消费者一直记住该产品,促使消费者在淡季也能记住酒店。

(二) 确定广告预算

确定广告目标之后,接下来就要进行广告预算,确定广告支出。为了达到广告预算的合理化,要分析影响广告预算的各种因素。这些因素包括:产品生命周期、市场竞争状况、采取的竞争战略和产品的差异性。酒店广告费由国际和国内两部分组成。广告费不仅包括付给广告商和传播媒体的费用,还包括市场调研、广告效果评价等费用。

在实践中,酒店广告预算通常采用以下方法:

1. 量力而行法

酒店根据自己的财力决定广告预算的方法称为量力而行法。

2. 销售百分比法

酒店以特定的销售额(销售实绩或者预计的销售额)或销售单价的百分比来安排广告开支的方法,称为销售百分比法。

按照过去和本年度计划的销售额以一定的百分比进行预算。其计算公式为:

广告预算=(计划年度销售额+上年度销售额)/2×广告占销售额百分比

例如:某酒店预测年度广告预算,据资料记载及预测,计划2019年销售额为6000万元,2018年实际完成销售额5000万元,广告预算占销售额的3%,试计算2019年该企业的广告费用。

2019年度广告预算=(6000+5000)/2×3%=165万元

这种方法计算简便,把广告宣传与销售结合在一起,有助于酒店决策者考虑单位的销售价格利润和广告费用的关系。但从逻辑上讲这样做有它的不合理性。因为如果酒店销售额下降,应该加强广告宣传,促进销售;而按销售额百分比预算法,则销售下降广告宣传预算也随着下降。两者的关系应是广告宣传促进销售额,而不是销售额限定广告宣传的预算,即营销活动应刺激需求,然后引起消费。营销活动不应是销售的结果。另外,这种方法忽视了在不同地区和产品间分配预算的实际需要。

3. 竞争对等法

酒店采取比照竞争者的广告开支来决定酒店广告预算,以保持在广告宣传中处于平等或优势地位。应用这种方法进行预算,要考虑酒店的实力、信誉、产品数量与质量的差别,不宜盲目攀比。运用该方法的前提是调查主要竞争对手的广告费数额,掌握其某种商品的市场占有率,计算竞争对手单位市场占有率支出的广告费数额。

4. 目标任务法

目标任务法,即酒店在明确广告的特定目标、确定达到该目标必须完成的任务的基础上,估算完成各项任务所需费用并由各项费用之总和得出计划的广告预算的一种广告预算方法。

这种方法的优点是它能使营销管理者较好地处理市场份额、广告展露水平、试用率等与广告预算总额的关系,克服预算费用确定的盲目性。

缺点是对各位经理的职业经验要求很高,也就是他们能够比较准确判断目标、任务和费用的关系。另外,对经理人员的职业操守要求也很高。

(三) 广告信息

广告信息包括广告主题、文案和画面。

1. 广告主题

广告主题,即广告的中心思想,酒店应在众多可以反映酒店和产品特点,以及可以激发消费者购买欲望的因素中,选择出某些足以实现广告目的的因素来予以表现。

2. 广告文案

广告文案是在确定的广告目的和主题下,对如何表达广告主题的形式、语气、用词及版式等具体方面所进行的文字描述,是对广告信息的具体表现方式。

广告文案一般包括以下内容:

1) 广告标题,即出现在广告开头,用以对广告的内容加以提示并吸引消费者注目的醒目语句。

2) 广告正文,即具体表现广告内容的各种文字材料。

3) 广告口号,即对酒店或产品特征进行高度概括的标志性短语,也称广告语。

3. 画面设计

画面设计,即用图画、影像、色彩及版面布局等形象化的视觉语言来对广告的主题和内容进行形象化的表现。一个好的酒店广告画面应紧扣主题,使客人产生住店欲望。

将好的创意转换成赢得目标市场注意和兴趣的广告制作,需要考虑:方式、语调、用字、形态。典型的创意类型包括:生活片段、生活方式、梦幻的遐想、意境或形象、音乐、人格象征、专业技术、科学证据等。

(四) 广告媒体的选择

1. 广告媒体的类型和特点

广告媒体是承载广告信息,达到广告目标的一种物质手段,是传播广告信息的载体。广告媒体有多种分类方法,比如,传统媒体、印刷媒体和电子媒体等。常见的媒体如下:

(1) 报　纸

报纸的优点是传播及时,传播范围广,覆盖率高,读者面宽而且稳定,版面伸缩余地大等。但是报纸也存在着时效短、注目率低(庞杂的内容易分散读者注意力)和表现能力有限等缺点。如果广告中不包含新闻和优惠,酒店广告可能并不适于刊登在报纸上。但斯托福酒店独辟蹊径,恰当选择报纸媒体造就了自己的品牌知名度。在20世纪80年代后半期,斯托福酒店公司成为"商务旅行社天气预报"专栏的赞助人。该专栏刊登于两家大报,一家是《华尔街日报》,一家是《今日美国》。此外,斯托福酒店公司还赞助了美国有线电视广播网 CNN 及一些地方电视台新闻节目中的"商务旅行社天气预报"栏目。由于斯托福这一名称同旅行社每天都关心的天气预报联结到了一起,该酒店的知名度因此得以大幅度提高。

(2) 杂　志

杂志的优点是读者群稳定,针对性较强,一般有相当固定的读者群,时效较长,有辗转传播的作用。此外,制作精美、具有欣赏性。缺点是注目率较低、传播范围较小、时效性差和灵活性较差。一些高档杂志为酒店提供了一个权威性的环境。

(3) 电　视

电视的优点是覆盖面广,收视率高,能综合利用各种艺术形式,表现力丰富,形象生动,感染力强。缺点是费用昂贵、时效较短。由于电视广告费用较高,它通常不为酒店业所青睐。

(4) 广　播

广播的优点是迅速及时,听众广泛,收听率高,制作简便,费用较低廉。缺点是时效短,传递的信息量有限,遗忘率高。酒店应选择那些已经占领了符合酒店沟通目标的市场的电台,广告最好在其大部分听众都属于酒店目标市场的节目段中播放。

(5) 互联网

随着互联网技术的快速发展和网络多媒体技术的普遍应用,因特网已成为当今非常重要的广告媒体。网络广告实现了信息在全球范围内的无障碍流动,提供了即时的大范围的互动平台。网络广告虽然不受地域限制,但其受众分散,在特定时间、特定地区内受众接触广告的密度和强度都还远不及电视、广播等传统媒体。

(6) 户外广告媒体

凡是能在露天或公共场合通过广告表现形式与消费者进行沟通,能达到推销产品的物质都可称为户外广告媒体。户外广告可分为平面和立体两大部类。户外广告媒体对地区和消费者选择性很强,比较容易因精美的设计和多彩的变化给人留下深刻印象。户外广告可以有多种表现形式,费用相对较低。但是覆盖面小,并存在着效果难以测评的缺点。

(7) 新媒体

所谓新媒体是相对于传统媒体而言的,是建立在数字化技术平台上的,具有多种传播形式与内容形态的,并且可以不断更新的全新媒体介质,因此,新媒体是一个不断变化的概念。现阶段,新媒体广告投放的形式很多。比如,移动新媒体,以移动电视、车载电视、地铁电视等为主要形式。

2. 广告媒体的选择

由于不同的广告媒体有不同的特点,因此酒店在选择广告媒体时需考虑以下因素:

1) 产品特点。不同性质的产品应选择不同的广告媒体做宣传。广告媒体只有适合产品的性质,才能取得较好的广告效果。例如,酒店在那些主要分发给酒店和旅游业等相关行业的期刊上登广告可以起到很好的作用。

2) 消费者选择媒体的习惯。要考虑广告信息传播的目标受众的媒体消费习惯。

3) 媒体费用。不同媒体的广告成本不同,酒店应根据产品的特点、目标受众的特点计算达到一定广告效果在不同媒体上的成本。

(五) 广告效果的测定

评价广告效果的标准有两个:一是产品销售效果;二是信息沟通传递效果。产品销售效果是指广告发出后一定时间内销售额的变动与广告费的比例。信息沟通传递效果是指广告的收听、收看人数对商品信息的注意、兴趣、理解及目标客人对广告的印象。

1. 销售效果的测试

一般来说,广告的销售效果由于受到其他因素的影响(如价格),变得很难测定。这里介绍两种不同的评价观点。

第一,即效性效果。广告效果的好坏以销售额、市场占有率和消费者对企业及其产品的了解程度的增加来确定,即重视速效性效果。

第二,迟效性效果。衡量广告效果不以销售情况的好坏作为直接评价的依据,而是以广告的收听率,产品及企业的知名度、记忆度来衡量广告的效果,即重视间接效果。

广告效果的好坏,最终要反映在产品的销售上,看它能否促进销售和开拓新市场。因此,对广告效果的评价应由对销售额的影响程度和对消费者的沟通程度两方面来评价。

2. 沟通效果的测定

沟通效果的测定主要有以下三种方式:

第一,事前测定,也称预测,主要方法有直接评分和组合测试法。直接评分由消费者小组或广告专家小组观看广告后一起对广告的吸引力、感受、记忆性和接受性进行评价,此法有助于筛选不良广告。组合测试方法是请消费者看一组广告,然后加以自由回忆,主要测试广告的突出点和易懂易记处。

第二,事后测试,也称回忆测试。要求接触过某新媒体广告的人,回忆最近一次广告中所展露的广告产品,以表明广告为人注意和容易记忆的程度。

第三,实验测定法。请自愿接受实验测定的人员观看广告或收听广告,然后对比观看或收听广告前后测定的血压、心跳、瞳孔变化等,借以评价广告对消费者的影响程度。

第三节　公共关系策略

公共关系是酒店运用双向的传播沟通手段来影响消费者等公众,协调组织内外各种关系,营造良好的组织生存与发展环境的管理活动。

公共关系是20世纪80年代初传入中国大陆的,最早落脚于旅游酒店。由于公共关系在完善组织结构、形成凝聚力、增进各方协调、促进组织目标实现等方面发挥了重要作用,加之它通过调查研究、挖掘公众需求、运用传播沟通来影响公众的态度与行为,并建立融洽协调的相互关系,从而使酒店获得很多市场机会,使酒店在获得良好的社会声誉、提高社会效益的同时也大大提高了经济效益。因此,在酒店,公共关系与营销自然形成了密切关系,在进行市场营销时常常将公关作为一个重要策略。

【小链接7-2】

对于酒店的公关部门来说,2019年并不好过。有的酒店因客房隐藏摄像头多次被媒体点名,有的酒店依然深陷在"卫生门"的泥潭中,有的酒店因诺如病毒集中暴发而引发客人对酒店食品安全的质疑……这些涉及人身安全、食品安全、服务质量管理的事件无不让酒店品牌在消费者心目中的美誉度处于岌岌可危的境地。处理不当的危机应对会给酒店帮倒忙,特别是"甲方思维"的生硬处理方式,常会引起消费者更大的反感。

与此同时,互联网主导下的传播环境发生了深刻的变化。传统媒体时代,危机传播呈线状和树状,企业可以知道明确的攻击源,有可能在了解事实的基础上主动传播、引导,甚至控制。但是新媒体时代的生态完全不同,企业在事后无法分辨出坏消息传播的具体路径,但传播源病毒式扩散让控制几无可能。

酒店如何直面这样的新形势?在上海申迪文化发展研究院副理事长金涛看来,舆情管理和危机应对是酒店行业最需要提升的管理环节之一。

著名的新闻学家格鲁尼格说:"公共关系部门的日常工作中一项重要的内容是舆情监测,要关注外界的趋势变化和大众对组织的态度等足以在未来影响组织的各项不利因素,然后进行仔细的分类和分析。"

当危机真正来临的时候,事先设立的由酒店主要部门负责人组成的危机管理小组和危机管理中心将极大地提升企业成功管理意外问题或危机的能力。对于信息发布的总体原则,在传媒界大家形成了一个共识,即第一时间、滚动发布、坦诚低调、口径一致、快报事实、慎报原因。"当然,现今媒体环境非常复杂,原因如果不早报的话,也会给一些人杜撰原因的机会,这需要酒店在实践中灵活掌握。"金涛说。

危机的基本处置原则有3个关键词：统一的沟通机制、快速的反应机制、有尺度的发布基调。"对于服务业企业而言，突发事件中，声明的主要功能就是表明态度、立场和观点。"金涛说，回应大众关切，解释外界质疑，澄清不实谣言，表明负责态度，宣布补救措施。声明要做好的就是这5个方面的表达，信息准确，简明扼要，不超过500字。危机时刻的声明，态度要比事实重要，文字要软性，要体现真诚和谦卑。不要有对消费者提要求的表述，不要作自我溢美之词，不要做任何容易引发歧义的表述。

危机时刻往往考验企业是否有清晰的媒体战略。"当问题发生，谣言的传播速度跑得比真相快时，快速表明一个负责任的态度，争取谅解和信任，恐怕是企业在任何时候都应该采取的一个策略。"金涛提醒道，不要在网上第一时间跟大家讲道理，首先要表明负责任的态度，争取谅解和信任，然后迅速和公众建立一个真诚沟通，接下来，如果是事实类的负面新闻，企业自己要牢牢掌握话语权，如果是观点类的负面新闻，企业可以巧妙地通过第三方来进行辟谣。然后，企业要快速对媒体做出回应，同时认真解决问题，使危机得以化解。

——资料来源：王玮. 酒店如何提升舆情管理和危机应对能力. 《中国旅游报》, 2019 - 12 - 19, 第05版.

一、公共关系的目标

随着酒店行业市场竞争的日趋激烈，人们通过分析总结自身和竞争对手在竞争中的优劣得失，不断地发现和找寻着能够赢得市场竞争的制胜武器，使得竞争手段发生了很大变化，从生产力的竞争发展到行销力的竞争，现在已上升到形象力的竞争，而在酒店运用公共关系策略，所追求的目标正是塑造良好的组织形象。

组织形象是与这个组织相关的公众对它综合认识后形成的印象和评价。良好的组织形象是重要的无形资产，被人们称为"经济原子弹"，对于酒店而言具有重要作用。

第一，良好且具特色的形象的树立，可使酒店在众多的同行业竞争者中独树一帜，容易引起公众的注意、兴趣和好感，因此能招徕更多的客人，促进产品销售，扩大市场占有率。当客人享受到了酒店提供的优质产品和上乘服务后，他们不仅会成为这个酒店的稳定消费群体，而且还会成为该酒店的义务宣传员，使消费群体不断扩大。

第二，良好的形象可使酒店在需要时较容易获得资金、较好的投资条件和其他支持。政府乐意为其提供优惠政策和财政支持，银行乐意给它提供贷款，股东愿意购买其股票，保险公司乐意为其作保。不仅如此，酒店还将拥有稳定、通畅的供应和销售渠道。无疑，这些将成为推动酒店发展的巨大经济力量。

第三，酒店的良好形象对内能增强凝聚力，对外能吸引人才。员工会因自己在拥有良好形象的组织内工作而感到骄傲和自豪，因而具有较高的工作积极性和满意度，对酒店的热爱会使他们更加敬业乐业，进取创新，因而使组织形象更好，而这又为酒店增添了巨大的吸引力，使得优秀人才慕名而来，员工队伍的整体素质会进一步提高，从而增强组织竞争力。

第四，能使酒店受到社区左邻右舍的拥护与爱戴。在社区内树立起良好的组织形象，表明酒店平时注意与周围的单位和居民协调关系交朋友，主动为社区做贡献。因此当组织遇到困难、出现问题时就会得到社区的帮助、支持与理解。

第五，具有良好形象的酒店，都有较高的知名度与美誉度，因而在与国际市场接轨中容易跨越国界和文化，获取国际市场上应有的位置。

第六，良好的形象还可能成为酒店跨越行业界限，涉足其他产品领域的桥梁，带动其他行业发展，从而使酒店经营获得更广阔的市场空间。

总之，在酒店营销中应用公共关系策略，就是要通过运用公共关系手段塑造和完善组织形象来强化和巩固高素质的员工队伍，吸引资金，形成稳定的产品销售渠道，密切组织与社会公众的关系，进而形成酒店强有力的竞争优势。

二、公共关系的功能

（一）为酒店进行环境监测

酒店环境同其他社会组织面临的环境一样，是一个复杂的系统，它由政治、经济、文化、科技等因素构成，由于这些因素在不断变化，因而使得组织环境动荡不安。为了能够适应这种变化，将未知数变为已知数，并据此进行正确决策，组织必须广泛、及时、准确地搜集和分析信息，这样既可以在环境发生变化时迅速应对，更可以在环境变化之前根据已掌握的变化规律与趋势，提前制定应变方案，领先竞争对手而抓住市场机会。

酒店行业的依赖性很强，干扰因素来自四面八方，为了提高自身的抗干扰能力，酒店在纷繁复杂的信息当中，除了要了解国内外政治、经济形势，文化、科技动态之外，还必须掌握以下对组织构成直接影响的信息，即政府决策信息、法律法规信息、客户对产品的需求信息、公众对组织的评价信息和竞争对手的动态信息等。

（二）站在公众立场上参与决策

公共关系在决策中所发挥的作用不仅只是搜集信息，还应站在组织内外公众的立场上，从全局的角度参与决策的全过程。虽然酒店是商业性、追求盈利的组织，但由于组织与社会存在着千丝万缕、错综复杂的关系，因而若只把目光盯在经济的角度，组织可能会因单纯追求经济效益而忽视其他，从而导致酒店与公众利益和社会的矛盾，因而得不到公众和社会认可，很难在市场上立足。因此，当酒店进行决策时，公共关系部门应帮助组织反映公众的意愿，拟订和寻找既体现经济效益又体现社会效益的方案。方案确定之后，还要向内外公众传达目标精神、解释方案要点，以获得公众对决策方案认可、理解和支持，同时收集各方面对方案的反映，观察实施效果，并将意见反馈给决策部门，以便对方案进行追踪决策，以保证目标的实现。

（三）协调酒店与各类公众的关系

任何一个社会组织的生存与发展都离不开天时、地利、人和，公共关系的运用就是在为组织创造人和环境。酒店不仅能够满足人们吃、住、娱等要求，更是满足人们的社交需求的场所，因此它更需要协调内外关系以聚集人气。组织内外关系的协调是人和环境的基础，它依赖于双向的信息沟通，既包括组织内部信息的上下互相传递，又包括组织与外部公众之间信息的内外、相互交流。

协调组织内部关系，可以增加经营管理的透明度，形成员工的主人翁责任感，提高忠诚度进而达到"内求团结"的良好的公关状态。搞好组织外部的协调，可以通过了解公众的意愿和要求投公众所好，获得公众的好感与支持，还可以得到公众的监督，扩大自身的影响力，从而达到"外求发展"的目的。

（四）开展宣传教育以形成酒店发展的适宜土壤

良好的公关状态是酒店发展的适宜土壤，但是这种状态不是自然形成的，它需要组织相关部门的长期共同努力。

在酒店内部要不断宣传组织使命和目标，向员工渗透企业文化，开展全员公关教育，使员工意识到他们的言谈举止都代表着组织，都在接受着公众的评判，从而增强公关意识，珍惜组织的良好声誉，用实际行动感染和教育周围公众。

在酒店的外部要充分运用各种形式的传播沟通工具，对外部公众进行宣传教育引导工作，比如，利用免费的消费培训和售前服务等机会，超前地向公众灌输某种消费意识和消费方式；通过提供准确的投资分析和投资服务，引导投资；通过坦陈事实、权衡利弊，说服政府主管部门实施某项有利的政策或者修改某项不利的政策；通过主动赞助社会的文化、体育、教育、科研事业形成良好的组织形象等。

（五）化解危机

酒店发展不会一帆风顺，难免会有失误或遇到意料之外的事件使组织从高峰跌入低谷，此时，如果处理不当很可能导致组织从此一蹶不振，甚至彻底崩溃。

酒店首先要树立居安思危的意识。为了避免危机的出现，组织应加强信息观和预测观，建立预警系统，搜集信息、积累数据、随时观察，一旦危机苗头出现，迅速将其解决在萌芽状态。

当危机来临时酒店相关部门要迅速调查事件真相，并向公众做出解释和答复，同时还要将解决问题的措施及避免类似问题重复出现的办法告知公众。在处理危机的过程中，组织要始终自觉地站在公众的立场上，客观地看待和分析组织所面临的局面，争取公众的理解和谅解，使危机得以圆满、迅速地解决。

三、公共关系策略

要提高酒店公共关系工作的有效性，必须讲求恰当运用公共关系策略。公共关系策略的选择，要以组织一定时期的公共关系目标和任务为核心，并针对特定公众的不同特点。公共关系策略可以分为两大类，一类突出的是公共关系功能，另一类则是依据组织发展的不同阶段。

（一）突出公关功能的公关策略

1. 宣传型公共关系策略

这种策略就是运用各种传播沟通媒介，将需要公众知道和熟悉的信息广泛、迅速地传达到组织内外公众中去，以形成对酒店有利的公众舆论和社会环境。这种策略具有较强的主导性、时效性及传播面广、容易操作等特点。选择这种策略时，必须强调应坚持双向沟通和真实客观的原则。应用这种策略的常见做法是公关广告、新闻宣传和专题公关活动。

2. 交际型公共关系策略

这种策略就是运用人际交往，通过人与人的直接接触，深化交往层次，巩固传播效果，实际上就是运用感情投资的方式，与公众互利互惠，为酒店建立广泛的社会关系网络。这种策略的特点是直接、灵活、富于人情味。常见的做法有：招待会、座谈会、茶话会、宴会、交谈、拜访、信函、送礼等。应用这一策略时一定要注意不能把一切私人交际活动都作为公共关系活动。

3. 服务型公共关系策略

这种策略就是以向公众提供优质服务为传播途径，通过实际行动获得公众的了解和好评。

它的突出特点是用实际行动说话,因而极具说服力。常见的做法有:增加服务种类、扩大服务范围、完善服务态度、扩展服务深度和提高服务效率等。应用这一策略时要注意:言必信,行必果,承诺一定要兑现。

4. 社会型公共关系策略

这是一种以各种社会性、文化性、公益性、赞助性活动为主要内容的公共关系策略。目的是塑造组织良好的社会形象、模范公民形象,提高组织知名度和美誉度。这一策略的特点是:文化性强、影响力大,但活动成本较高,因此,运用时要注意量力而行。常见的做法有:为灾区捐款;赞助文化、体育活动;利用重要时机搞一些大型活动,邀请嘉宾,渲染气氛等。

【小链接7-3】

2020年4月15日下午,广西红十字会防控新冠肺炎疫情捐赠仪式在南宁举行,众多企业纷纷踊跃捐赠,为抗击疫情贡献自己的力量。

南宁会展豪生大酒店总经理、中国金钥匙南宁地区秘书长张立,市场销售部总监罗颖,以及行政助理杨璐,代表酒店全体员工,向广西援鄂医疗队捐赠总价值约20.1448万元的自助餐券,用实际行动让医护人员们感受到关怀和暖意。

张立表示:"一场突如其来的疫情,使得酒店业遭受巨大冲击,即便如此,南宁会展豪生大酒店也义不容辞地履行自己的社会责任,贡献出自己的微薄之力,与抗疫在一线的医疗人员并肩前行。我们更有理由相信,在全国人民的共同奋战下,这场没有硝烟的战役终将取得胜利,一切美好终会到来。"

——资料来源:黄诗淇. 南宁会展豪生大酒店向广西援鄂医疗队捐赠爱心餐券. 广西新闻网,http://www.gxnews.com.cn/staticpages/20200416/newgx5e9872df-19455458.shtml,2020-04-16.

5. 征询型公共关系策略

该策略就是围绕搜集信息、征求意见来开展公共关系活动。目的是通过掌握公众信息和舆论,为组织的经营决策提供依据。其特点是长期、复杂,且需要耐力、诚意和持之以恒。常见做法有:热线电话、有奖征询、问卷调查和民意测验等。

(二) 以组织发展阶段为依据的公关策略

1. 建设型公共关系策略

该策略适用于酒店初创阶段和开创酒店新局面阶段,如有新产品或新服务面世时,这种策略也适用。其主要做法是高姿态、高频率的宣传和交际,向公众作自我介绍,其目的在于在公众中形成良好且深刻的第一印象,以提高知名度,扩大影响力,为日后的发展奠定基础。

2. 维系型公共关系策略

该策略适用于酒店的稳定发展阶段。具体做法是通过各种传播媒介,以较低的姿态持续不断地向公众传达各种信息,使组织的有关形象潜移默化地留在公众的长期记忆当中。其主要目的在于对已经形成的良好的公关状态进行加固。

3. 防御型公共关系策略

该策略适用于酒店与外部环境在整合上出现困难,与公众的关系发生摩擦时。其主要功能是防患于未然,防止公共关系失调。具体做法是发挥内部职能,及时向决策层和各业务部门提供外部信息,特别是反映批评的信息,并提出改进的参考意见,进行全员公关教育,使全体员工从思想到行动自觉维护组织形象,避免出现漏洞。

4. 矫正型公共关系策略

该策略适用于公共关系严重失调,酒店形象受损时。具体做法是迅速与相关公众取得联系,如上级机关、媒体机构等,采取一系列有效措施做好传播沟通与善后工作。其目的是尽快平息风波,恢复公众对组织的信任,挽回组织声誉,改善被损坏的形象。

5. 进攻型公共关系策略

该策略适用于酒店与周围环境发生不协调甚至形成某种冲突时。具体做法是采取以攻为守的方式,抓住有利时机和条件,主动调整组织政策和相应措施,以改变对原有环境的过分依赖。其主要功能在于摆脱被动局面,开创新局面。

在选择运用以上公共关系策略时,酒店一定要准确分析自身发展和所处环境特点,分析自身的公关状况、公众的基本情况及相关因素,避免因选择不当而劳民伤财,甚至出现适得其反的结果。

四、酒店常用的专门性公关活动

(一) 公关广告

公关广告与商业广告一样,它们都需付费取得大众传播媒介的使用权,然后按照组织需要的时机、频率和强度将信息传达给公众。但是公关广告与商业广告也有不同之处,由于公共关系广告配合公关目标,追求的是让公众而不仅只是客人对组织的理解、支持、信赖、好感,因而它要选择合适的传播媒介在合适的时候将反映组织整体实力的信息、组织理念的信息、组织获得公众好评的信息、为消除误解而作的解释性信息、向公众表示感谢与慰问和致歉的信息等向公众作广而告之。常见的公关广告类型有:实力广告、观念广告、信誉广告、声势广告、祝贺广告、致歉或致谢广告、倡议广告、响应广告、征询广告和公益广告等。

(二) 赞助活动

赞助作为一种公关活动是指组织通过对社会有目的、有选择地进行物资的赠予和捐助获得良好的社会效益和经济效益的形式与过程。任何一个组织在其成长与发展中都离不开社会的支持与帮助,酒店也不例外。因此当自己壮大起来之后应回报社会。这不仅能够显示爱心与责任感,塑造良好的社会形象,同时能够得到更广泛的公众的理解与好感,与他们建立更紧密的关系。赞助的范围很广,包括体育、文化、教育、科研、赈灾、慈善、社会福利及各种基金会等。进行社会赞助时一定要注意量力而行,兑现承诺并选准赞助对象。

除以上特定公关活动外,常见且行之有效的活动还有开放参观、竞赛、展览等。只要能够准确把握形势,分析公众的需求与好恶,不失时机地对以上活动加以正确运用,就一定会取得预期效果。

(三) 制造新闻事件

制造新闻事件对于酒店而言,就是在实事求是的基础上,按照新闻报道工作的规律,发掘公众关注的热点,开展组织活动,使二者有机结合。酒店所开展的活动一定要具有很强的吸引力,一方面要能够吸引公众的参与和关注,另一方面要吸引媒体的目光和兴趣,使之成为很好的新闻素材,予以报道,从而形成较为轰动和具有影响力的事件。随着人们对事件的关注、参与、议论、评价,活动的主体的知名度、美誉度也将得到大大提升。

可以制造成新闻事件的素材有很多,而转化成成功的新闻事件被媒体相中而广为报道的却不多,这一方面需要相关人员具有敏锐的洞察能力和分析能力,使其准确发现和确定社会热点,还需要他们具有创新意识和创新能力,使其所策划的活动能别具一格和独树一帜,当然还需要他们具有良好的沟通能力,使酒店与媒体保持良好的关系。

【小链接7-4】

在武汉经开区后官湖畔,美味可口的自助餐、梦幻的激光竖琴表演、璀璨的池畔比基尼模特秀,以及超炫的电音秀……7月18日晚,武汉联投半岛酒店四周年庆典暨第二届户外泳池啤酒音乐节拉开了帷幕。

在当晚活动现场,武汉联投半岛酒店与湖北省研学旅行协会举行揭牌仪式,酒店被正式授予"后官湖研学旅行营地"。未来,该酒店将打造成武汉市中小学浸入式户外教学基地及营地,并与国际马术俱乐部、中国交通广播车友会、远安农产品扶贫基地、绿色生态食品基地、青岛啤酒等企业结为战略合作伙伴。

联投半岛酒店位于武汉经开区后官湖畔,是由湖北省联投集团按五星级标准兴建的大型商务度假综合体,是区域重要的功能配套。自2018年以来,该酒店成功接待了国际航联世界飞行者大会、中国汽车蓝皮书论坛、姚基金、全国花样游泳锦标赛、中国好声音、第七届世界军人运动会、世界集邮展、国际女篮对抗赛等重要活动。2020年疫情期间,武汉联投半岛酒店承担起火神山医院援汉解放军医疗队的食宿保障任务,以实际行动诠释了国企的责任与担当。作为国际会议和赛事的指定接待酒店,联投半岛酒店得到了各方嘉宾的一致认可,成为国内外及省市重要活动的指定接待酒店。

当前,武汉经开区已吹响了二次创业再出发的"号角",打造万亿世界级汽车创新大走廊。武汉联投半岛酒店有关负责人表示,以此为契机,该酒店将进一步强化使命担当,做好细致、精致、极致的酒店服务工作,体现国际水准,呈现中国气派,彰显武汉特色,为展示中国车谷的靓丽形象贡献力量。

——资料来源:龚雪. 武汉联投半岛酒店举办户外泳池啤酒音乐节. 荆楚网(《湖北日报》网),http://wh.cnhubei.com/content/2021-07-20/content_13948155.html,2021-07-21。

(四)新闻发布

召开新闻发布会也已经成为组织常用的公关手段,即当有某项重要消息需要公众知道时,召集新闻机构的记者,公开宣布,再通过记者的提问和发言人的回答形成与公众的互动,最后通过记者将消息予以报道来传达信息。召开新闻发布会,不仅可以达到广泛传达信息的目的,还可以将新闻发布看成是组织与媒体建立和保持联系的好机会。酒店可以利用自身的优势,在新闻发布之后组织记者招待会,与新闻记者进行感情沟通。因此一个好的新闻发布会,可以收到一举两得的功效。

(五)庆典活动

庆典活动指为重大节日、纪念日或组织自身的重大事件而举行的庆祝或纪念形式的一种公共关系专题活动,是组织向公众亮相的绝好机会。酒店常见的庆典活动有四种类型:① 开业庆典,即在开业之际针对不同对象并结合当时的形势举行或隆重或热烈且有一定声势并能形成一定影响力的庆祝活动。② 周年庆典,即在酒店诞辰日举办的庆祝生日的活动。③ 庆功典礼,即在酒店取得经营上的重大突破、取得重大成绩、获得国家或上级主管单位颁发的重大奖励等时举办的庆祝活动。④ 节日庆典,即在传统或重要节日,如春节、五一、中秋、国庆以及西方的圣诞节时举办的庆祝活动。这些活动如果能策划得有新意并成功实施,会产生三重效应:第一是引力效应,即吸引公众的视线,引起社会关注;第二是实力效应,即能通过活动显示组织的整体实力;第三是凝聚效应,即能够增加组织内部员工的自豪感,增强凝聚力。

【小链接7-5】
　　为迎接年度普天同庆的佳节,广州四季酒店精心准备了一系列"元冬艺境"庆祝活动,将"愿望森林"艺术装置矗立在以冬日雪白为设计理念的大堂之中,打造与众不同的圣诞节。酒店即日起至跨年期间将换上梦幻的节日布置,令宾客恍如置身于冬季雪国空间。
　　酒店首度与当地知名逸园艺术馆以及纸雕艺术家温秋雯合作,将树状纸雕艺术装置"愿望森林"搬到70层大堂,打造冬日艺术之境,增添圣诞气氛。艺术家透过纸雕树枝桠和金银色的树叶点缀,创造出光线透过缝隙,在树木伫立的森林中散发光芒的观看感受,表达对冬日中光明温暖的美好向往。
　　卓越餐饮团队为迎合圣诞主题,打造了法式海鲜大餐、意国丰盛美食、粤式风味佳肴以及和风东瀛美馔等寰球佳味,缔造年末欢庆聚会的美食盛宴。同时屡获国内外殊荣的花水疗中心推出的精美节日产品礼盒和云端欢悦居停的奢华住宿礼遇,为佳节倍添欢庆气氛。
　　——资料来源:广州四季酒店2020"元冬艺境"节日庆典,《中国日报》网,https://baijiahao.baidu.com/s?id=1684950192426450400&wfr=spider&for=pc,2020-12-02。

第四节　销售促进策略

一、销售促进的概念

销售促进又称营业推广,是指酒店运用各种短期诱因鼓励消费者和中间商购买、经销或代理本酒店产品或服务的促销活动。销售促进是除广告、人员推销和公共关系之外,酒店在特定目标市场上,为迅速起到刺激需求作用而采取的各种短期的以及非定期性的促销措施的总称。它主要通过暂时性的奖励和展示在短期内刺激消费者购买酒店产品,并提高经销商和销售队伍的业绩。这个概念强调了销售促进的短期性、非常规性和奖励性的特点,并强调了其对象不只限于消费者,而且已经延伸到分销网络和销售队伍这一事实。销售促进对在短时间内争取客人扩大购买具有特殊的作用。它的主要目的在于短期内迅速刺激和扩大需求,改善酒店的经营效果,增加销售,扩大其市场占有率。

销售促进有以下特征:一是传播信息,引起注意并经常提供信息,把客人引向产品;二是刺激,采取某些让步、诱导或赠送的办法给客人以某些好处;三是邀请,明显地邀请客人来进行目前的交易。

二、销售促进的方式

销售促进的方式可分为三类:以客人为对象的推广方式,以中间商为对象的推广方式,以本酒店销售人员为对象的推广方式。

（一）以客人为对象的推广方式

这种推广方式是酒店向自己的客人直接实行的一种销售促进。目的是增加需求，促使现有客人大量、重复购买，争取潜在客人，吸引竞争者的客人等。所有销售促进的目的都是要在短期内争取客人进行额外购买，提供特殊的奖励或诱惑以使其在特定的时间购买特定的产品。大多数销售促进被限制在选定的细分市场上，以避免降低销售收入的总体水平，如果向所有客人都提供不必要的奖励，则销售收入会有所下降，因为很多目标客人在没有额外奖励时也会购买该产品。促销方式主要有以下几种：

1. 赠品促销

赠品促销即赠送样品、纪念品、试销品及各种小物品等。有时候酒店可以让一些客人先试住或是品尝自己的产品，再向他们收取费用，或是进行大量销售。这是酒店一项很有竞争力的促销方式，这种方法对于消除客人不了解酒店的顾虑有很大帮助。向客人赠送特别的礼品也是酒店加强与客人感情交流和联系的有效途径。酒店赠送一些精美的礼品给客人实际上也是酒店的一种促销手段，它能使接受这些礼品的客人更加了解酒店，并对酒店有深刻印象。当然，酒店赠送的礼品并非越贵越好，作为酒店的一种宣传品，应该带有酒店明显标记，该礼品应该能达到宣传酒店形象和产品的目的。例如：印有酒店标记的公文包、胸针、T恤衫等。

2. 有奖销售

有奖销售即酒店销售某种产品时设立若干奖励，并印有奖券，规定购买数量，客人达到购买数量后可获奖券。然后由销售者按期宣布中奖号码，中奖者持券兑奖。在欧洲和美国有许多酒店采用一种幸运抽奖方式，凡是在酒店消费的客人都有机会参加这种抽奖，一旦客人中奖，他们就可以获得一些酒店提供的实物或一次免费的服务作为奖品，以使他们更进一步接近酒店产品，并在此过程中获得身心愉悦。但酒店在举行抽奖活动中一定要实事求是，切忌出现只抽无奖情况，这样会使客人产生反感。

3. 展览和展销

展览和展销即通过举办展览会、展销会及其他形式的展览，进行现场表演、示范操作、招徕客人。例如，2021钓鱼台美高梅酒店集团巡展暨客户答谢宴于6月8日至10日在北京、成都和上海相继举行。本次集团巡展暨客户答谢宴为会议策划者、客户以及钓鱼台美高梅酒店集团旗下酒店打造广阔平台，使得客户能更深入地了解钓鱼台美高梅酒店集团旗下酒店，感受每一家酒店别具一格的风采。

4. 奖　券

酒店可以把奖券附载在报纸、杂志及宣传资料之中；或是通过直接邮寄寄送给客人；酒店还可以将奖券在客人消费时赠送给他们，以求在第一时间去刺激他们的再次购买欲望。某些酒店会为周末抵达的客人举办欢迎招待会或赠送美容券等。

5. 价格优惠

很多酒店都在经营淡季或是特殊的时期里推出优惠的价格项目，从而招徕客源。这种以价格取胜的方法可行性较强，对酒店客人有较大的吸引力。例如闲置房间较多的酒店经常以单人入住的门市价格出售双人间，但期望通过餐饮消费来增加收入。因此，销售促进可解决星期性或季节性的经营低谷问题，很多酒店在周末吸引客源方面都存在着问题，而屡试不爽的解决办法就是进行特殊周末包价和有关特殊事件的主题周末或策划有趣的活动，如：音乐、食品和酒类展示及大型庆祝活动。

6. 附赠产品

附赠产品也可以作为一种奖励提供给客人,例如住4夜而付3夜的费用,或在某些日子提供免费的红酒等。

7. 常客优惠服务

酒店对待自己的特殊客人,比如重要客人、贵宾、长期客户、俱乐部成员等,可以实行具有个性的特殊服务。例如,酒店可以为他们优先订房,定期给予一些特殊礼品,奖励积分等方法来激励重复购买的客人,刺激客人持续购买本酒店产品。

(二) 以中间商为对象的推广方式

针对酒店中间商,酒店的营业推广目标一般要促使中间商持续地经营本酒店的产品和服务,提高他们的购买数量和销售额等,主要包括下列促销方式:

1. 开展销售竞赛

开展销售竞赛即酒店确定推销奖励的办法,刺激、鼓励中间商努力推销本酒店的产品和服务,展开竞赛,对购买额大、展销活动影响大、本期比上期销售量比例增加大的成绩优异者给予奖励。

2. 提供广告和陈列津贴及合作广告

提供广告和陈列津贴及合作广告即酒店为中间商提供陈列商品、支付部分广告费和部分运费补贴或津贴等,刺激中间商大量购买。

3. 实行购买折扣或价格优惠

酒店中间商的生存条件就是一种进销差价的积累,因此,为刺激中间商购买大批量本酒店产品,对购买数量较多的中间商给予一定比例的折扣优惠,购买数量越大,折扣比例越大。

4. 额外的佣金

额外的佣金在业内称为"超额奖励",对所有超出商定水平的销售业绩的中间商都可以支付超额奖励。由于旅游产品的特性,在旅游业中针对分销商的奖励通常包括抽样试用促销产品的免费旅行。为了实现预期目标,由旅游经营商支付旅游中间商更多的奖励佣金是值得的。

5. 红　利

酒店为了刺激中间商的购买积极性,也可以采取销售分红的形式,使其可与酒店共享一定比例的利润。酒店通过这种红利形式,就将自己与中间商的利益紧紧地连在了一起,有助于调动中间商的购买积极性。

6. 赠送礼品

向中间商赠送特别的礼品也是酒店一种促销方式。

(三) 以本酒店销售人员为对象的推广方式

针对本酒店销售人员的推广是指酒店鼓励自己的销售人员多成交、多发展新的客户,大力推销本酒店的产品和服务,以刺激本酒店的非季节性销售和寻找更多的潜在消费者。主要包括下列促销方式:发奖金、分红利、培训、发放必要的办公用品;开展销售竞赛、组织成绩突出者外出旅行,即奖励旅游。酒店通过这些措施来刺激销售人员全力以赴地为酒店销售产品,增加销售额。对于销售队伍来说,奖励也是针对有关个人设计的,大多数以奖金和礼品的方式出现,当销售人员实现了指定的额外销售目标时便予以发放。目前存在着一个大的销售奖励行业,该行业专门为各行业的销售队伍和分销商设计并提供奖励。在由专业代理公司所提供的各种奖励中,奖励旅游产品经常被认为是强有力的激励形式。

三、销售促进方案的制定

(一) 确定销售促进的对象与目标

通常所选定的目标市场要与酒店的整体目标市场保持一致,但有时候,酒店也有自己具体的销售促进目标市场。因为对酒店总体目标市场的各个部分而言,不同的促销方式有不同的效果,因此,明确酒店具体的销售促进目标市场应该是酒店进行这项决策的第一个环节。要说明目标市场中的消费者情况,是商务客人还是休闲客人,并充分利用从市场调研中获得信息的详细资料,客人数据库是一个重要的信息源。

(二) 确定酒店销售促进具体目标和销售模式

根据酒店的实际情况确定销售模式并计算在规定的促销期间期望通过销售促进活动所能够实现的目标销售量。例如,对于酒店集团来说,可以表示为在一段具体时间内每个酒店的预订量。计算在目标销售量完全实现以后可能获得的收益。

(三) 制定销售促进的措施

酒店对于不同的销售促进对象,不同的销售促进目标,应选择不同的工具来具体进行。因为酒店每一种销售促进工具都有自己的特点,要比较后有选择性地使用。

(四) 选择销售促进的时机、规模与时间

酒店销售促进活动多数是短期的,因此酒店必须有一个十分详细的时间表。酒店销售促进时间安排必须符合酒店整体经营策略的安排,要选择最佳的市场机会。推广期过短,许多潜在客人可能因为种种原因没有购买;推广期过长,会给客人留下长期降价的印象,无法促使客人立即购买。另外,酒店还要选择鼓励的规模,要使销售促进获得成功,就必须有一定的奖励规模,超过这个限度,虽然仍能促使销量上升,但促销效率就会递减。因此,要研究以往的销售促进效率,并对鼓励的规模提出建议。

(五) 确定参加者的条件

酒店可以给任何人奖励,也可以选择某些群体给以奖励。仔细地选择和确定参加者的条件,可限制那些不大可能成为经常使用者的参加。但是,限制过严,参加者将局限于忠诚者这个小范围内。

(六) 销售促进的范围和途径

酒店必须确定向推广对象传递信息的途径。推广途径主要有:广告、人员推销、微信公众号以及每月给俱乐部成员寄账单时,给予他们的特殊利益等。各种推广途径费用不同,信息传达范围也不同,这就需要酒店选择对目标市场最有吸引力的推广途径。

(七) 确定费用预算

销售促进总预算可以用两种方法来拟定:一是根据以往销售促进费用在促销总预算中所占百分比来确定营业推广总预算数;二是根据一年内计划进行的各种销售促进的费用。

(八) 对酒店营业推广计划进行控制

酒店控制销售促进的进程,要求随时对销售促进的细节进行必要的修正,这样才能更好地

改善酒店销售促进的效果。

四、酒店销售促进效果评价

酒店为了控制和调整营业推广的实施效果,有必要对销售促进的效果进行监测和评价。一般对销售促进效果评价的方法有以下几种:

(一) 比较推广前后销售额的变化

在其他条件不变的前提下,酒店可对销售量的增加与推广成本进行比较,得出净效果,然后以此来评价销售促进效果。

(二) 客人调查法

客人调查法包括三个方面:一是对销售促进的客人的动态进行调查,可以采用现场记录、查阅原始资料等手段来分析客人数量、购买量和重复购买率等指标;二是对客人构成进行调查,包括新老客人比例,不同年龄层客人比例等;三是对客人意见进行调查,包括调查客人的动机、建议、要求、评价等,从而了解客人在销售促进期间的购买行为。

(三) 实验法

酒店在开展大规模销售促进活动前,可选择一定的地区和客人进行试点,了解客人的反应,从而推测这次推广的实际效果。总之,销售促进能给客人和酒店均带来好处,但酒店必须周密计划,如果使用不当,反而会引起客人疑虑,影响其购买。

在实施销售促进过程中必须和其他促销方式结合在一起才能创造强有力的协同作用。例如,大规模的销售促进活动如果辅以技术娴熟的公关活动,还可能会引起媒体的足够兴趣,从而获得额外的免费新闻报道。因此,酒店要把各种具体的销售促进工具结合起来,达到时间、内容上相一致。

讨 论 题

(1) 简述酒店促销方式及其做法。
(2) 简述制定酒店销售促进方案的要点。
(3) 结合以下案例回答问题。

【案 例】
响应留厦过年的倡议,不少人选择今年春节不返乡。文化和旅游部资源开发司主办的"云游合家欢 就地过大年——全国旅游宣传推广活动"已正式启动,我市文旅部门近日也专门推出"这个春节我们住酒店"活动,邀请大家体验"宅度假"的惬意慢生活。记者昨日了解到,我市多家酒店近期都推出丰富的活动,吸引群众春节期间"留宿"。比如,鹭江宾馆推出优惠价828元的"鹭江双享汇套餐",内含双人自助晚餐、豪华海景房一晚、双份早餐;日月谷温泉推出新春大促,699元的套餐含高级温泉客房一晚、2大1小自助早餐、温泉公园门票、港式午茶等。此外,携程、去哪儿等线上平台也同样推出各种活动。以携程为例,即日起至2月26日,在站内上线"云游合家欢 就地过大年"活动专区,整合全国各区域本地优质产品,包括本地酒店民宿、景区门票、玩乐产品等,同时还提供百万元产品补贴优惠。

——资料来源:郭舒晨. 体验"宅度假"酒店优惠活动丰富.《厦门晚报》,2021-02-06,第 B7 版.

问题(1):鹭江宾馆这种方式是促销中的哪种策略?是否有适用条件?

问题(2):从酒店自身的角度来看,选择促销方式应该考虑哪些因素?为什么?

第八章 酒店渠道策略

【引导案例】

新冠肺炎疫情席卷全球之际,酒店业像以往一样,抓住了OTA这根救生索。通过大量的电视和网络广告,OTA吸引了大量的业务,但往往以高昂的佣金成本拉低利润率为代价。HotStats的数据显示,2021年美国酒店的客房销售成本(衡量佣金和预订费用的指标)平均为2.08美元,同比下降了37%。欧洲也出现了类似的趋势,2021年客房销售成本为1.31欧元,比2020年同期下降了62.6%。数据显示,疫情之初,酒店对OTA和其他中介的依赖较高,之后依赖程度降低。

资产管理咨询公司hotelAVE的收益与分销高级副总裁Sarah Bartlett表示,酒店应该战略性地利用预订渠道。比如在短期的本地广告活动中,"你可以放上酒店泳池的照片,同时要放上酒店的直接预订电话"。她还指出了与OTA用户和员工合作的重要性:"OTA会展示酒店的客户点评,赢得好评很重要。参考这些评论,看看是否有改进培训、产品或服务的机会,并采取相应行动。"此外,Bartlett建议:"要与OTA的市场经理保持密切联系。他们可以看到你的营销方式是否有效并分享他们看到的趋势,他们对于完善策略很重要。"

酒店资产管理公司CHMWarnick的董事总经理兼执行副总裁Michael Doyle表示,接下来酒店需要考虑其他推动业务发展的方式。"酒店经营者要善用社交媒体渠道,Facebook和Instagram不仅要用来宣传酒店,也要附上预订链接。"此外,Doyle也建议酒店充分利用本地资源:"例如,芝加哥的Lollapalooza音乐节下个月开始。如果你是当地一家酒店,你可以在官网做一个相关的活动,发布新闻稿,甚至可以与活动方合作,让他们推广酒店官网及网站预订链接。"

Doyle表示,与借助OTA一样,这些策略也需要投入资金,但它们的投资回报率高于OTA策略:"这样做的成本通常会更好,因为你可以让用户直接访问你自己的网站和预订引擎。"他还建议提供AAA级折扣,并战略部署酒店员工:"我们甚至在大堂里安排了工作人员,说服离店的客人再次预订,或留下他们的邮箱。多管齐下,总能达成目标。"

——资料来源:酒店这门生意:既要借力OTA,也要能"蹭热点",环球旅讯,http://www.traveldaily.cn/article/146776,2021-07-16.

这个案例告诉我们,为了提升营业收入和入住率,酒店正在顺应环境变化,选择和建立适合自己的销售渠道来销售产品,提升市场占有率。本章即对销售渠道的相关问题做专门研究。

第一节 认识酒店销售渠道

一、销售渠道的概念

销售渠道,又称为分销渠道,是指客人从产生消费动机、进入酒店、到最终消费酒店服务产品的整个过程中所经历的过程以及相应的一切活动的总和,是产品到达客人或客人接触到产品的各种渠道的总称。酒店销售渠道既是酒店产品商品化的必由之路,又是连接产品和客人的中介。

在市场经济条件下,市场的容量很大很广,酒店很难直接与所有的客人沟通并将产品销售给他们。因此,大部分酒店都要依靠一定的营销中介,即中间商,将产品转移到客人手中。这一方面因减少了酒店与客人之间的接洽从而节省资金、节省时间,同时还可以利用中间商分布广、对市场熟悉的特点,增加市场覆盖面,使酒店产品的生产与更多的客人的需求结合,从而满足供需双方的利益,获得多赢的效果。随着旅游市场进一步国际化,酒店产品从生产到消费的转移过程更加复杂和多样,因此如何将酒店产品有效地转移到最终消费者手中,成为酒店经营中的重要问题。

二、销售渠道的类型

酒店产品的销售渠道主要包括直接销售渠道和间接销售渠道两类。

(一) 直接销售渠道

直接销售渠道是指酒店产品不经过任何中间商直接转移给消费者的销售渠道。比如,酒店自建网站、预定App、微信公众号或直播平台,或是客人直接到访酒店预订酒店产品。直接销售渠道因没有中间商介入是最短的渠道,又被称为零层渠道。

【小链接8-1】

近些年来,OTA是酒店主要在线营销渠道。但自新冠肺炎疫情发生以来,酒店在线营销的阵地又新增了抖音、微信视频号、直播平台等新媒体和KOL等自媒体,尤其是直播预售,在2020年尤为火爆。

"请网红主播直播预售虽然短时间内能促成大量成交,但酒店也要考虑坑位费、广告费和佣金等方面的支出。"一位高星级酒店营销部的工作人员告诉记者,与第三方平台合作虽是一个重要的营销渠道,但多家酒店也意识到,必须加强自营或直销在线渠道建设。事实上,近几年,多家酒店集团和单体酒店一直都在完善自身的官方在线营销渠道建设,比如官网、官方微信公众号、微博、微信商城、App及小程序等。

谈及直销渠道建设,在北京金融街威斯汀大酒店市场传讯部负责人看来,酒店的云端营销要想取得成功,一是产品要过硬,二是营销要有创意。现在很多酒店都在做直播,更拍了多种多样的营销短视频,且会经常在社交媒体发起一些互动话题、开展一些优惠促销。北京新侨诺富特酒店数字市场经理徐雅培也告诉记者,现在他们也正着力于制作由酒店员工担任主角的原创短视频内容,使自身的抖音、微博等账号活跃起来,吸引网友关注。"希望把这些流量转化为我们的私域流量,促进酒店房、餐、年夜饭外卖等产品的销售。"

在直销方式上,除了做好一些原创的传播内容,很多酒店还利用微信朋友圈进行裂变营销。有些酒店还把自身的客房、餐厅和健身房、游泳池等产品生成H5页面,鼓励员工转发产品链接到微信朋友圈,提升员工朋友圈潜在客户的转化率。

——资料来源:"云端"成为主战场 酒店玩转"花式"营销,《中国旅游报》,http://www.ctnews.com.cn/jdzs/content/2021-02/04/content_97261.html,2021-02-04。

（二）间接销售渠道

间接销售渠道是通过中间商来完成产品从酒店到消费者的转移过程的销售渠道。由于在转移过程所介入的中间商有多有少，因此介入多的被称为长渠道，介入少的被称为短渠道。通常，只包含一种中间商的为短渠道，包含两种或以上的为长渠道。

三、间接销售渠道的功能

间接销售渠道的优势在于大量中间商的介入。中间商在市场营销中占有特殊的地位，对产品营销渠道的形成和运行起着重要的影响作用。一般来说，中间商的功能主要体现在以下四个方面。

（一）市场调研

消费者是酒店生产经营成败的关键所在，其数量的多少、层次的高低、购买力的大小对酒店的经济效益有着直接的影响。中间商可以利用自己直接面向消费者的有利地位，真实、客观、全面地调查、掌握消费者的意见和需要，从而为酒店提供准确、及时的信息，帮助酒店对市场的变动作出及时的反应，使酒店产品和服务的供应不断适应消费者的需求。

（二）市场开拓

市场需求的频繁变化和强有力的竞争，客观上要求酒店不断进行市场开拓，才能在市场中生存和发展。中间商专门进行酒店产品的购销工作，对市场的变化及走向有着强烈的敏感性，能对市场的未来发展有较为准确的判断，并善于寻找市场的空隙，捕捉市场营销机会。酒店与中间商友好沟通、协作，就能将产品的生产优势与市场开拓的营销优势结合在一起，使酒店与中间商都得以顺利地成长。

（三）促进销售

酒店产品要获得消费者的欢迎，一定要促进市场中潜在的需求转化为现实的需求。中间商往往是促销的专门企业或是组织，拥有自己的目标群体，与社会各方以及市场中各部分有可能形成良好的公共关系，依靠自身所特有的宣传、广告、咨询服务和其他多种形式的促销活动，来激发消费者的购买欲望，促进市场需求的形成，沟通酒店与消费者之间的联系。

（四）组合加工

任何一个企业均不能提供消费者在完整的旅游活动中所需的食、住、行、游、购、娱等环节的各种产品。中间商则可以通过自身优势与多家企业联系，具有对多种产品加工、组合的能力。例如，为满足消费者多方需要，中间商将各种旅游产品组合起来，形成系列化的完整的旅游产品，提供给旅游者，其内容包括了代售车票机票，安排接送，代订酒店、旅游、观光游览，组织会议，提供导游，安排商务、文化体育等活动。这种组合还可按消费者的不同要求，形成不同的组合方式和价格形式。

第二节　酒店与中间商建立良好关系的要点

酒店在营销过程中应选择适当的销售渠道，与中间商建立良好的业务关系。这就要求酒店经营者充分认识中间商及其功能，以便对其作出正确的评价，并在正确原则的指导下与其加强合作。

酒店企业按照方便消费者购买和取得预期经济效益的基本原则,对销售渠道进行科学、合理的设计、组织和决策,就必然要涉及在销售渠道的营造中是否选用中间商,以及对中间商的评价与选择等问题。

一、了解旅游中间商

旅游中间商是指介于旅游生产者与消费者之间,专门从事旅游产品或服务市场营销的中介组织或个人。由于旅游中间商在旅游市场营销中的作用不同,旅游生产企业与这些中介组织或个人的责权利关系不同,因而旅游中间商的类型呈多样化形态。

(一) 旅游经销商

旅游经销商是指将旅游产品买进以后再卖出的中间商,它的利润来源于旅游产品购进价与销出价之间的差额。旅游经销商与旅游产品的生产企业共同承担市场风险,其经营业绩的好坏直接影响到旅游生产企业经济效益的高低。旅游经销商多种多样,最主要的有旅游批发商和旅游零售商两类。

1. 旅游批发商

旅游批发商往往是一些从事批发业务的旅行社或旅游公司,其业务是将航空公司或其他交通运输企业的服务与旅游目的地企业的地面服务组合成整体性的旅游产品,然后通过某一销售途径推向广大公众。因而,旅游批发商通过大量地订购旅游交通运输企业、酒店、旅游景点等企业的单项旅游产品,将这些产品编排成多种时间、价格的包价旅游线路,然后再批发给旅游零售商,最终出售给旅游消费者。一般来说,旅游批发商的经营范围可广可窄,有的旅游批发商可在全国甚至在海外通过设置办事处或建立合资企业、独资企业等形式进行大众化产品的促销工作,或者广泛经营旅游热点地区的包价旅游产品;有的旅游批发商也可在特定的目标市场中只经营一些特定的旅游产品,如专项体育活动、专项节日活动等产品;而有的旅游批发商则可以用某一交通运输工具组织包价旅游,如我国的长江三峡豪华游艇包价旅游、汽车穿越塔克拉玛干沙漠包价旅游等。

在少数情况下,旅游批发商也对旅游消费者进行直接销售活动。此时旅游批发商要对旅游消费者的整体旅游活动负责,旅游者旅行所必需的费用须全部计入所报价格中,包括了旅游消费者的吃、住、行、游、娱等活动,乃至行李搬运费、小费等费用。

2. 旅游零售商

旅游零售商是指直接面向广大旅游消费者从事旅游产品零售业务的旅游中间商,它与旅游消费者联系最为紧密。为适应旅游消费者的多种需要和要求,旅游零售商要熟悉多种旅游产品的特点、价格和日程安排,要了解和掌握旅游消费者的支付水平、消费偏好和付款方式等情况,以帮助旅游消费者挑选适宜于其要求的旅游产品。同时,旅游零售商在市场营销活动中应具有较强的沟通能力和应变能力,要与旅游目的地的酒店、餐馆、风景点以及车船公司、航空公司等接待旅游企业保持良好的联系,能根据旅游市场及旅游消费者的需求变化而相应地调整服务。一般来说,旅游零售商的主要职责为:向旅游者提供广泛和正确无误的旅行咨询服务;做出包含海、陆、空在内的各种交通运输安排;做出旅游消费者在旅游活动过程中的食宿、观光以及音乐会、剧场入场券等特殊节目以至行李的运送等方面的安排;制定单独旅游、个人陪同旅游、团体旅游等旅游产品;对带有特殊兴趣的旅游,如宗教朝觐、商务旅游、奖励旅游、研学旅游和体育旅游等做出安排、预定;对旅游活动中所涉及的一切琐碎事宜,如有关签证、保险、旅行支票和语言学习资料等事宜的处理和咨询。

由于旅游零售商从一定意义来说,是代表旅游消费者向旅游批发商及旅游产品供给的企业购买产品,为保护旅游消费者的应得利益,促进旅游零售业务的顺利开展,旅游零售商在与旅游批发商及旅游产品的生产企业发生联系、签署有关购销协议时,一般要关心、注意以下问题:

首先是对方的质量、信誉,也就是旅游批发商等企业提供的旅游活动是否可靠,各项活动的开展是否衔接紧密,处理业务工作的效率如何,出现意外事故的抢救、处理制度和措施有无保障等。就其所提供的产品而言,往往包价旅游产品事前的调研工作较为扎实,产品开发、实施方案较为可靠,同时对市场的宣传促销力度较大,因此在实际工作中旅游零售商愿意大量购进包价旅游产品,向旅游消费者推销。

其次,要关心、注意对方提供的旅游产品的价格,其原因在于市场竞争和消费心理。例如与同类产品的价格相比,若报价过高,对旅游消费者的吸引力就会降低,推销难度增大,旅游零售商的经济效益就不明显;若报价偏低,则可能会使旅游消费者产生对旅游产品质量的怀疑,客观上也不利于产品的推销工作。

旅游零售商一般为旅行社,一些旅游发达国家的超级市场、航空公司等往往也会成为旅游零售商。与一般的生产企业不同,旅游企业不一定只是批发商或零售商。对于同一个旅游企业来说,在不同的销售渠道中,它可能担任不同的角色。如A旅行社为一个来自美国的旅行团组织了一次旅游活动,它是以旅游批发商的身份进行销售活动的;同时,它又为B旅行社的一个团队提供了当地导游的服务,此时它又扮演了旅游零售商的角色。

(二) 旅游代理商

旅游代理商是指那些只接受旅游产品生产者或供应者的委托,在一定区域内代理销售其产品的旅游中间商。旅游代理商的收入来自被代理企业支付的佣金。旅游代理商的主要职能是在其所在地区代理旅游批发商或提供行、宿、游等旅游服务的旅游企业向旅游消费者销售其旅游产品。

旅游产品生产企业在自己推销能力不能达到的地区,或是无法找到合适的销售对象的情况下,利用旅游代理商的营销资源可以寻求营销机会,因而,对代理商的利用是对利用经销商的一种补充。尽管利用代理商的风险转移程度比利用经销商要低得多,一般而言,在旅游产品比较畅销的情况下,利用旅游批发商等中介组织的机会比较多,而在新产品上市初期或产品销路不太好的情况下,则利用代理商的机会就比较多。

在实际工作中,旅游代理商由于直接面对广大的旅游消费者,或以为旅游消费者服务为主,同时经营少量的旅游产品的批发业务,因而旅游代理商往往又是旅游零售商,但其收入主要以收取佣金为主。

【小链接 8-2】

虽然酒店业被视作服务行业,但如今俨然已经成为地产生意,酒店业主借助顾客服务实现每方寸空间的收益最大化。然而,由于酒店客房存在"库存时效(Perishable)"的问题,高效分销对于酒店利润极为重要,每增加一笔订单,就会削减固定成本,因此每个间夜以最好的价格出售,对于酒店的长期成功至关重要。

正因如此,绝大多数酒店都在优化其分销渠道,以推动业务增长。以前酒店要与旅行社、旅游运营商和目的地管理机构合作,向潜在顾客进行推销,而如今 OTA 在酒店分销领域发挥着核心作用。

OTA 能够整合多个渠道的产品数据、价格及库存,从而简化顾客搜索-预订程序,提供全面旅行资讯,提高价格透明度,最终为顾客创造更好的体验。旅客通过 OTA 进行的预订,在所有在线预订渠道中的占比已明显增长,美国超过 40% 的订单都是通过 OTA 完成的,欧洲为 60%,在中国更是高达 70%。

——资料来源:酒店 OTA 合作量化分析:利大于弊,小酒店盈利提升更显著,环球旅讯,http://www.traveldaily.cn/article/146267,2021-06-24.

二、评价旅游中间商

酒店要采取切实可行的办法,对中间商的工作绩效进行检查与评价。对酒店影响作用大的中间商,往往应成为酒店合作的重点。对于绩效一般或低于酒店要求的中间商,要找出原因及补救办法,必要时改变现有的渠道结构,剔除绩效差的中间商,以保证渠道的效能。对中间商的评价主要包括以下几个方面:

① 中间商历年的销量指标完成情况和水分大小。
② 中间商为酒店提供的利润额和费用结算情况。
③ 为酒店推销产品的积极性。
④ 中间商为酒店的竞争对手工作的情况。
⑤ 中间商对本酒店产品的宣传推广情况。
⑥ 中间商对客户的服务水平和满足需要程度。
⑦ 与其他中间商的关系及配合程度。
⑧ 中间商的销售占酒店产品销售量的比重。

三、选择旅游中间商

为确保酒店产品销售渠道的通畅,应做好对中间商的选择。在选择旅游中间商时,除了要考虑中间商的经营范围是否与酒店经营范围相吻合、中间商的实力与信誉、中间商的市场经验等因素外,还应遵循一定的原则。

(一) 经济的原则

追求营销活动的经济效益是酒店一切营销决策的基本出发点,对旅游中间商的选择自然也应遵循这一原则,就是说应将旅游中间商选择所可能引起的销售收入增长同实施这一中间商选择所需要花费的成本作比较,以评价中间商选择的合理性。这种比较可从以下两个角度进行。

1) 静态效益的比较。这是指在同一时点对各种不同的旅游中间商选择方案可能产生的经济效益进行比较,从中选择经济效益较好的方案。若酒店认为自建营销系统的投资报酬率低于利用旅游中间商的投资报酬率,酒店就会放弃自建营销系统而利用旅游中间商来开展营销工作。

2) 动态效益的比较。这是指对各种不同的旅游中间商选择方案在实施过程中所引起的成本和收益的变化进行比较,以选择在各种不同的情况下所应采取的旅游中间商方案。

(二) 控制的原则

从长远目标考虑,酒店对旅游中间商的选择不仅要考虑其经济效益,还应考虑酒店能否对其实行有效的控制。这是因为旅游中间商是否稳定对于酒店能否维持其市场份额、实现其长远目标是至关重要的。酒店对于自建营销系统容易控制,但成本较高,市场覆盖面较窄,不可能完全利用自建营销系统来开展营销工作。而利用旅游中间商来进行市场营销,就应当充分考虑所选择的旅游中间商的可控程度。一般来说,酒店对建立旅游代理关系的中间商比较容易控制,但酒店必须相应作出在同一地区不再利用其他中间商的承诺和保证,因为在同一地区利用多家旅游中间商进行销售,酒店的利益风险较小,但对旅游中间商的控制能力就会相应削弱。

(三) 适应的原则

旅游中间商对酒店而言,属于不完全可控的因素,因而酒店在利用中间商时应讲究适应性。这一要求主要体现为三个方面:首先表现为地区的适应性,即在某一地区选择中间商,应考虑到该地区的消费水平、购买习惯和市场环境,以建立与之相适应的旅游中间商体系,如西方旅游发达国家的旅游零售商往往是超级市场、航空公司、协会和一些社会组织等,而我国的旅游零售商则以旅行社为主,另外有一些经纪人、行业协会等;其次表现为时间的适应性,即根据旅游产品在市场上不同时期的适销状况,酒店采取不同的中间商政策而与之适应;最后表现为对旅游中间商的适应性,即根据各个市场中旅游中间商的不同状况而采取相应的营销渠道策略。

总之,酒店按照适应的原则,在选择旅游中间商时,应保留适当的弹性,根据市场及其环境的变化,对旅游营销渠道进行适当的调整,做到稳而不死、活而不乱,以便更有效地实现酒店的营销目标。

四、与旅游中间商合作

加强与中间商的合作,调动其积极性,这是营销渠道管理的重要任务。旅游中间商与酒店是相互独立的,中间商可以是这家酒店的代理,也可以是其他酒店的代理,它可以推销中国业务,也可以推销欧洲业务,有的中间商甚至同时销售两个竞争对手的同类产品。中间商一般对酒店不承担义务。为增强中间商的合作精神,应关心和重视对中间商的优惠与奖励措施。

首先,维护中间商的尊严,尊重中间商的利益,这是赢得中间商合作的首要前提;其次,要帮助中间商增加收入,因为中间商收入来自旅游产品的差价或佣金,他们十分关心旅游产品的销售量和差价及佣金比例,酒店可以根据旅游中间商的组团能力、企业规模、计划销售和付款情况,有区别地对待,这是奖励中间商的重要手段;最后,优惠中间商的形式要多样,方法要灵活,可以采用如下一些形式:减收或免收预订金、组织奖励旅游、领队优惠、邀请中间商旅游、联合宣传与推销、颁发奖品以及进行其他物质和精神的奖励。

第三节 值得格外关注的旅游批发商

旅游中间商可谓家族庞大,种类繁多,旅游批发商是其中最强大的一支。旅游批发商通常介于酒店与零售商之间,在酒店产品销售中的作用十分突出。旅游批发商的业务涉及旅游活动的方方面面,它甚至可以直接向消费者销售产品,同时大的批发商因其自身的销售规模大、网点多、涉及地区广、客源数量大、销售手段丰富、销售成本低,优势非常明显。因此,酒店应对旅游批发商有足够的重视,并注重密切与旅游批发商的合作。

一、对旅游批发商特点的进一步强调

本章第二节已对旅游批发商的概念、旅游批发商的业务内容向读者作了介绍。由于本节专门研究酒店与旅游批发商之间的关系,因此需对旅游批发商的特点作进一步的强调。

(一)旅游批发商不仅是进行产品转移销售的中间商,更是旅游产品组合的设计者

旅游批发商通过缜密的市场调研,进行旅游产品的开发与设计。这些组合的旅游产品通常包括交通运输、住宿、就餐、地面交通和娱乐项目等。在开发一项旅游组合产品的过程中,旅游批发商与酒店联系,通过享受特定的数量折扣的方式,预订一批房间,与其他的内容协调组合成各种时间、价格、线路的旅游产品,由旅游零售商将这些旅游组合产品出售给消费者。在这一过程中存在着一个双向选择的问题,一是批发商选择酒店,另一个是酒店选择批发商。只有双方对彼此都满意,才能形成合作关系,也才能形成顺畅的销售通路。

(二)旅游批发商对于旅游度假地享有很大的控制权

随着世界旅游度假区数量的日益增多,组合旅游产品的旅游批发商经常把目标定位在休闲旅游市场。旅游代理商不可能了解每一个景点,只能依靠旅游批发商提供的目录。如果有一对夫妇想去西班牙旅行,他们将会得到一份在密克罗尼西亚开展业务的旅游批发商提供的目录,目录上印有一些豪华宾馆、四星级酒店、三星级酒店和旅行者酒店的信息,批发商对每个酒店都进行了介绍。酒店可以提供一些信息,但最终选入宣传册的酒店介绍由批发商决定。这对夫妇将根据旅游批发商提供的信息选择一家看来能提供最高价值的旅游度假地。

(三)旅游批发商的产品营销需要渠道成员的通力合作,又需要预先防范

由于旅游产业的依赖性和脆弱性决定了旅游产品的易损性,因而经营旅游批发业务也面临着较大风险:一旦酒店对于取消预订实施严格的限制措施,而且如果旅游产品没有售出,批发商手中就会积压大量的易损存货。因此渠道成员之间应保持充分的信息沟通,彼此建立相互信赖的战略合作伙伴关系,不要因不适当的短期行为而损害渠道成员的积极性。另外,旅游批发商要为代理商支付佣金,并且要使客人相信他们所提供的产品组合要比客人亲自安排的具有更大的价值。此外,旅游批发商本身也要赢利。每个旅游组合产品的边际利润都很小。一般来说,批发商要出售旅游组合产品数量的85%才能达到保本点,如此之高的保本点要求不允许有任何失误出现,因此旅游批发商破产事件时有发生。而为了防范这一点,酒店在与旅游批发商合作时,就有必要先检查它的历史,要求其交纳押金并快速付款。

二、与旅游批发商合作时应关注的问题

在处理与旅游批发商之间的关系时,酒店至少要考虑以下七个方面的问题。

(一)分析本酒店是否对旅游批发商具有吸引力

因为旅游批发商着重向旅游团体出售产品,因此分析酒店是否对旅游批发商具有吸引力,应从是否对旅游团体有吸引力入手。具体内容有:

① 本酒店是位于旅游目的地,还是位于团体旅客到旅游目的地去的途中?
② 本酒店位于市中心还是位于郊区?
③ 本酒店是否邻近娱乐活动场所,本酒店是否提供娱乐活动场所?
④ 本酒店是否有完善的餐饮设施?
⑤ 本酒店内是否有商场,附近是否有商业中心?
⑥ 本酒店客房里是否有无线WIFI、空调、电视机和衣帽架等?本酒店是否提供电梯服务?

酒店经营管理人员应全面分析本酒店的设施,以便了解本酒店是否对旅游团体具有吸引力。在分析过程中,酒店经营管理人员要特别重视分析本酒店所处的地理位置,因为地理位置不好的话,即使设备很完善,也不见得能吸引大批团体旅游者。

(二) 分析客源

酒店经营管理人员应设法了解客源国有哪些旅游批发商,分析本酒店所能给予他们的利益,然后通过邮件、电话等方法,与这些旅游批发商建立联系。

(三) 确定应吸引的旅游批发商

旅游批发商可以划分为以下三种类型:
① 豪华类:这类批发商代销高档客房、餐饮。
② 中档类:这类批发商代销中档客房、餐饮。
③ 经济类:这类批发商代销廉价客房,不为旅游团体安排餐饮。

显然,不同的旅游批发商是为不同的游客服务的。酒店经营管理人员必须客观地分析本酒店在旅客心目中的形象及本酒店的价格,贯彻市场细分化的原则,选择适当的批发商,有针对性地对他们进行营销活动。

(四) 选择正确的推销时间

旅游批发商一般是在9月、10月、11月出版宣传小册子,以便提高明年夏天的销售量。夏季通常是旅游批发商的忙季,因此,许多酒店提前一年向批发商进行推销,在整个夏季与之保持联系,以便在秋季获得最大的销量。

(五) 确定包价并考虑影响因素

参加包团旅游的游客希望节省开支。旅游批发商不仅要从组团旅行中获取一定的利润,而且要向旅行社支付佣金。因此,酒店在确定团体包价时,不仅要考虑所制定的价格应使中间商有利可图,还要考虑到这一包价对游客应有吸引力。在确定包价时,酒店经营管理人员常需考虑以下几个因素:
① 房价。
② 餐饮、饮料价格。
③ 翻译导游、交通费用。
④ 其他费用:如小费、行李搬运费等。
⑤ 退款。如果酒店规定统一收费率,游客未参加旅游或未在酒店用膳所省的费用,不能退还给游客,而应退还给旅游批发商。
⑥ 对陪团人员的优惠。

此外,酒店还要考虑竞争者的价格。确定包价之后,酒店才开始与旅游批发商洽谈业务。

(六）做好旅游团的接待工作

团队客人付费比散客低一些，酒店在团队接待服务工作中，绝对不能把团体客人当作二类旅客。一般说来，参加旅游团的人，外出旅行次数较少，因此，对这些游客应更关心、热情，并做好以下工作。

① 要求旅游批发商提供有关信息，包括团队名称、要求预订的客房数（包括领队住房）、来店交通工具（飞机、火车、游轮等）、来店时间和离店时间、膳食要求和餐数等。

② 酒店应用书面形式向旅游批发商确认房价、膳食价、行李搬运费等。酒店应说明免费招待旅游批发商人员的规定、酒店规定的允许取消订房的期限，以及对逾期取消订房者的罚款规定。除非同意赊款，酒店必须要求批发商付定金。

③ 做好团队客人的接待工作。旅游批发商必须在团队到达前7～10天将住宿名单表送交酒店。派房人员应根据住宿名单表上的次序，直接注明客人的房号。旅游团队领队到达后，就可在客人行李标签上填明这些房号，这样就可加快行李运送的速度。派房之后，住宿名单表应分送总服务台、行李班、电话间，以便各部门更好地为团队客人服务。

如果客人姓名旁边注明"一起旅行""一家四口"等字样，在给这些客人派房时，应尽可能安排他们住邻近客房。如果客人姓名旁边注明"三人同住一间客房"，酒店应在客人到达前安排好加床。给旅游团队安排的客房一般是两张单人床的客房，不要安排双人床客房。

在客人到达之前，总台服务人员可把登记单、客房钥匙、介绍酒店各种服务设施和服务项目的促销资料、快速结账单，以及总经理签名的欢迎信放入信封，信封上标明客人的姓名和客房房号。客人到达后，只需在登记单上签名，就可到客房休息。也可让客人到客房后再签名，然后由楼面服务员或行李班服务员把登记送到总台，也可让客人在汽车上签名或由团体领队代办登记手续，还可为团体专设登记台。这样，就可避免门厅出现拥挤、混乱现象。

团队领队负责整个团队的旅行安排，因此，酒店中所有参加接待的服务人员都应认识领队，并随时与领队保持联系。

（七）测算接待旅游团队所能获得的收益

经营管理人员必须分析、比较酒店接待各种类型的旅客所能获得的经济收益，并作出是否要接待旅游团队的决定。如果经营管理人员认为接待公务旅行者、零散旅行者、会议团体更为有利，酒店就不必花费时间和精力向批发商进行推销。但是，经营管理人员应当明确，与批发商保持联系，可减少推销费用，如果酒店能够做好旅游团队的接待服务工作，就能长期保持较高的销售量。

讨论题

（1）简述酒店销售渠道的概念及类型。

（2）简述酒店有哪些中间商，如何与中间商建立良好的关系。

（3）请结合以下案例回答问题。

【案　例】

眼下，很难找出比"直播"更火的行业了，尤其是2020年6月以来，各商家和电商平台的"年中大促"更是一波接着一波。原本不属于快销品的酒店产品，在今年年初闯入了主播的直播间,随着携程联合创始人梁建章、开元旅业集团创始人陈妙林等业界知名企业家下场带货,酒店产品的销量在直播间创下了不少销售佳绩。

酒店的直播事业真正大规模开启是在新冠肺炎疫情发生之初,当时酒店大部分业务停摆,为了帮助企业激活现金流,让酒店预售产品可以有更多的展示和销售渠道,许多业者抱着试一试的态度敲开了网络直播间的大门,没想到自此便入了行。

《中国旅游报》记者从阿里巴巴旗下旅行平台飞猪方面了解到,自2月以来,飞猪已连续推出2.8万场直播,观看人次超2.5亿。其中,酒店品类的直播占相对大的比重。在飞猪与杭州市文化广电旅游局合作的文旅产品直播带货专场上,主办方请来了著名主播薇娅,那一场的总成交量达到2500万元,其中多个酒店产品秒空。此外,陈妙林在飞猪平台的直播首秀,观看量达到266万人次,每1秒成交1单。前不久,广州白天鹅宾馆打响"飞猪百城千家酒店BOSS直播"第一枪,短短3小时吸引170万人涌入直播间,单场涨粉超3200人。

事实上,酒店直播带货渐入佳境背后是直播经验的不断提升,一场完整的"直播"不是仅仅直播过程中的几十分钟,而是包括前期的预热、中间保持品牌格调,以及直播结束后在社交平台中放大声量的全链条。其中仅是为了直播现场"不翻车",背后就需要酒店、主播、平台三方共同付出努力。

直播带货的成本不低,酒店一定要先算清楚账再入场。不过,在许多业者眼中,酒店直播带货,不仅销售产品,也在为酒店做品牌宣传。开元酒店集团算是最早试水直播的一批,该酒店集团相关负责人告诉《中国旅游报》记者,从品牌宣传上来看,直播确实起到了一定的引流效果。"真正让用户产生购买意愿的还是品质优、价格好、有吸引力的产品。做直播,我们也非常注重品效合一,不会只是追求数据上的好看。"

然而,不论是酒店商家还是直播平台,如今随着入场者越来越多,竞争也开始慢慢形成。梁建章在接受媒体采访时表示,有好产品,直播就是成功的。他还总结了直播带货的三条经验:诚意、供应链、服务。梁建章甚至认为,现在是直播带货最好的时期。貌似站在风口的直播,要想不快速衰退,依靠的仍是"做出好内容"。

——资料来源:王玮. 酒店如何念好直播这门生意经. 《中国旅游报》,2020-07-02,第05版.

问题(1):结合本章内容及本案例,你认为酒店直播可以采用哪几种渠道?为什么?
问题(2):酒店想建立自己的直销渠道,你认为有哪些方法?

第九章 实现营销效果最大化的实用手段

【引导案例】

众所周知,在时代的大环境下,网络经济时代的酒店营销的商业模式发生了转变,只有对酒店市场的营销模式展开全面分析,才能使其顺利进入电子商务时代。酒店管理人员只有借助互联网平台的优势,才能使酒店自身的发展适应网络经济时代的发展要求,并在全球化经济大浪潮的发展过程中,拓宽自身的生产及发展空间,从而提升综合竞争力,实现基本的市场经济效益。

1. 重视渠道策略创新

直接渠道方面:重视酒店自营 App 建设,不仅可以拓宽酒店的销售渠道,摆脱过度依赖 OTA 平台的销售模式,减少中间商佣金,根据市场偏好自主定价,而且还可以使酒店更直观地掌握消费者信息,以便酒店更精准地服务于消费者,推进酒店—消费者一体化进程。

间接渠道方面:与市场活跃度高、用户拥有量大的 OTA 品牌,以返佣的方式建立稳定的合作关系。购买 OTA 网站首页广告位,借助寡头 OTA 平台的用户量,提升酒店在在线预订市场的竞争优势,达到酒店自身的营销目的。

2. 利用促销策略创新

根据不同的节日、具体的市场情况推出相关节假日促销活动,并通过在线预订平台及微信、微博等社交平台进行酒店客房打折或餐饮团购信息发布。完善全员营销机制,树立员工的全员营销意识,对非专职销售人员进行"推销技巧培训",提高全员营销能力,使酒店利益最大化。

3. 携手社交平台营销

除了重视传统的 OTA 平台、微博、微信等社交平台的营销宣传之外,酒店营销还应关注新兴的高渗透率社交平台。以抖音为代表的短视频应用吸引了大批年轻用户。酒店预订市场可以借助短视频营销扩展年轻用户渠道,以短视频内容对目标群体进行品牌触达,获取用户兴趣偏好,在 POI(Point Of Interesting)渠道联通的基础上,将用户导流到预订平台进行酒店预订。

4. 注重网络口碑营销

互联网的普及使消费者容易获得他人对产品的使用评价,即在选择产品时优先考虑口碑因素,并在此基础上进行相对理性的消费决策,而网络口碑营销也应运而生,并以低成本、高效益在服务营销中占据重要地位。网络营销时代,酒店营销除了注重营销手段创新外,更应关注酒店自身服务品质。注重口碑营销,严把品质大关,不断提升服务质量,在消费者心中树立安心、舒适、安全、贴心的品牌形象,使酒店品牌深入人心。

5. 关注网络体验营销

体验营销主要强调从消费者视角出发,实施多种体验设计方式,包括情境安排、事件安排等,保证消费者从中获得良好的体验感受,尤其在精神感受层面得以提升,这也是目前酒店营销中的主要模式。在具体实施上,首先从酒店体验营销模式的开展情况来看,主要应明确酒店体验主题,使酒店服务体验价值得以提升,同时需高度注重体验式旅游有形物的展示,不断强化酒店体验氛围,由此打造出良好的酒店文化氛围,比如借助网络优势,拓展网络空间,网站上应用符合用户体验趋势的页面设计,并利用合适的技术引导用户进行预订。在条件允许的情况下,可直接引入网络模拟体验模式,使顾客在订房前通过网络直观地了解酒店环境,进而达到吸引顾客的目的。

时代在发展,市场需求也在不断变化,酒店营销战略的创新应顺应时代发展,抓住互联网时代的发展机遇,在不断提高自身服务质量的同时,重视酒店营销战略创新,吸引更多的消费者关注本酒店并入住消费,为酒店在激烈的市场竞争中创造更多的收益可能性。

——资料来源:李蕙荞. 互联网背景下酒店营销策略创新思考. 旅游纵览(下半月),2020,{4}(02):90-92.

第一节 增加酒店收入和利润的思路

一、酒店经营的现状

改革开放以来,我国的旅游行业迅猛发展,酒店业的产业规模也随之不断扩大,在国民经济中的地位越来越重要。以我国星级酒店为例,我国主管部门定期发布的统计公报数据显示(见表9-1),进入21世纪,我国星级酒店的数量增长了一倍左右,2010年后呈现逐年下降的趋势,但仍基本维持在1万家。

表9-1 2000—2020年我国星级酒店数量及增长情况表

年份	2000	2005	2010	2015	2016	2017	2018	2019	2020
酒店数量/家	6029	11828	13991	12327	11685	10645	10249	10003	8423*
增长率/%	—	8.63	-1.72	-3.72	-5.2	-8.9	-3.7	-2.4	/

——资料来源:中国旅游业统计公报、文化和旅游部文化和旅游发展统计公报以及全国星级饭店统计报告.原国家旅游局网站、文化和旅游部网站,作者整理而得。

注:2020年酒店数量是指通过了省级文化和旅游行政部门的审核的数量;其他年份为全国星级饭店统计管理系统中的星级饭店数量。

随着酒店数量的持续增长,我国酒店发展中的问题与矛盾也逐渐凸现出来。由于行业结构、管理机制、行业竞争、外资进入等原因,反映酒店经营的几个重要指标,如出租率、营业收入和上缴营业税金等均出现下滑的趋势(见表9-2)。

表9-2中列出了我国旅游酒店7个年份中的主要经济指标,酒店数量出现小幅的逐年下降,酒店出租率却不断降低。近五年来,酒店营业收入和出租率均增长乏力(2020年受新冠肺炎疫情巨大影响,该年份的经济指标不予以参考)。可见,我国酒店业的营业收入增长缓慢和利润微薄的情况是行业发展过程中比较突出的矛盾,需要引起主管部门和酒店企业的重视与思考,并亟待解决。

表 9-2　2008—2020 年间我国星级旅游酒店的主要经济指标

单位：亿元人民币

年　份	营业收入	出租率	上缴营业税金
2008	1762.01	58.30	118.33
2010	2122.66	60.28	111.36
2012	2430.22	59.5	152.95
2014	2151.45	54.2	125.29
2016	2027.3	54.7	66.9
2018	2090.97	56.2	67.6
2020	1221.53	38.98	—

注：资料来源同表 9-1。

二、影响我国酒店经营效益的原因

（一）酒店行业内的原因

1. 竞争方式单一

商务客源、旅游团队是酒店，特别是中、高档酒店的主要客源，但客源增长与酒店数量增长相对滞后，由于酒店产品的可替性强，削价成为酒店之间相互竞争的最主要方式，这种恶性的竞争方式使得本来就不高的出租率、平均房价和平均利润率进一步降低，导致酒店跨档次经营，五星级酒店报四星级酒店的价格，四星级酒店报三星级酒店的价格……以此类推，最后导致行业性的效益低下，甚至是亏损。

【小链接 9-1】

酒店要想在市场中持续盈利，必须进行产品和服务的再创新，所以"产品研发"不能缺失。

对于平时工作生活在城市中的家庭，父母渴望在假期带着孩子亲近自然，探索户外。而苏州湾艾美酒店坐落在东太湖湾畔，面朝万顷太湖波涛，背靠千年古镇群落，四周环绕着湿地公园、体育公园，自然条件得天独厚。为了吸引更多的亲子客群，酒店与专业野外儿童活动公司合作，打造室内外全方位活动体验，室内以野外帐篷、动物造型、户外采集器材、自然课程为场景布置；酒店室外有儿童体验活动中心，有专业老师带领儿童与愿意参与的家长一起做手作、上自然课。野外活动按照年龄划分，老师带领孩子爬坡、钻洞、近处观察自然界的花草和飞鸟，还能在黄昏走进湿地公园、太湖畔，感受"星驰平野阔，月涌大江流"的自然美景。回到酒店，厨师已经为孩子们做好了健康晚餐。入夜，孩子们带着满满的野外知识与家长分享一天的快乐……

夏季到来，酒店又发现了新的夏日商机，"苏州湾艾美品牌文创雪糕冰淇淋""特制苏州吴江特色景点拉花摩卡咖啡"……相信在持续不断地尝试与创新意识地驱使下，更多的酒店会产生"自动效应"发现市场，探索研发适销对路的产品，丰富既有市场产品，为美好生活助力添彩。

——资料来源：没有"产品研发部"，酒店的创新力何处安放？环球旅讯，http://www.traveldaily.cn/article/146849，2021-07-20.

2. 行业结构失衡

市场结构决定企业在市场中的行为,企业行为决定市场运行的经济效益,因此酒店业的经济效益与其行业的结构有着密切的关系。分析《全国星级饭店统计报告》的数据发现,尽管我国星级饭店的所有制结构日趋多元化,但自 2017 年以来,国有和集体经济所有的酒店构成仍占 20%～30%。

3. 营销手段简单

部分酒店没能更好地利用多种营销方式,也会影响酒店的盈利水平。一些酒店忽视自身的市场定位与星级档次,一味地求多求全,造成产品趋同;酒店还在采用打折、赠品的传统促销方式;一些酒店销售渠道单一,没能将微博、微信、App 预订和直播等技术含量较高的渠道综合应用。

4. 人力资源不足

酒店业经常被看作是劳动密集型的行业,从事人员的学历与资历没有得到充分的重视。另外,由于酒店的基层工作劳动强度大、工作内容枯燥、收入水平不高,造成行业内人员流失严重,从而影响了酒店业人力资源水平,阻碍行业的发展与提高。

(二) 酒店行业外因素

酒店行业受全球环境因素的影响比较明显,金融危机、政治风波等都会使当地及周边地区的旅游业受到影响。而 2020 年初开始的席卷全球的新冠肺炎疫情则使包括酒店业在内的众多行业遭遇重创。相反,重大赛事、优惠政策等又会惠及该国及该地区的酒店业,出现全行业性的利润增长。

三、增加收入和利润的营销思路

针对酒店行业营业收入、利润率均偏低的现状,行业主管部门、企业自身都采取了一系列措施来应对。结合我国一些酒店开展的营销方法与行销理念,酒店在增加收入和利润上主要有以下营销思路:

第一,准确市场定位。由于酒店档次、所处地域、目标市场的区别,每家酒店都有其特定的目标客源,酒店应与其目标客源准确对应,减少各种类型酒店的价格"混战",提高总体效益。

第二,推出新产品或新技术。利用市场没有出现过的新产品或服务,实现差异化营销,避免正面的价格对比与竞争,满足消费者多样化需求。例如,女士客房、亲子客房等在推出时均属于新产品。

【小链接 9-2】

"进门时的一杯热茶,一双舒适的棉质拖鞋,一碗深夜的热粥,一份可口的水果"——某世界 500 强企业的条线业务负责人将这称为"亚朵四件套"。

亚朵集团(下称"亚朵")成立于 2013 年,与诸多将"豪""锦""万""华"等贵气十足的文字用作品牌名称的酒店相比,这个源自云南亚朵村的名字似一股清流,流淌着自然、生活及人文情怀。

差异化的市场定位,源自亚朵的"体验派"思路。这一思路的核心在于从"经营房间"向"经营人群"转变,不仅如此,亚朵还总结出一套"标准个性化"服务方法,保障服务能紧跟消费者需求的变化。根据慧评网的消费者调研显示,亚朵的整体满意度得分自 2017 年以来在 6 个主要的中高端酒店品牌中始终保持第一的位置。

另外在亚朵看来,酒店是一个生活方式体验及生活用品销售的天然场景。比如,当客户觉得酒店的床垫很舒适时,可以直接在线上购买同款床垫。亚朵也由此从一家连锁酒店集团进一步升级为领先的生活方式品牌集团。

生活方式品牌的核心在于品牌调性和消费者忠诚度。

在"美好生活分享社区"小红书上,关于亚朵的笔记数量高达1万+。在搜索框中输入"亚朵",弹出的关联词包括亚朵早餐、亚朵枕头、亚朵床垫、亚朵洗发水等,处处充满住宿以外的生活气息。顺着关联词点进去,更是好评如潮。其中,在疫情隔离期,亚朵隔离酒店成为了不少网友口中的"惊喜"。

——资料来源:亚朵:新住宿经济的故事如何讲?环球旅讯,http://www.traveldaily.cn/article/146336,2021-06-26。

第三,集团化扩张与经营。第二次世界大战后,酒店业呈现出集团化、全球化扩张的趋势,洲际酒店、希尔顿酒店,以及我国的上海锦江国际酒店集团,无不经历了全球范围内的规模扩张,以特许经营等方式形成庞大而著名的品牌体系,实现品牌化与规模化经营。

第四,多元化销售渠道。除了消费者直接向酒店订房外,酒店业还采用了旅游网站、旅游批发商、全球预定系统和手机客户端等多种方式的销售渠道。

第五,引用营销新理念。自媒体营销、绿色营销、新媒体营销等新的营销模式引入酒店业,使酒店贴近消费者、特色鲜明、突显个性。

为了使增加收入、提高效益方面取得一定的效果,下面介绍几种比较实用和典型的营销手段。

(一) 引入文化营销

随着经济交往的密切,酒店之间的模仿与学习日益频繁,不同区域的酒店本身具有的自然优势、资金优势等正在不断地弱化与模糊,拥有长久的竞争优势变得越来越困难。赋予酒店文化的品位与灵魂,实施文化营销,将是一个比较有效的营销手段。

【小链接9-3】

文化主题酒店可以通过营造沉浸式的主题文化氛围,提供有主题文化的产品和服务,举办各类主题文化活动,来满足宾客在基本住宿需求之外的文化体验需要,给宾客带来文化熏陶,也使酒店的产品和服务产生更高的溢价。成功的文化主题酒店,往往是区域内文化性地标建筑、文化体验和消费空间、健康生活方式和社会文明的传播窗口,以及有鲜明文化特色的网红打卡地。

全面深入挖掘主题文化

酒店对文化进行衍生式创新,比如开发文化创意产品和服务、开拓文化休闲体验空间、开展系列文化主题活动,同时配备相应的旅游与度假设施,让宾客在入住期间感受文化的魅力,从而将文化主题酒店打造成为该区域具有鲜明文化特色的目的地酒店。比如,安缦酒店位于自然风景优美、历史文化独特的区域,酒店与当地自然、人文环境充分融合,并辅以高品质的度假休闲产品和服务,成为众多高端游客的目的地酒店。

文化主题酒店可以通过举办一系列文化主题活动,为宾客提供文化交流和展示的平台,以此提升顾客对酒店品牌的黏性。比如,以"书籍"和"摄影"为主题的亚朵酒店,通过举办读书会和摄影大赛为顾客提供文化交流的"第四空间",增强了用户社群间的互动。位于北京三里屯、以时尚潮流文化为主题的 CHAO 酒店,通过打造众多场景感十足的活动空间,如电影院、展览空间和剧场等,通过举办"版画工作室""72 位艺术家和他的房客们""文化大使馆"等活动,将抽象的时尚文化要素和符号具象化,使之成为一个文化空间场所。

文化主题酒店应注重与当地文化的融合。一是在设计与建设环节,注重与周边自然和人文环境的和谐,提升酒店品牌附加值。如以明清宫廷文化为主题的北京颐和安缦酒店,距离颐和园东宫门仅数步之遥,酒店内部的客房设计均采用颐和园传统的建筑风格,酒店内种植了大量与颐和园相同的树木,让人步入酒店就仿佛走进明清时代的皇家园林。二是文化主题酒店应该成为游客和当地文化沟通的"桥梁"或"使者",让游客充分了解当地的生活方式、民俗风情。以少数民族文化为主题的酒店,可引入当地少数民族的特色美食,举办民俗节庆活动,在服务中加强对少数民族文化的讲解,营造少数民族特色体验,让游客在度假休闲中感受不同的生活方式、饮食文化和风俗习惯等,获得更深层次的精神享受。

——资料来源:李彬,辛欢.打造文化主题酒店的几点思考,《中国旅游报》,2021-03-18,酒店,第 006 版.

酒店同其他服务企业一样,获得稳定而持续增长的收入与利润是其经营目标。小链接 9-3 中的北京 CHAO 酒店的成功,得益于一种崭新的营销模式——文化营销。

文化营销是将文化因素渗透到市场营销组合中,努力构筑一个主题鲜明的文化环境,从而影响并引导消费者的行为,以文化作媒介与客人及社会公众构建全新的利益共同体关系。

酒店营造文化与展示特色,根本目的是吸引客源、创造利润,因此酒店需要找到文化与利润的契合点,切不可盲目地追求"文化"而变得"无利"。酒店开展文化营销时,可以着重于以下几点。

1. 强化服务功能,注重细节之处

无论是增加了何种文化功能,酒店提供舒适而完善的服务是首要的任务。文化营销并不一定是摆放字画与古董这样的大投入,细微之处的巧妙与到位也能体现其独到的文化。例如,美国米歇尔酒家,通过"菜单文学"宣传酒店的经营理念和特色,在细小的地方显示其与众不同。在欢迎客人光临的菜单页有这样一段话:我们高兴,因为我们能为您烹制全市最好的美食。感谢您对我们的信赖,我们将永远竭尽全力,不负您的友谊和惠顾。

2. 营造特色环境,提供情感分享

酒店的资源禀赋优势不尽相同,酒店可以充分地利用其地域、环境等资源特色,营造出独特的文化环境,为消费者提供一个幽雅而特别的情感分享意境。

在秘鲁库斯科圣谷的一处峭壁顶端,设有一些被称为"天空套房"的透明小屋。在这些外壳像豌豆荚的透明套房中,可以看到秘鲁神圣山谷的美景,它们悬挂在海拔 1200 英尺的悬崖上,游客需要经过 400 米的攀爬,或者徒步抵达高空索道滑行,才能在天空套房住宿。

3. 结合酒店现状,找准市场定位

文化在酒店服务中的传递,可以通过物质形态、精神形态等多种形式表现。不同星级和档次的酒店都可以结合自身的规模与客源,开展独具特色的文化营销活动。高星级的酒店可以投重金,将高贵的宫廷文化引入酒店;低星级的酒店则可以利用绿色、家庭等概念,营造简朴、自然的环境。

(二)拓展营销渠道

随着科学技术的不断发展、网络信息的丰富,全球预定系统、旅游网站、智能手机 App 等都成为酒店销售的方式,酒店销售渠道越来越多样化,互联网成为一个主要的销售渠道,而移动互联网的发展推动产生了"随时随地"的特性,新媒体渠道以其独特的优势,为我国酒店的经营发展起到不可替代的助推作用。

《中国互联网络发展状况统计报告》显示,截至2021年6月,我国网民规模首次超过10亿,达到10.11亿。艾瑞咨询公司预测,2019年中国在线住宿预订市场交易规模预计超过2700亿元。

酒店在拓宽销售渠道,开展网络营销和移动端营销时,可以注重以下几点:

第一,遵循网站域名国际化。中国互联网络信息中心(CNNIC)发布的《2019年中国网民搜索引擎使用情况研究报告》显示,我国搜索引擎使用率为81.3%。可见,网站域名如果能够有利于搜索者方便记忆和快速查询,会对增加酒店客源有所帮助。为了让更多的国际消费者能了解中国的酒店,酒店网站的域名应采取符合国际惯例的做法,同时丰富网页的各种语言版本。

第二,强化信息的丰富性和准确性。和所有网络营销产品一样,酒店网站提供的产品同样具有五个层次,信息则是核心层次产品,也是在线销售的主要内容和依据。由于酒店核心产品的趋同性,关注产品的期望层次与外延层次,也就是信息的丰富性和准确性,成为酒店网络营销竞争的焦点。

第三,优化酒店直销渠道在移动端上的表现,提升用户体验。《中国互联网络发展状况统计报告》的数据显示,截至2020年12月,手机搜索引擎用户规模达7.68亿,应不断优化酒店在移动端的表现,提供最好的用户体验。例如,实现移动友好易用性,或是灵活的交互设计等。

(三)吸引高端客源

文化和旅游部发布的《2020年度全国星级饭店统计报告》显示,不同星级的酒店在平均出租率上区别很小,但平均房价差距却很大,例如,五星级酒店的平均房价为518.8元,四星级酒店的平均房价则为300.2元。分析产生这种差异的重要原因之一是五星级酒店吸引了高端客源。

当然,并不是所有的酒店都能吸引到高端客户,能够为高端客源提供服务的至少是四星级以上的高档酒店,这类酒店能够用品牌、价值来满足消费者价值的体现。可以关注的高端客源有跨国公司和商务客人,除此之外,奖励旅游团也是高档五星级酒店挂靠的重点旅游团队。奖励旅游,是指由公司统一组织的企业内部高级经理人或优秀员工的旅游活动,一般客人级别较高、购买力强。

【小链接9-4】

近日,华住集团旗下子公司施柏阁股份公司与保时捷设计精品集团(以下简称"保时捷设计")宣布将于全球范围内的国际大都市共同打造联名奢华生活方式品牌:施柏阁保时捷设计酒店(Steigenberger Porsche Design Hotels)。

施柏阁保时捷设计酒店定位于奢华型生活方式(Luxury Lifestyle)酒店类别,是全球首家顶级汽车厂牌和顶尖豪华酒店的跨界联名酒店品牌。此次,保时捷设计与施柏阁联手首次涉足酒店行业,正是旨在打通奢侈品行业与酒店业的跨界融合路径,满足日益增长的新型高端旅行者对于极致和独特旅宿体验的追求。

华住集团执行副总裁、全球高端品牌事业部CEO夏农表示:"随着高净值人群的不断壮大,对于奢华旅行和极致体验的需求也在不断提升。兼具保时捷的卓越设计,施柏阁品牌的悠久的德国基因,以及华住集团的创新管理技术和能力的施柏阁保时捷设计酒店,将对奢华酒店做全新的定义。"

据悉,第一家施柏阁保时捷设计酒店计划将于2024年以前开业。未来,华住将持续大力布局高端酒店市场,与更多品牌共生共荣。

——资料来源:华住集团:携手保时捷推出全新奢华酒店品牌,品橙旅游,http://www.pinchain.com/article/251167,2021-07-10。

(四) 应用收益管理

收益管理(Revenue Management)也称为产出管理(Yield Management),最早源于航空业,20世纪80年代后期被引入酒店业。其管理思想是在对需求进行准确预测的基础上对市场进行精确的划分,并以收入最大化为目标,对价格进行动态调整。

酒店业具有适用收益管理的特征:第一,产品或服务过时后没有任何价值。酒店产品特别是客房具有时效性,销售不出去便不能为酒店带来收益;第二,追加新的产品或服务需要较长的时间或大量投资,在酒店客房数量有限的情况下,提供产品的能力就有限;第三,产品或服务的可变成本较低。酒店客房的固定成本高昂,而可变成本相对较低,一旦客房的销售收入超过盈亏平衡点后,利润最大化和收入最大化的目标是一致的。

最早建立初级的收益管理系统的是北美的大型酒店集团,我国的酒店业推行收益管理还有很多工作要做,例如需要酒店业具有完善的预定系统、管理要符合国际通行的管理规则、调整传统的管理方法与组织结构等。

【小链接9-5】

新冠肺炎疫情防控进入常态化,酒店行业复苏态势明显。新的市场形势对于酒店收益管理工作的要求也是全新的。在数据统计分析的基础上制订战略决策,推进沟通和决策执行的过程叫作流程。收益管理流程实施过程中,各岗位需要理解各自的角色,保持流程的标准性和一致性。实践中,笔者发现一些酒店存在以下问题:酒店内部缺乏完整有序的操作标准,各个部门按照自己的习惯摸索进行,造成团队间协作困难、矛盾重重,甚至影响到客人的体验和最终收益。因此,通过科学合理的SOP(标准操作流程)制定,为酒店提供科学合理且行之有效的流程支持就显得尤为重要。围绕收益管理循环周期的各个环节,业者需关注以下步骤:

1. 数据搜集确保准确性、连续性和完整性。数据的准确是后续做出准确预测的基础,错误或偏差的数据会导致分析结果出现偏离,更易导致预测和决策的偏差。连续性的数据收集工作对于趋势的连续性分析有着至关重要的作用,而数据的多样性又决定了数据收集必须完整。酒店管理者在制定决策时,除了需要酒店发展的历史数据、目前在手的预订数据和后续预定数据等,还需要市场宏观和微观层面的数据、竞争对手实时价格变化数据及酒店市场上特殊事件的信息数据等。通过分析这些数据对于酒店经营的影响来做出相应的决策。

2. 数据分析的科学性、逻辑性和导向性。将数据进行清理、重新整合排列,得出其背后隐藏的客观规律和发展趋势,是数据分析的重要作用。清理、重新计算和整合的过程应当科学严谨、符合逻辑,并且对后续的预测有一定的导向作用,这一点在数据分析过程中尤为重要。进行数据分析,需要充分利用弹性变化、线性回归分析等逻辑分析方法。而伴随着大数据时代的到来,数据分析的系统化和自动化要求也会越来越高。

3. 预测流程必须保证实时性、规律性和连续性。在数据分析基础上做出的预测,需要细化到每天,并且要根据市场细分的不同预测方式和模型分别开展。因为酒店的预订数据是实时更新的,所以要想得到精准的预测结果,对于预测频率和次数的要求也会很高。每日、每周、每季度、每年,都需要进行实时且有规律的预测。只有连续性的预测,才能保证酒店的各项决策随着数据的变化而不断调整优化。同时,收益管理现代化的精细化管理,也体现在多维度的预测管理上,当前一些先进的收益管理工具已经细化到可以按不同房型进行预测,同时兼顾渠道的各项因素,比如竞争群组定价变化、舆评指数、渠道成本等。

4. 基于预测结果的酒店内部库存(可售房)管理流程。可售房管理流程需要由酒店收益管理部门把控,销售和运营部门积极配合,三方共同努力确保实现每间可售房的效益最大化。制订具体流程时,注意兼顾高级房型升级,明确高级房型免费升级的审批流程并进行监控,确保不同房型卖出应有的价格。同时,收益管理部门要确保超额预订房间数量的可控和可操作性,确保实现酒店最大化收益的同时拉高整体客房出租率。

5. 收益管理部门需要完善并负责酒店的整体价格体系。完成酒店价格价值评估流程,对于确保酒店精准的价格定位有至关重要的意义。科学的价格体系,为酒店实施动态定价奠定了基础。需要注意的是,价格体系需按照不同的细分市场逐一建立,要兼顾市场需求和价格敏感度双重因素。

6. 酒店业绩报告和评估。业绩报告和评估是确保酒店了解和把握市场变化的基础,也是酒店评估各团队工作成效和经营决策效能的基础,是后续制订发展战略的保障。报告和评估的流程也需要按天、周、季度、年等评估时间段建立,以确保完整性和连续性。

——资料来源:俞晓东. 酒店收益管理工作的流程梳理.《中国旅游报》,2020-08-13,第006版.

第二节 酒店竞争优势的取得

一、酒店竞争优势概述

竞争优势由美国哈佛大学迈克尔·波特(Michael E. Porter)教授于20世纪提出,波特教授提出的"五种竞争力量"和"三种竞争战略"的理论观点,因其能够解释企业和国家的竞争力来源而受到世界的关注。

【小链接9-6】

人物介绍:迈克尔·波特(Michael E. Porter)

迈克尔·波特(Michael E. Porter)是哈佛大学商学研究院著名教授,当今世界上少数最有影响的管理学家之一。他曾在1983年被任命为美国总统里根的产业竞争委员会主席,开创了企业竞争战略理论并引发了美国乃至世界的竞争力讨论。截至目前,波特已有十四本著作,其中最有影响的为《品牌间选择、战略及双边市场力量》(1976)、《竞争战略》(1980)、《竞争优势》(1985)、《国家竞争力》(1990)等。其中,《竞争战略》一书已经再版了53次,并被译为17种文字;另一本著作《竞争优势》,也已再版32次。

迈克尔·波特32岁即获哈佛商学院终身教授之职,是当今世界上竞争战略和竞争力方面公认的第一权威。他毕业于普林斯顿大学,后获哈佛大学商学院企业经济学博士学位。目前,他拥有瑞典、荷兰、法国等国大学的8个名誉博士学位。

波特教授获得的崇高地位缘于他所提出的"五种竞争力量"和"三种竞争战略"的理论观点。波特对于竞争战略理论做出了非常重要的贡献,"五种竞争力量"——分析产业环境的结构化方法就是他的杰出思想;他更具影响的贡献是在《竞争战略》一书中明确地提出了三种通用战略。这三种战略思路是:(1)总成本领先战略;(2)差异化战略;(3)专一化战略。波特的竞争战略研究开创了企业经营战略的崭新领域,对全球企业发展和管理理论研究的进步,都做出了重要的贡献。

——资料来源:全球品牌网,http://www.globrand.com.

酒店正在通过各种各样的方式来获取竞争力,但在市场中谋取竞争优势价值时需要注意下列问题:

第一,取得酒店竞争优势的首要目标是使酒店增加利润。单纯地追求营业额的增加,而忽视利润率,无论对哪种类型的酒店来讲都是不可取的。

第二,酒店具有良好的定位能力,从而保持相对优势。对酒店来说,首先选择经营酒店的星级;其次是选择客人的类型。

第三,熟悉并运用获得竞争优势的三种战略。这三种战略分别是总成本领先战略、差异化战略、专一化战略。第一种战略特别适用于经济型酒店;第二种战略主要适用于高星级酒店,实行产品或服务的差异化经营;第三种战略特别适用于满足客人特殊要求的专业型酒店。

第四,运用价值链获得酒店竞争力。波特指出,用于判断竞争优势与增强竞争优势的基本工具是价值链。酒店基本的价值活动包括内部后勤、生产经营、外部后勤、市场销售与服务。酒店可以通过分析每个价值活动,降低酒店成本或提高酒店质量,进而取得竞争优势。

二、取得酒店竞争优势的途径

(一)规模化、集团化经营

现代酒店业竞争的趋势表明,酒店集团的规模经营在市场中的优势明显,集团的营业收入占行业收入比重不断上升。特别是我国本土酒店品牌近几年"弯道超车",在创新、品牌、规模等方面都大大超越了国际酒店品牌和集团,一些发展势头良好的中国酒店集团正在成为中国酒店业的主流或主宰,并逐步重组全球酒店业格局,输出独具魅力的中国酒店品牌文化,将中国智慧和中国力量输出到全球。

酒店集团是以经营酒店为主的经济实体,是在本国或世界各地拥有或控制两家或两家以上的酒店,以相同的店名和店标、统一的经营程序、同样的服务标准和管理风格与水准进行联合经营的企业集团。最早的传统酒店始于欧洲,随着不断的扩张与发展,发达国家的酒店集团已经遍及世界各国,特别是一些总部设在美国的世界级的酒店集团,正以其规模、管理、技术等竞争优势成为酒店业的"领头羊"。与这些国际级的酒店集团相比,我国酒店在集团化与规模化方面存在着一定的差距。但是,近年来我国酒店集团在管理水平、发展意识以及海外扩张方面有着惊人的进步。以 2020 年度全球酒店集团排名来看(见表 9-3),我国的上海锦江国际酒店集团、华住酒店集团和北京首旅如家酒店集团位列其中。从酒店数量来看,这 3 个中国酒店集团的数量均超过 4000 家,而锦江国际酒店集团以其突破万间的酒店个数(10695 个)遥遥领先于其他集团。

表 9-3　2020 年全球酒店集团前 10 名排名

排　名	所属集团	酒店数量/家	客房数量/间
1	万豪国际	7642	1423044
2	锦江国际酒店集团	10695	1132911
3	希尔顿	6478	1019287
4	洲际酒店集团	5964	886036
5	温德姆酒店集团	8941	795909
6	雅高酒店集团	5100	753000
7/8	华住酒店集团	6789	652162
9	精选国际酒店集团	7147	597977
10	北京首旅如家酒店集团	4895	432453

——资料来源:2020 年全球酒店集团百强排行榜,产业信息网,https://www.chyxx.com/top/202108/968191.html,2021-8-12.

追溯世界著名的酒店集团可发现,资本运作是这些集团快速发展、做大做强的重要途径。喜达屋及洲际、雅高、希尔顿等几乎都有着市场运作扩张、经营模式创新的历程。我国酒店业也正在借鉴发达国家酒店集团的经营模式,有针对性地结合国情,采用直接经营、合同管理、特许经营等方式,不断地推进集团化发展,实行全球化管理,追求规模效益是我国酒店业发展的必由之路。

(二)重视技术性创新

随着市场环境的变化,以硬件设施和软件服务为依托的酒店业,已经不再是单纯的劳动密集型行业。消费者的多元化需求、销售渠道的多样化变化、个性化服务的需求,使得技术性的创新成为行业竞争的热点与前沿。

目前我国的酒店业已经接受了酒店经营管理信息化的理念,并结合自身的条件使用了技术性的手段或工具。其实技术性的创新并不是单纯地采用一些高科技的管理方法,许多酒店采用的管理软件只用了 70% 的功能,原因是这些酒店的日常管理体系和这些软件的标准不匹配,而这些酒店又不想改变目前的管理体系。因此,酒店在技术创新与改进中需要注意两点:首先,选择与自身管理体系相吻合的管理技术,或者能够在应用某种技术后不断地更新酒店现有的管理体系;其次,引入技术手段的最终目的是方便客人、赢得利润,技术的方便与实用是获得竞争优势的基础与核心。

【小链接 9-7】

疫情的冲击,并没有使得酒店行业的巨头们放缓"跑马圈地"的步伐。2019 年,华住集团提出了"千城万店"计划,希望在2022年前实现开店10000家的目标。但在规模扩张之下,不同品牌、众多门店又如何在运营端保证品质呢?

在疫情的影响下,国内各大酒店集团们加快了连锁化、品牌化的步伐。如果说,经营连锁化是酒店集团实现更高更稳定的RevPAR(每间可销售房收入)、提升人员效率和酒店品质的"敲门砖",那么运营数字化则是保障酒店集团规模化后持续实现降本增效、服务提升的基石。

从运营移动化、服务自助化,到入住体验智能化,甚至未来全服务智慧化,各大酒店集团正在重视技术赋能和创新。"数字化的产品正在使得我们一线的运营效率得到提升。"华住集团CQO(首席质量官)孙清一告诉《21世纪经济报道》记者,一旦运营效率提升了,对于门店加盟商而言也会实现成本下降的效果。

后疫情时代之下,酒店行业的发展核心将会围绕连锁化、数字化和直销化等方面展开。而在短期内,酒店的干净、卫生与防疫,依然是消费者入住酒店前关注的重点。安永分析认为,短期内酒店业发展有三个关键:第一,酒店需要紧紧抓住获取客流最稳健的市场之一,通过数字化降低企业差旅成本、提升员工出差效率和住宿满意度;第二,各酒店品牌要利用好直销渠道,打造有别于OTA等线上平台的组合产品和数字化的客户体验;第三,酒店要进一步利用好无接触自助设备,如自助入住机、送货机器人,使之与酒店运营和客户服务更好地结合,为消费者提供更为安全和智能化的服务。此外,酒店集团还需在酒店品牌管理标准和运营流程(SOP)层面深入进行本土化创新和数字化探索。

——资料来源:酒店的数字化"战场":规模扩张后如何保证运营品质? 环球旅讯,http://www.traveldaily.cn/article/143659,2021-02-26.

(三)寻求差异化经营

迈克尔·波特的竞争战略模型认为,差异化竞争是基本选择之一。酒店的差异化经营,是指企业利用自身的管理和技术优势,通过市场定位、产品创新,提高企业市场地位和竞争能力。

酒店可以根据自身的条件开展以下差异化经营:

第一,产品差异化。主题酒店可围绕选定的主题建设具有差异性的酒店扭转和经营体系,实现产品创新式的差异化经营。

第二,渠道差异化。酒店可以加强移动端建设,让消费者通过智能手机游天下。

第三,服务差异化。酒店面对较强的竞争对手而在服务内容、服务渠道和服务形象等方面采取有别于竞争对手而又突出自己特征的方式。例如,某酒店集团为某位过胖客人用两个标准床拼装成一个大床的超常服务。

第四,定位差异化。由于市场竞争和利润诱惑,定位于商务客源和旅游者的经济型酒店,正以差异化市场定位寻求发展。

【小链接9-8】

2019年盛夏7月,散花坞畔、狮子峰下,黄山北海云亼精品山宿酒店旧貌换新颜。它填补了黄山风景区特色旅居产品的空白,亦成为黄山旅游加大供给侧改革,实现山上酒店差异化错位发展的新名片。

"为了一间房,重游一座山",八百里黄山四季皆胜景,吸引着五湖四海的游客前来感受"天下第一奇山"的风采。从当年游黄山打地铺到如今的特色旅居,从匆匆到此一游到放松脚步休闲度假,从仅仅满足游客吃住需求到如今提供的特色化个性化服务,一路走来,黄山旅游书写下了一段不断丰富旅游产品供给、提升旅游服务品质、加大提升游客满意度和惊喜度的历史书篇。

从推行晚餐桌餐改自助餐、住宿含早餐等产品,到开展餐饮品质革命,推行"轻餐饮"环保产品,提升产品供给品质,保护景区旅游环境;从创新开展"夏季嘉年华"活动,打造游客体验与互动参与性强的"爆款景区""爆款产品",到推行山上"轻夜游"产品,点亮黄山夜色,丰富景区旅游业态;从加大客房的内部改造提升,创新推出各色亲子客房、黄山文化主题客房,满足不同游客的个性化需求,到改造云亼山宿,加大旅游供给侧改革力度,实施山上酒店错位发展和差异化经营,丰富产品供给及游客体验……一路走来,黄山旅游人用自己的实际行动为品质旅游的发展推波助力,为提升旅游接待软硬件水平、满足游客休闲度假需求贡献力量。

——资料来源:黄山云亼迎客来,中国旅游新闻网,http://www.ctnews.com.cn/jdzs/content/2019-07/29/content_47827.html,2019-07-29。

(四)重视酒店品牌

从里兹-卡尔顿公司的创始人凯撒·里兹1902年开始运用成功的酒店品牌发展联号企业开始,酒店业的品牌化与集团化已经发展了一百多年。据原国家旅游局报告(《中国旅游酒店发展现状、趋势及面临的挑战》)称,截至2006年底,世界排名前十的国际酒店管理集团均已进入中国。

酒店品牌是酒店为了消费者识别并与其他竞争者区别而使用的一种显著特征的标记,它是酒店最重要的无形资产。酒店通过打造自己的品牌和实施品牌经营是酒店提升竞争优势的必然选择。一个好的酒店品牌,可以为酒店创造长期的经营业绩,并可以赢得客人的认知与认同。不同的酒店品牌可以传递出酒店的经营思想和服务承诺,例如假日酒店的宣传语是:放松吧,这里是假日酒店(Relax,it's Holiday Inn)。这与其闻名世界的舒适和价值是非常吻合的。

营销专家拉里·兰特指出:未来的营销是品牌的战争——品牌互争短长的竞争。作为酒店的管理部门和从业人员来说,树立正确而紧迫的品牌意识是酒店品牌化建立中的首要任务。酒店可以通过大量的市场调研进行品牌定位与品牌规划。在品牌推广过程中,可以结合自身的情况采用多种销售渠道的组合方式,并不断提高酒店的知名度与美誉度。品牌发展与扩大时,可以通过特许经营、组建酒店管理公司等途径进行品牌扩张。

(五)投入战略性资源

酒店在经营过程中需要拥有大量的有形资源与无形资源,能够提升酒店服务价值、形成竞争优势的资源称为战略性资源。战略性资源具有五个基本特征:价值、稀缺性、不可模仿性、不可替代性、可以低于竞争对手的成本获得。酒店的人力资源、组织资源、品牌资源都可视为酒店的战略性资源,在酒店的经营与竞争中发挥着难以替代的作用。

对于劳动密集型行业来说,人力资源对酒店发展最重要。如何减少员工流失率、充分调动员工的积极性、提升员工的职业素养,思考与解决好这些酒店常见的问题,对于提高酒店竞争力至关重要。酒店业从业人士袁学娅提出一种观点:被关爱和尊重的员工,才能去关爱和尊重客人。细腻而人性化的企业文化将在赢得员工的基础上赢得客人,这些关爱与尊重主要体现在对待员工的态度上,例如,2020年6月,为给全体员工夏日清凉解暑,三亚丽禾温德姆酒店特组织了"夏送清凉"关爱员工活动,切实为员工做好防暑降温工作。

第三节 制订正规的酒店市场营销计划

一、酒店市场营销计划的含义及其分类

酒店市场营销计划是酒店在分析自身所处的市场营销环境的基础上,对酒店在一定时期内从事营销活动预期达到的目标,以及达到目标的方法、步骤和措施进行全面或专项设计和计划的书面表达,是酒店营销战略的落实和体现。

市场营销计划几乎是所有营利性组织营销战略的一个重要书面形式,周密而翔实的市场营销计划能为企业的发展起到重要的作用。与市场营销策划相比,市场营销计划无须太多的创意,主要内容是进行某项活动或特定时期的计划与安排。市场营销策划的创意性思想通过市场营销计划更具体地回答了三个问题:酒店现在的位置(对现状进行分析)、我们未来的目标(酒店的战略方向和市场定位)、我们如何实现目标(选择营销组织及营销控制方案)。

一般来说,按照实际需要可以将酒店市场营销计划划分为:

第一,按营销的内容和范围划分。这种划分方法将市场营销计划划分为综合计划和专项计划。综合计划需要对市场营销环境进行详细而全面的调查和研究,综合运用营销知识,结合酒店的具体情况,根据酒店的目标,进行营销的全程计划,例如使明年的客房销售额增加3%的营销计划。专项计划则具有阶段性或局部性,酒店可以根据营销活动开展单个部门的营销活动,例如销售部和前厅部制定一项招徕奖励旅游团的计划;也可以是产品定价、节假日促销活动等专项营销活动的计划。

第二,按时间跨度划分。这种划分方法分为长期计划、中期计划和短期计划。一般来说,长期计划的时间跨度在5年以上,其内容一般是全局性的,主要涉及酒店目标市场改变、新增产品策划等重大事项。中期计划的时间跨度为1~5年,主要由中层管理人员依据酒店的长期计划和战略目标,规划中期计划与步骤;短期计划是指年度计划,由于其使用频率高,具有稳定性、连续性,故对酒店有条不紊地实现长期、中期目标具有重要的作用,对酒店一线工作人员和管理人员的日常工作有重要的影响。

第三,按营销计划制定方式划分。这种划分方法分为传统式营销计划和序时式营销计划。传统式是各期计划相互独立,在前一计划开始执行即编制下一期计划;序时式是将计划内容按时间顺序列出,根据前一期计划的完成情况和环境变化,定期调整计划,逐期推进。

二、酒店市场营销计划书的基本内容

(一)营销计划摘要

酒店营销计划的开始是对本营销计划的目标及主要内容进行一个明确而简明的陈述与概括,在概要之后应附上计划的内容目录。这部分可以包括市场营销的目的、营销目标、营销计划概述等内容,例如酒店明年的目标是营销收入增加8%、利润率由20%提高到22%。

(二)营销现状分析

这一部分应包括市场状况分析、竞争对手分析、自身现状分析、宏观经济状况等背景分析。

下面以市场状况、自身现状、竞争对手为例,说明营销现状分析的主要内容。

1. 市场状况分析

利用酒店的历史资料、目标市场的相关数据或是在市场中进行调研而获得的第一手资料,分析酒店自身所处市场的发展趋势、目标客人的需求变化等发展趋势,为营销计划的实施提供市场环境的背景资料。

2. 自身现状分析

客观地分析酒店现在的硬件设施状况及软件服务水平状况,以明确酒店自身的长短和确定酒店营销的基础,以及未来的方向。

3. 竞争对手分析

识别并分析本酒店主要竞争者的情况,一般分析最主要的三个竞争对手的情况,了解这些竞争对手的基本情况,例如地理位置、硬件设施、房价水平、目标客源、市场份额等。可以依照表9-4的思路,制作一份竞争对手酒店调查分析表。

表9-4 竞争对手酒店调查分析表

对比项目		××酒店	××酒店	××酒店
地理位置				
客房数量				
市场份额				
标准房价	套间			
	单人间			
	双人间			
项目配套项目				

(三) 酒店的 SWOT 分析

酒店营销计划书要对自身所处的营销环境进行系统的、客观的分析,认清本酒店的优势、劣势,并分析出机会和威胁,即 SWOT 分析。

1) 优势(Strengths)与劣势(Weaknesses)分析。酒店内部有利于营销活动顺利开展的因素称为优势,例如酒店的管理机构、酒店文化等;反之,酒店内部不利于营销活动开展的因素称为劣势,例如人员素质、组织结构等。

2) 机会(Opportunities)与威胁(Threats)分析。酒店外部有利于市场开拓、营销活动开展的因素称为机会,例如国家宏观环境、重大赛事等;反之,不利于开展营销活动的外部因素称为威胁,例如激烈竞争、宏观调控政策等。

通过酒店优势与劣势分析,明确酒店面临的主要机会和威胁。

【小链接9-9】

文旅融合视域下新式旅游目的地美食文化主题酒店SWOT分析

(一) 优 势

1. 品牌识别度高

酒店整体设计均围绕特定主题进行,文化特征鲜明,整体营销性强,易于树立品牌形象。

顾客在入住过程中会快速主动地融入整体文化氛围中。这使得酒店对目标市场的识别度较高,易于打造品牌。

2. 服务体验性强

如今美食文化盛行,酒店的个性化服务能满足不断壮大的"吃货"群体的消费需求。与传统酒店只满足顾客基本餐饮需求相区别,美食文化主题酒店以提升顾客对于美食文化的体验为首要目标,将品质及故事性融入美食之中,能牢牢抓住消费者需求。

3. 目标市场广

中华饮食文化底蕴深厚,地域差异明显,符合当代中国旅游价值观。Cathy和黄松山将当代中国文化价值观重构为40个价值观,并研究了这些价值观对旅游者的影响,其中"尊重历史、时尚、享乐、休闲、开阔视野/新奇、文化/教育和亲情"等价值观都有助于增强消费者对美食文化主题酒店的消费欲望。从美食文化自身角度看,流传并发展至今的有"八大菜系",不同地域完全可以在使用同一酒店品牌的情况下,将地方特色菜系作为主题,酒店的顾客群体不仅包括游客,还包括当地居民,顾客群体广。

4. 主题时效性长

受现代生活高速度、快节奏的影响,文化消费中权宜性、临时性心态蔓延,导致了"用完即扔"习惯的养成。随着热度降低,某一文化的衍生品也会失去市场。美食主题具有时效性长的特点,就会避免吸引力降低的局面。

5. 产品层次丰富

加里·阿姆斯特朗和菲利普·科特勒将服务定义为一种产品形式,分为三个层级,即核心顾客价值、有形产品和附加产品。与传统酒店不同的是,美食文化主题酒店将顾客文化体验放在首位,而且将美食文化与当地气候、地貌、历史、人文底蕴等因素紧密结合,十分利于创新产品以及提升服务。

6. 顾客满意度高

现有的美食旅游消费模式,仍是游客获取信息再选择店铺进行消费的形式,这样能有较好的美食体验,但往往要耗费大量的时间成本、货币成本、精力成本及体力成本。根据顾客让渡价值理论模型,让渡价值=总价值-总成本,特色餐厅可以提供非常好的餐饮体验,但顾客的让渡价值并不一定高,导致满意度相对较低。对此,酒店可以将地方特色美食集中销售,在保证顾客价值的基础上,节约一系列成本,提高顾客满意度。

(二) 劣 势

1. 运营成本高

酒店软硬件的设计、采购和损耗等都会增加企业成本。与此同时,为了满足顾客的餐饮体验,对餐饮部人员的素养要求较高,进而增加人力成本。

2. 对选址要求高

我国许多旅游城市的客流量季节性变化大,无法保证全年的营业额,所以美食文化主题酒店最宜建在受旅游季节性变化影响小的城市,许多美食文化突出但旅游淡旺季差异明显的城市或区域不适宜开店。

3. 餐饮部门营业时间和模式受限

为了保证顾客在客房内的休息质量,餐饮部门不得不减少营业时间,进而导致销售额减少。特别是在夜经济发达的城市,这会极大地削弱餐饮部门的竞争力。

(三) 机 会

1. 消费升级

经济的高质量发展必然带来消费升级,越来越多的城乡居民有意愿也有能力进行高品质的旅游消费。具体表现为越来越多的人更加追求个性化的居住环境及入住过程中的文化体验。

2. 政策扶持

近年来,国家提倡"文化自信",建立美食文化主题酒店,既是创新弘扬优秀传统文化的方式,又能将经济建设与文化繁荣紧密联系起来。文旅融合的新思想将使旅游业更加蓬勃发展,国内市场对高品质酒店的需求也将不断增加。

3. 自助游比重增加

随着智慧旅游的发展和基础设置的完善,选择国内自助游的人群越来越多。自助游群体是文化主题酒店的主要目标市场,其发展壮大将提供稳定的客源。

(四) 威 胁

1. 各类主题酒店进入市场

更多个性化主题酒店建立后,会抢占市场,并且酒店还面临同主题酒店的激烈竞争。

2. 外卖业及餐饮实体门店的竞争

据国家统计局数据,我国外卖市场规模在2018年突破了2400亿元,外卖等新业态领跑市场。美食文化主题酒店既享受"餐饮+客房"的双重收入福利,又面临着相应的双重威胁。

3. 入境游市场呈波动下行趋势

2019年上半年,全国入境游市场平均景气指数为2,表明从业者对入境游市场持正向但相对谨慎的态度。而最近旅游业更是遭受重创,入境游短期内很难恢复到常态。

——资料来源:张中译.文旅融合视域下新式旅游目的地美食文化主题酒店SWOT分析[J].西部旅游,2020(11):40-42.

(四) 计划目标设置

酒店营销计划的目标一般包括财务目标和市场营销目标。目标设置应该尽量具体,最好是可以衡量的数量化目标,比如:

财务目标:酒店未来三年的销售收入为××;营销目标:实现平均房价为148元。

(五) 营销战略

在对酒店市场现状及计划目标明确的基础上,可以利用STP分析,进一步明确市场细分、目标市场和市场定位,制定市场营销战略,为酒店制定市场营销组合的4P策略提供依据。

(六) 营销计划的具体活动方案

计划书中应该将制定的具体营销活动列出时间表,明确活动内容、起止时间、负责人、相关费用等,使计划由书面的构想到具体的操作实施。这是酒店营销目标能够实现的必要环节,使酒店营销计划具体化、可操作化。

酒店在制订营销计划时,可以依据表9-5营销计划的活动表样式,结合自身的具体营销计划,拟订出适合本酒店的营销计划活动表,以便对营销活动一目了然。

表 9-5　营销计划活动表

季　度	计划名称	计划内容	参加人	计划起止日期（年月日）	计划目标	预算费用	活动地点
一季度							
二季度							
三季度							
四季度							

（七）营销费用预算

营销计划的实施与实现必然需要一定的投入，计划书中应该明确营销费用的总预算金额，并且分项列示各项用途的金额、预算的依据等。营销费用预算可以市场调研、历年营销费用等为依据，做到结合实际，不虚报、不夸大。

可以季度为划分，列出营销费用的部分项目，制定出酒店营销预算表（见表 9-6），酒店可以根据计划书涉及的实际内容，拟定该计划的营销费用预算。

表 9-6　酒店营销预算表

项目＼季度费用	一季度	二季度	三季度	四季度	全年合计
工资福利费					
办公用品费					
培训费					
其他费用					
促销及广告					
公共关系费					
合　　计					

（八）营销计划控制

这部分主要说明营销计划执行进度、执行过程的管理办法，用来监测计划的进度。通常采用将目标、行动内容、预算按月或季度分开，酒店要定期对计划的执行结果进行检查，出现问题要及时弥补和改进。营销计划控制进度表见表 9-7。

表 9-7 营销计划控制进度表

季 度	计划名称	负责人	计划起止日期（年月日）	实际起止日期（年月日）	预算费用	实际费用	计划控制方法
一季度							
二季度							
三季度							
四季度							

三、酒店市场营销计划书的格式和结构

酒店市场营销是一个复杂而长期的工作，根据市场营销基本理论和酒店经营管理需要，酒店市场营销计划涉及开业推广、市场调研、产品上市、营销渠道拓展、产品促销等酒店工作的方方面面。虽然文无定法，市场营销计划书的格式和结构多种多样，从酒店的前期可行性研究、日常经营管理，到特殊时段策划等各个环节，无论是高层管理者的决策，还是中层管理者的实施，都会结合自身的专业知识和职位要求制订某种类型的营销计划，但是计划书中体现的核心思想和主要结构是基本一致的。表 9-8 归纳了酒店市场营销计划书的常用格式和结构，酒店从业人员可以这些项目为依据，根据工作的实际需要，制订市场营销计划书。

表 9-8 酒店市场营销计划书的格式和结构

计划书项目	相关内容
1. 封面	呈报对象 文件种类、密级、编号 市场营销计划名称 计划人姓名或部门名称 计划日期
2. 前言	计划的目的和意义 计划书的主要内容 营销计划的目标 致谢等
3. 目录	标题 各节次名称 附件
4. 市场营销计划概要	计划的动机 计划的主题和目标 计划书的主要内容简介

第九章 实现营销效果最大化的实用手段

续表 9-8

计划书项目	相关内容
5. 相关背景分析	行业市场现状分析 酒店竞争对手分析 SWOT 分析
6. 市场营销计划目标及其策略	营销目标说明 营销战略的选定及说明 市场营销组合策略(4P 策略) 市场营销计划预算
7. 市场营销计划控制	计划控制说明 计划控制进度表
8. 附件	需要说明的问题 市场分析调查问卷 数据分析图表等

讨论题

（1）简述酒店取得竞争优势的途径。

（2）简述酒店市场营销计划书的基本内容。

（3）请结合以下案例回答问题。

【案　例】

"我很喜欢这家酒店做的酱肉包和荠菜饺子，他们做好通知我来取，非常方便。"乌鲁木齐市民朱欣柯说。

朱欣柯提到的是位于乌鲁木齐市长江路上的伊犁大酒店。2020 年 3 月中旬至今，该酒店创新传统销售方式，面向社会推出了"外卖自提"服务。可自提的产品包括包子、饺子、椒麻鸡、南瓜饼、鸡腿、发糕等美食。

顾客可以通过电话、微信等方式预订产品，酒店会根据顾客的要求，在顾客上门自提之前烹制美食，既不耽误顾客的时间，又保证了食品的新鲜、营养。酒店营销部经理徐雪说，目前，酒店结合季节特点推出了以时令菜为主的"春日菜单"，包括凉拌荆芥、蒜蓉炒苜蓿、蒲公英、荠菜饺子等特色菜，主打绿色餐饮、亲民菜系。

据统计，随着国内疫情防控趋势日益向好，伊犁大酒店的客房入住率已提升至 60%～70%，客房和餐饮经营呈现良好的复苏态势。

位于库尔勒市的博斯腾宾馆在距离酒店较近的市场开设了约 20 平方米的店外售卖点，售卖宾馆制作的酱牛肉、椒麻鸡、卤豆腐皮、大包子、蛋糕、面包等美食。博斯腾宾馆还与多家小区商超对接，由小区商超代售宾馆制作的美食。

此外，博斯腾宾馆还主动与库尔勒市多所学校对接，签下了每天 2000 份午餐套餐的配送订单。为完成这个订单，宾馆在全员复工的情况下，还新招聘了 8 名员工。

据介绍，截至 2020 年 4 月 12 日，博斯腾宾馆复工复产已满 1 个月。这 1 个月，宾馆营业额突破 120 万元。

> 新疆生产建设兵团第二师博斯腾集团有限公司党委书记、董事长曹琳说,博斯腾宾馆是该集团旗下5家酒店之一。近期,集团旗下5家酒店皆在根据自身特点积极尝试创新营销方式,提高营业收入。
>
> 同样积极发挥自身餐饮优势,寻找脱困办法的还有乌鲁木齐市的新疆辰茂伊力特酒店。据介绍,3月初,该酒店也推出了外卖配送服务,近段时间日均营业额超过1.1万元。
>
> 新疆辰茂伊力特酒店总经理赵晓薇说,自餐饮部推出外卖配送服务以来,酒店营收明显提高。目前,酒店入住率已经恢复至60%以上,周最高营业额达到了30多万元,酒店运营已趋于正常。
>
> 在疫情防控不松懈的基础上,新疆维吾尔自治区和新疆生产建设兵团各级文旅部门推出了多种措施,促进旅游市场复苏。新疆多家酒店也积极创新营销思路,推出多种特色产品,做到了复苏、防疫两不误。
>
> ——资料来源:创新销售方式　新疆多家酒店经营回暖,《中国旅游报》,http://www.ctnews.com.cn/jdzs/content/2020-04/15/content_73007.html,2020-04-15。

问题(1):请分析该案例中伊犁大酒店取得竞争优势的主要途径和方法。

问题(2):结合伊犁大酒店现阶段的发展状况和特点,你认为该酒店还可以采取哪些营销策略?

第十章　酒店市场营销新理念

【引导案例】

  2021年6月7—9日,全国高考期间,东呈国际携手蒙牛联合跨界打造"一起为高考加牛"营销活动,活动中以高考主题作为切入点进行了线下场景化营销,配合高考回忆杀和CP文案在线引爆流量。

  近年来,不少酒店都开始搭上"跨界"的快车意图实现破圈营销,利用新型的合作模式打通品牌与品牌之间的通路,突破酒店业的边界,一改传统酒店单兵作战、单向营销的陈旧模式,将品牌形象变得更为立体和鲜活。

  跨界营销是个技术活,想要破圈,得走好三部曲:瞄准痛点、选对盟友、场景化营销。

  瞄准痛点——近年来,东呈的品牌营销都倾向与年轻客群进行情感交互,不断从门店一线的销售情况中探索客户的诉求。去年东呈在高考主题房上小试牛刀,正是基于对消费者心理的一次洞察和印证。在获得了门店销售和用户评价的热烈反响后,再次深入消费者的内在需求,发现比起生硬的信息输出,00后们对同频道的消费语境和新鲜感有着强烈的追求。于是,结合IP和沉浸体验的高考主题房2.0版本也就应运而生。

  选对盟友——各行业里在高考营销上下功夫的大品牌并不少,但能真正起到1+1>2的营销效果的却并不多。东呈之所以选择蒙牛,是因为跨界联名的内核,使品牌间能互相补足,产生比单打独斗更大的收益。不仅是对"高考"场景下考生"睡得好,考得牛"的心理诉求和精准把握,更是两大品牌的调性和产品功能点的互相补足。

  场景化营销——一方面,东呈充分考虑到了考生的便捷性问题,高考主题房均设置在考点3公里以内的门店,提高了家长及考生的订购效率。另一方面,主题房的场景里配置蒙牛"押题奶",一个能提供良好的睡眠环境,另一个能提供充足的营养准备,两个功能场景完美融合,再搭配如《你的主场》《自带Buff》等00后的同频文案,营造出温馨、亲切、正能量的客房氛围。

  疫情以后,一方面,酒店从业者纷纷开始关注大众平台带来的潜在价值;另一方面,私域流量也成为了酒店业的新宠,希望能在控制好获客成本的情况下,获得更多渠道的裂变。

  价值传递新攻势:从流量"到"留心,内容才是王道。

  Z世代同时也被称为"种草"一代,他们对自身的价值诉求十分强烈,期待能在消费中得到切实的价值和情感共鸣,在新消费时代里,单靠跨界联名和广泛的流量是无法实现的,唯有优质的内容才能撬动消费者的"买单"意愿。

  相比于传统的酒店营销模式,东呈与蒙牛的这次跨界联名不仅打破了行业的枷锁,让品牌拥有了更大的发展自由度,更能走近消费者,从而不断深挖客户需求,探索产品的内在价值。

  通过跨界互联以及多平台互通和线上线下协同,突破酒店行业边界与异业进行强交互,借助流量和内容达到1+1>2的价值递增,这或许就是酒店2.0时代的营销范本式手段。

——资料来源:酒店营销2.0时代,东呈X蒙牛跨界联名带来了什么营销启示?环球旅讯,http://www.traveldaily.cn/article/146045,2021-06-11.

第一节 客户关系管理

如今,酒店营销的商业环境正在从以产品为中心转向以客户为中心,从规模市场转向规模用户,从产品导向转向客户导向。根据美国的全国性市场调查,50%的市场部经理不了解公司的客户流失率,另外50%的市场部经理存在低估客户流失率的问题。如何留住客人?如何增强客人的满意度?客户关系管理(CRM,即Customer Relationship Management)技术可以帮助解答这些问题。

【小链接10-1】

对于酒店民宿来说,在微信上给客户改备注名,"10月2日302房间入住3人",或是回复客户咨询,或是通过聊天发现不同客人的特征并进行标注,如"带娃宝妈""90后""不吃辣""桃子过敏""高消费人群",等等,这些都是维护"私域流量"的基本操作。

但常常会有这些问题:1.回复信息时,常常是"同样问题"需要给"不同客人"回复多次。2.聊天信息丢失或是换个员工对接,对客人就不了解。3.聊天过程想核对客户的订单信息,需要来回切换App。

而以上这些问题,企业微信+订单来了SCRM(Social Customer Relationship Management),都能帮你解决!

- 快捷回复——回复标准化管理;
- 客户标签管理——快速了解客户画像;
- 还能同步看到PMS内客户的订单详情。

除此以外还能分析每个渠道每个员工名下的客户流失情况,以及通过与顾客聊天的过程为顾客提供个性化且完善的服务。对客户流程情况、转化情况、复购情况做全方位、系统化的跟踪,明确忠实客户名单。

——资料来源:私域流量运营神器,订单来了SCRM系统行业首发上线,环球旅讯,http://www.traveldaily.cn/article/146761,2021-07-15.

一、客户关系管理概述

客户关系管理(CRM)起源于美国,经历了接触管理、关系营销、客户关怀等理论与实践过程。客户关系管理既是一套软件又是一种管理制度,集合了电子商务、数据库、呼叫中心,凝聚了市场营销理论、销售管理、管理科学等。对客户关系管理的定义表述也从多种角度出发,最早提出客户关系管理概念的Gartner Group指出,为企业提供全方位的管理视角,赋予企业更完善的客户交流能力,最大化客户的收益率就是客户关系管理。因此,客户关系管理是一种企业管理的管理理念,对企业来说是一种创新性的运营机制,是信息技术、管理方法和解决方案的总和。客户关系管理将客户关怀看作其中心,与所选客户建立长期和有效的业务关系,在与客户的每一个"接触点"上都更加接近客户、了解客户,最大限度地增加利润和利润占有率。

酒店的客户关系管理就是在充分重视客户资源的基础上,以信息技术作支持建立客人档案,为不同的客人提供不同的定制化产品,通过完善周到的全程服务来增加客人的体验,最终达到增加客人满意度、提高客人忠诚度的目的。重视与客人的及时双向沟通,改善客户关系,从而提高酒店的竞争力。理论上讲,CRM 的主要目的是开发能够促进企业商务运作的客户知识库,使得所有的部门可以从预定处、网络、旅行社、前台及客房部等不同的界面获取相关信息,然后将获取的相关信息提供给那些直接服务于客人的员工,以便向客人提供始终如一的服务。

二、酒店客户关系管理的主要做法

(一) 获得高层支持

美国思科(Cisco)公司在客户服务领域全面实施 CRM 之后,创造了两个奇迹:一是公司每年节省了 3.6 亿美元的客户服务费用;二是客户满意度由原先的 3.4 提高到现在的 4.17(满分为 5 分),在新增员工不到 1% 的情况下,利润增长了 500%。这一实例表明 CRM 对于降低酒店的经营成本、提高利润具有明显的效果,而高层管理者最为关心的莫过于此。

总体来说,酒店与其他类型的企业经营一样,大多数符合帕累托的 80/20 规律,即 80% 的营业收入来自 20% 的老客户。因此,有效的客户关系管理能够保留现在客户、提高客户忠诚度、提高酒店的营业收入。由于客户关系管理需要投入大量的人力、物力、财力,在短时间无法体现其优势,所以要使 CRM 项目得以实施,高层管理者的支持至关重要。Cisco 公司创造奇迹的事例,应该是非常有说服力的。

(二) 成立 CRM 工作组

CRM 项目小组由酒店内部各部门及外部人员共同组成。作为 CRM 的实施者,他们要承担分析业务需求、制定实施流程、选择信息系统、实施沟通等事务。一般来讲,项目小组应该包括高层管理者、销售和营销部门的人员、技术部门的人员、财务人员等。实施酒店的客户关系管理需处理大量的数据和信息,是一个技术性强、程序复杂的工作,需要现代化的软件系统给予支持。酒店需要建立网络化的客户关系管理系统或者购置现成的软件系统。

(三) 分析客户类别,制定相应措施

对酒店电脑系统存储的客户信息进行分析,根据客户在酒店的消费金额用"客户金字塔"法来分类,要做成这个客户金字塔,需要列出一个客户名单,记载他们在某一特定时期的消费金额。然后按照金额从高到低将客户名单进行排序。排序后的结果称之为"客户排序表",这一排序表将成为客户金字塔细分的依据:

顶端客户——消费金额排在前 1% 的活跃客户;
高端客户——消费金额排在下一个 4% 的活跃客户;
中端客户——消费金额排在下一个 15% 的活跃客户;
低端客户——消费金额排在剩下的 80% 的活跃客户。

用以上方法分析和掌握了客户类别之后,酒店的营销部门就可认真规划,根据客户不同的价值制定相应的关怀和优惠措施。此举一方面可留住有价值的老客户,另一方面可提高这些客户对酒店的满意度和忠诚度,吸引他们多来消费,保持或升级成为金字塔的顶端客户。

(四) 建立完整的客户档案

分析客户的类别后,找到 20% 的有价值客户,酒店可以建立完整而详尽的客户档案。建立客户档案的目的是使酒店能分析和掌握目标市场客源的基本情况,确定相应的营销策略和

建立合适的销售渠道，同时也掌握了客户的个性化需求，为提供"1对1"的个性化服务打下基础。为保证客户档案的完整性，在系统设计时，要充分考虑到由网站下载时客人入住登记或消费记录等信息的详尽，不足部分要由专人补充录入客户关系管理系统。

三、酒店实行客户关系管理的注意事项

人们在对客户关系管理(CRM)的理解上存在误区，因此酒店实行客户关系管理时需要注意以下事项：

第一，CRM不是"高科技"或是"IT"。CRM是一种管理策略，理论基础仍是传统营销中的市场细分和市场定位。CRM不仅仅是一个软件、系统或是邮寄列表，高科技手段只是辅助人实践管理策略的工具，尽管这个辅助工具非常强大。所以实施CRM策略不仅仅是引进高科技，更重要的是需要改变基础的商业运作模式，从上至下进行相应的约束。实施CRM的过程中，在改变企业文化方面所遇到的挑战要比在技术方面遇到的挑战更大。

第二，CRM项目需要规划和指导。要有明确的目标，明白自己需要的是什么，然后，根据需要找寻那些能够提高客人满意度的信息。向CRM的转变实际上就是从传统的用直邮或者电子邮件形式进行的数据库营销，向具有巨大潜力和前景的、注重优化客户关系生命周期的客户导向型组织的转变。

第三，实施CRM需要一定的步骤。识别、区分、定制、交流，是CRM实施过程的步骤。所面临的最大挑战是酒店销售数据以及市场数据的高度分散性。通常这些数据的来源渠道是酒店管理系统、中央预订系统、销售系统、邮件服务系统、国际互联网数据、咨询档案、老客户，以及二手数据，例如行业数据和消费数据。

第四，制定人性化的操作制度。CRM项目操作团队手里掌握着所有客人信息，有些销售人员会担心自己的客户被同事抢走，所以不会把自己客户提交到CRM系统，但如果这样的话客户数据信息就不能全面地被掌握分析，会让销售策划人员陷入困难。因此，酒店应该制定好人性的销售业绩与奖励制度，鼓励大家积极主动地把客户信息按时提交。

四、微会员营销

微会员营销是基于微信的社交及CRM营销模式。酒店利用微信的后台CRM管理，把客人进行精确细分，然后针对性地进行客户维护管理；同时利用微信时时在线沟通的强社交性，即时处理疑义和提供增值服务。与传统平台的客户关系管理CRM相比，微会员营销对客人的关注度与客户的忠诚度更高。

随着微信的普及度和关注度越来越高，基于微信平台的第三方应用也越来越多，微信公众平台的推出，不少酒店都瞄准了微信会员促销。微会员营销中，注册账号、开通微信公众平台都是免费的，基本不用投入什么资金；微信基于移动端，用户随身携带，和手机号绑定，微信的平台更注重互动；而且，微信可以细分消费者市场，实现点对点的营销，能达到更好的宣传效果。基于以上原因，微会员营销对于酒店极具吸引力。

做好微会员营销，需要酒店进行整体的策划运营，在以下几个方面进行努力。

（一）发展会员

首先注册微信公众号，通过自有媒介或找受众相同的资源合作，吸引客户关注。前期已有自身媒介通道的，可以直接利用自身媒介发展会员，能顺利转移到微信公众号的用户一般忠诚

度高,完全符合酒店的 CRM 定位。例如,布丁酒店与蘑菇街合作了一把,把 90 后年轻女性作为目标受众,据说布丁的最佳转化时间是十一点到零点。

(二) 会员转化

对会员进行分类管理,可以首先从活跃度做初步分类,区分重点维护和待激活的会员,如果酒店在前期发展会员的时候定位越精准,活跃会员就会越多,需要激活的用户就会越少。然后根据初步分类做一些不同的内容维护。需要激活的用户要不时引导,或用一些酒店会员待遇进行信息互换,直到被激活,成为酒店的微会员。针对活跃用户还可进一步做精细分类,针对不同需求提供不同的特权服务。

(三) 团队营销

通过微信公众账号搜索、分类、微信图文消息发布平台,后期将逐步推出微信公众账号互推功能、手机端导航、一键关注等相关功能,提供更好的页面,提供模块化、个性化的需求满足方案,乃至形成广告系统或者广告联盟。

第二节 关系营销

关系营销的利用是现代酒店业中不可或缺的部分。从酒店的角度看,关系营销能够完善内部管理制度,还能够为酒店提高收益。从员工角度和客户角度看,关系营销可以为员工谋求良好的环境氛围和合理的福利待遇,还能够为客户提供优质满意的个性化服务。因此关系营销对于酒店提高效益具有重大意义。

一、关系营销及其特征

关系营销将系统论引入,指出企业的经营活动是置于社会经济系统中,认为营销活动是一个企业与消费者、供应商、分销商、政府机构、竞争者及其他社会组织发生互动作用的过程。酒店关系营销是识别、建立、维护和巩固酒店与客人及其他利益相关者关系的营销活动,其实质是发展良好的非交易关系,使交易关系能够持续建立和发生。关系营销的核心是建立和发展与相关个人与社会组织的良好关系,实现双方利益的长期稳定。

关系营销的特征涉及以下几方面:

1) 关系营销的信息沟通具有双向性。双向沟通使信息和情感交流渠道畅通,信息的准确性较高,接受信息的一方产生平等感、参与感,有助于建立双方稳定的情感。交流既可以由企业开始,也可以由其他社会组织开始。企业与客人主动而及时的信息交流,对于客人加深对企业的认识,使企业赢得各个利益相关者的支持与合作具有重要的意义。

2) 关系营销的战略过程具有协同性。企业在社会经济系统中的经营过程,应该与系统中的利益相关者建立长期、良好、互利的伙伴关系,保证企业营业额的稳定增长和市场占有率的稳步扩大。优势互补、彼此合作的双方互相信赖、联合行动、相互调整与适应,从而实现各自的战略目标是关系营销的最终目标。

3) 关系营销的营销活动具有双赢性。关系营销的出发点和基础是交易双方的利益互补与双赢,而不是通过损害其中一方或多方的利益来增加其他各方的利益。企业提供的产品或服务使其从客人那里获取利润,客人用货币获得其所需要的产品或服务,双方实现了各自利益和需要的满足。如果没有利益的互补与实现，双方就不会建立良好的关系。经营过程中企业要把服务、质量和营销结合起来，了解对方的利益诉求，重视实现企业与客人之间的互利双赢。

4）关系营销的营销范围具有广阔性。传统意义的市场营销主要关注目标客人群体，而关系营销不仅关注客人市场，使新客人成为稳定的长期客人，使原有的老客人成为企业的品牌忠诚客人，同时也重视员工，使员工责任心增强，扫除企业内部经营活动中的障碍，弥补管理中的不足。

5）关系营销的信息反馈具有控制性。关系营销要求建立专门的部门，用以跟踪客人、分销商、供应商及营销系统中其他参与者的态度，企业可以及时了解环境和关系的动态变化，及时采取措施消除关系中的不稳定因素。有效而及时的信息反馈，有利于企业及时改进产品和服务，挖掘新的市场。

二、酒店关系营销的业务关系

关系营销的核心是建立和发展同相关个人和组织的兼顾双方利益的长期联系。酒店必须处理好与下面五个子市场的关系：

第一，供应商市场。酒店与供应商是共同利益关系，相互依赖性很强。与供应商的关系决定了企业所能获得的资源数量、质量及速度，因此酒店应该与供应商建立密切的合作贸易关系，获得有力支持。

第二，酒店内部市场。内部营销观念将员工当作企业的内部市场。只有对酒店感到满意的员工、具备营销观念的员工，才可能以更好的态度和更高的效率为外部客人提供更加优质的服务，并最终让客人感到满意。

第三，竞争者市场。由于每家酒店的目标市场不尽相同，企业所拥有的资源条件有所差异，在竞争者市场上，酒店营销活动的主要目的是争取与拥有那些与自己具有互补性资源竞争者的协作，通过资源和市场的共享实现发展目标。

【小链接10-2】

在旅游市场持续扩张的大背景下，酒店行业总体上拥有良好的发展前景，酒店与民宿之间应建立一种基于合作竞争的运营组合模式，通过寻找合作伙伴拓展现有的商业网络和市场规模。首先，基于网络App平台构建酒店与民宿之间的战略合作联盟，能够形成一种规模经济，从整体上满足地区旅游经济发展的需求，也能够降低地区旅游产业、酒店行业整体上的运营风险；其次，酒店与民宿所提供的差异化服务方式，也可以为游客提供多重选择空间，从整体上来考虑对于地区旅游产业的发展和地区经济振兴更为有利；最后，从酒店行业未来的发展来看，行业内适度竞争有助于保持企业活力，合作竞争的各方在市场竞争中可以相互借鉴经验、取长补短、优化企业内部的管理方式，并为游客提供更好的出行服务体验。在民宿与酒店合作竞争模式的选择方面，采用一种资源共享与特色服务相结合的模式，即一方面以信息共享平台为中心共享用户端需求信息，同步宣传推广，另一方面还要分别展现出传统酒店服务商务性、便捷性，以及民宿服务独特性和猎奇性，满足不同旅游爱好者的差异化要求。民宿与酒店的合作竞争模式如下图所示。

酒店与民宿同为旅游产业快速发展背景下的衍生行业，两者只是在产生时间和服务模式上存在差异，两者之间的竞争应该是在合作基础上的良性竞争，通过行业内的结构调整与资源优化配置，能够实现在战略资源和细分市场上的互补。而酒店与民宿之间的资源共享与合作，无论是对于酒店行业、民宿行业自身的发展而言，还是对于地区旅游产业、地区经济

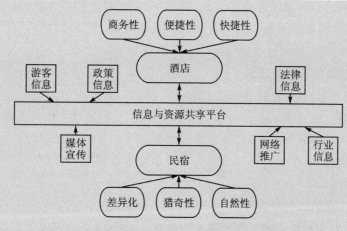

酒店与民宿的合作竞争模式

发展而言,都具有重要的现实意义和战略价值。

——资料来源:贺晓敏,黄悦,李菲. 合作竞争视角下民宿与传统酒店行业的协同发展探讨[J]. 商业经济研究,2021,(10):182-184.

第四,客人市场。客人是酒店生存和发展的基础,市场竞争的实质是对客人的争夺。酒店应该定期对客人的消费行为进行调研,积累市场信息,采用恰当的方式与客人沟通,努力将潜在客人变为现实客人。

第五,影响者市场。新闻媒体、金融机构、政府管理部门,以及行业协会等各种各样的社会团体,对于酒店的生存和发展都会产生重要的影响。酒店必须通过公共关系,赢得各种社会组织和团体的理解与支持。

三、酒店关系营销的具体措施

(一)酒店关系营销的组织设计

酒店开展关系营销的重要措施之一就是设置关系管理机构。这一机构主要负责协调内部各部门之间、员工之间的关系,对外向公众发布消息、征求意见、处理纠纷,同时该机构还担负着收集信息资料、参与企业重要决策的责任等。酒店在设置相应的管理机构过程中,需要以正规性原则、适应性原则、针对性原则、整体性原则、协调性原则和效益性原则为依据。

(二)酒店关系营销的客户选定

酒店可根据自身的规模和档次,选定一批最有实力的客户,深入了解他们的需要,进行饮食、娱乐、社交等活动和消费的激励促销,为他们专门设计关系营销策略,进行有针对性的个性化经营方式。

(三)酒店关系营销的资源配置

由于客人需求多样性、外部竞争激烈、市场环境多变,企业的全体人员必须通过有效的资源配置和利用,同心协力地实现企业的经营目标。企业资源配置主要包括人力资源和信息资源。

人力资源配置主要是通过部门间的人员转化、内部提升和跨业务单元的论坛和会议等进行。从事相关管理工作的人员必须接受专门的关系营销培训,对关系经理要明确规定报告关系、目标、责任和评价标准,关系经理必须制订长期和年度客户管理计划。信息资源共享方式主要是:利用电脑网络、制定政策或提供帮助削减信息超载、建立"知识库"或"回复网络"及组建"虚拟小组"。

(四)酒店关系营销的文化融合

酒店关系营销需要与供应者、竞争者建立合作的伙伴关系,这种合作必然会使酒店的某些利益与之分享。同时,酒店内部各部门存在着不同利益,这使酒店在实施关系营销中遇到种种障碍。关系各方环境的差异是影响关系建立的障碍之一。不同文化的人们在交流时,必须克服文化所带来的障碍。对于具有不同企业文化的企业来说,文化的整合对于双方能否真正协调运作有重要的影响。

(五)酒店关系营销的利益提升

关系营销要求酒店与客人建立密切而有力的联系,使客人在享受满意服务的同时,忠诚于酒店。酒店可以通过提升客人的财务利益和社交利益的方法,提高客人的满意度进而使其重新光顾酒店。提升财务利益是使客人支付相同的价格享受更多更好的产品。奖励常客是关系营销常见的一种形式,酒店以免费住宿、价格优惠、提供高等级客房等形式培养常客对酒店的忠诚度。增加社交利益是通过了解客人独特的需求,提供专门化与个性化的产品与服务。

(六)酒店关系营销的个性化服务

酒店应不断地研究和了解常客的需要和愿望,精心设计服务体系,主动联系客人,为常客提供竞争对手不易模仿的定制化服务,使常客得到更多利益和获得更大价值,逐渐变成本酒店的忠诚客人,达到关系营销的目的。在关系营销中,收集与客人有关的信息极为重要。例如,某酒店选定商务客人作为其关系营销的对象,为了给他们提供个性化的服务,收集这些客人的个人资料,准确知道他们的爱好。当他们下次住店时,客房的布置也符合这些客人的要求:报纸是他们平时爱看的,闹钟已定好在他们习惯起床的时间,连浴衣的图案也符合他们的个性化要求。

第三节 整合营销

整合营销被认为是 21 世纪制胜市场的关键。整合营销不仅是一种营销手段、理念和营销模式,更是一种沟通手段和管理体制。对于酒店内外部的沟通管理都有着重要的作用。酒店在实施整合营销传播时,要与客人建立良好的沟通,使客人在心理层面上感受到酒店产品的价值,提高客人满意度,实现客人和酒店的"双赢"。这就要求酒店对服务资源进行有序的整合,将不同种类的服务和设施设备做出一套合理的搭配,针对不同客人的需求,进行相应的资源配置。

一、整合营销的内涵

菲利普·科特勒认为,企业所有部门为服务于客人利益而共同工作时,其结果就是整合营销。整合营销发生在两个层次:一是不同的营销功能——销售、广告、市场等,必须共同工作;二是营销部门必须和企业的其他部门相协调。

整合营销战略应该是以由外而内的战略为基础,以整合企业内外部所有资源为手段,以消费者为核心而重组企业的管理行为和市场行为。整合营销的观念认为营销应该是以消费者(Consumer)为核心,一改以往的"消费者请注意"为"请注意消费者",关注并满足消费者在成本(Cost)、便利(Convenience)方面的需求,加强与客户的沟通(Communication)。因此,整合营销以 4C 作为营销理论基础,强调营销中各种要素之间的关联与合力,将市场营销的各种要素看作一个整体,进行重新组合。

二、整合营销传播

整合营销传播(Integrated Marketing Communications,IMC)也称为整合营销沟通。整合营销传播是由美国西北大学梅迪尔新闻学院的唐·舒尔茨教授提出并发展起来的。这一观念将系统论与营销理论进行了融合,契合了现代企业的营销实践活动,一经产生就引起了广告界、营销界乃至传播界的广泛关注。

唐·舒尔茨教授指出,整合营销传播不是以一种表情、一种声音,而是以更多的要素构成的概念。整合营销传播是以潜在客人和现有客人为对象,开发并实行说服性传播的多种形态的过程。IMC 理论的发源地——美国西北大学的研究组把 IMC 定义为把品牌等与企业的所有接触点作为信息传达渠道,以直接影响消费者的购买行为为目标,是从消费者出发,运用所有手段进行有效传播的过程。

【小链接 10-3】

人物介绍:整合营销传播之父——唐·舒尔茨(Don E. Schultz)

唐·舒尔茨(Don E. Schultz)是西北大学商学院的整合营销传播教授,整合营销传播理论的开创者,也是位于伊利诺伊州的 AGORA(爱格瓦)咨询公司的总裁,还是位于得克萨斯州达拉斯的 TAGETBASE 营销公司和 TARGETBASE 营销协会的高级合伙人。

在 1997 年加入西北大学之前,唐·舒尔茨是位于达拉斯的 TRACY-LOCKE 广告及公共关系公司的资深副总裁。他在欧洲、美国、南美和亚洲都曾就营销、营销传播、广告、销售促进、直接营销、策略创新接受过咨询,发表过演讲,并举行过专题讨论会。

唐·舒尔茨博士是世界最著名的营销大师之一,也是战略性整合营销传播理论的创始人,他的著作《整合营销传播》是第一本整合营销传播方面的著述,也是该领域最具权威性的经典著作。书中提出的战略性整合营销传播理论,成为 20 世纪后半世纪最主要的营销理论之一。为此,舒尔茨博士被全球权威的《销售和营销管理》(Sales and Marketing Management)杂志推举为"20 世纪全球 80 位对销售和营销最有影响力的人物之一",与现代营销学之父菲利普·科特勒、W·爱德华·戴明、戴尔·卡耐基、亨利·福特、比尔·盖茨和迈克尔·戴尔等著名营销大师和营销天才齐名。

——资料来源:MBA 智库百科 http://wiki.mbalib.com.

整合营销传播将广告、公共关系、销售促进、大型活动、包装设计等营销手段进行重新编排并进行信息传播。随着新媒体的出现与广播应用,酒店正在借助包括微信平台在内的传播渠道,影响客人的购买决策与行为,将各种传播要素整体化。这种将各种各样的市场营销要素紧密结合的方式使营销管理成为科学和艺术。整合营销传播需要注意几点:第一,向消费者传播整体形象;第二,以消费者为导向;第三,组合应用多种传播媒体,特别是关注新媒体;第四,强调传播效果的互动化、立体化和综合化。

三、整合营销传播的管理措施

整合营销传播的管理措施主要有以下几点:

1) 革新企业的营销观念。我国的一些酒店还停留在简单的推销观念、广告观念层次,对于营销方式和营销手段的创新和进步了解不多,应用也处于初级阶段。应通过引导市场、刺激市场来引领市场的需求,通过整合营销传播向消费者传递消费信息。

2) 必须建立客人资料库。建立客人资料库是 IMC 策略不可缺少的管理环节。真正的 IMC 必须达到长期的关系营销,酒店与客人维系长久不散的关系,使酒店与客人具有良好的双向沟通渠道。

3) 实施接触管理。接触管理是凡能够将酒店品牌、产品类别和任何与市场相关的讯息等资讯,传输给现有客人或潜在客人的过程与经验。接触管理贯穿于 IMC 的全过程,通过售后服务和客人的社交圈传播,维系与扩大酒店与客人的关系。

4) 借鉴国外的先进经验。我国酒店企业要积极学习国外企业的先进的管理经验,特别是跨国公司的经营管理、跨国公司的整合营销,为我国企业开展整合营销服务。

5) 利用网络开展整合营销。新媒体时代与移动互联网时代的整合营销传播为酒店提供了一种有效的思路和方法,酒店可以集中优势资源,通过互动性的整合营销传播吸引潜在客人,借助包括移动客户端在内的渠道拓展市场资源,确立差异化竞争优势,促进酒店的持续发展。

【小链接10-4】

有些品牌在发展中已经将自身变成了 IP,成为了文化符号而存在,甚至不需要有某个 logo、形象等。品牌 IP 固化成品牌文化,成为品牌资产的一部分。

MUJI 无印良品就曾早在中国多地开设了其酒店业务,无疑使用的都是无印良品自家的产品,装修风格也是典型的日式"性冷淡-无印良品"风。凭借着品牌原本的大众消费者认知度的积累和较高的辨识度也受到消费者的追捧,本质上可以看到无印良品正在拓宽业务版图边界,但也在于传递无印良品的生活概念,通过围绕消费者日常生活需求,构建不同的"第三空间",以此来吸引年轻消费者;同时,提高品牌和消费者之间的接触频次,从而输出品牌和产品。

2019 年,宜家在中国台湾也开出全球首家快闪酒店 IKEA pop-up hotel。宜家会员可免费申请入驻体验全套宜家设施的房间,并在体验过程中能购买到同款家具。宜家还根据不同人群需求,将旅店改造成了宠物饲主、新婚夫妻、个性女孩等 9 间快闪房间。和无印良品酒店类似,让客人在酒店切身体验的同时,推广自身产品、品牌,并借助品牌 IP,传递品牌的生活理念和文化符号。

从行业趋势看,住宿早已不再是单一功能,而向书店酒店、生活方式酒店、兴趣酒店等多功能发展。"房+"是充满想象力的,可能是购物、文化 IP,也可能是体育、健康等多个领域。

第十章　酒店市场营销新理念

> 从营销趋势上看,酒店品牌跨界潮流其实还只是开始,以后将更注重文化内容、商业和时代潮流充分串联。而酒店作为典型的线下场景,一方面可以补充部分品牌线上营销体验上的不足,另一方面和品牌自身业务结合将形成一个营销闭环。可以预见酒店IP化,进一步品牌社交化也将在不同品牌间、线上线下多场景进行更深层次的融合。
> ——资料来源:酒店IP化,品牌跨界潮才刚开始? 环球旅讯,http://www.traveldaily.cn/article/146432,2021-07-01。

四、移动互联网时代的整合营销

网络整合营销利用互联网技术,高效、完整地完成整合营销计划,达到传统的整合营销传播不能达到的营销效果。随着移动互联网时代的到来,多元化的传播媒介、海量的信息和资源使酒店整合营销面临很大的挑战。

由于市场细分越来越细,不同的细分市场客人的差异化和个性化突出,整合营销需要深入研究移动互联网资源,在熟悉移动互联网络营销方法的基础上,从企业的实际情况出发,利用移动技术和网络特性,根据不同细分市场客人的需求与偏好,整合多种网络营销方法,为企业提供移动网络营销解决方案,为客人提供有价值的信息。移动互联网时代的整合营销突出由客人创造、传播为主导的整合营销理念,网络整合营销具有4I原则,即Interesting趣味原则、Interests利益原则、Interaction互动原则、Individuality个性原则。

第四节　网络营销

一、酒店网络营销概述

"不能上网的企业将面临倒闭的危险。"这是英国前首相布莱尔巡视剑桥科技企业时所发出的警告。随着信息技术在酒店业的广泛应用,网络营销颠覆了传统的营销方式,成为酒店最有效、最经济、最便捷的营销手段。国际金融危机以来,在线旅游在全球旅游业受到重创的情况下依然坚挺。我国旅游业的快速增长势头为在线旅游提供了发展空间,智库网经社电子商务研究中心发布的《2019年度中国在线旅游市场数据报告》显示,2019年在线旅游交易规模约为10059亿元,同比增长率为14.96%。酒店作为在线旅游的产品之一,在线旅游的稳定增加为酒店网络营销的发展注入了生机与活力。

酒店网络营销是指酒店利用国际互联网这个快捷、灵活的信息沟通渠道,以新的方式、方法和理念实施营销活动,利用信息技术来宣传、传递客户价值的一种市场营销活动。酒店网络营销是具有革命性的营销创新。它的优势主要在于能够有效展示酒店形象和服务,建立与客户良好的互动关系,高效率管理销售过程,还能显著降低销售成本,提高经济效益和管理水平。

首先,网络营销的效率更高。网络的三维传播速度为传统营销的5~8倍。客人可以通过网络上功能强大的搜索引擎得到大量所需要的信息。传播快捷、灵活的信息沟通,有助于更好地推销酒店产品。而且,以往人员的推销直接和客人接触,费时又费力。而网络营销的投入只是传统营销的10%,适应了集约经济的要求。

其次,网络营销能增强与客人的互动,有利于拓展潜在市场。酒店产品的消费属于体验式消费。以往客人必须在酒店消费之后才能真正了解其服务水准，并根据所形成的印象决定以后是否光临该酒店。网络可以综合运用各种技术手段，展示酒店的服务设施、设备，并将无形的服务有形化。使客人远在千万里之外就能对本酒店进行"虚拟现实旅游与消费"，形成对酒店服务的正确期望，消除猜测和疑虑，进而做出消费决策。

再次，通过网络有利于进行"一对一"营销。通过网络预定系统，酒店既可以直接了解客人的需求，又可以建立各种档案，为今后实行定制化、个性化服务打好基础。这样，酒店可以与每一位上网的客人建立直接的关系并了解每一位客人的真实需求，预先设计和准备针对客人的定制化服务，吸引其再次光临。

【小链接10-5】

面对市场环境的各种不确定性，数字化转型已然成为大多数企业的出路。数字化转型的本质是让企业变得更加"敏捷"，从而确保其业务是弹性的、灵活的、高效的，且极具洞察力。

而从战术层面上说，数字化转型的具体业务目标包含三个重点：

① 提升客户体验——企业迈向数字化转型的最大推动力是提升客户体验；

② 提升运营效率——关注如何以数字技术优化流程、提升企业敏捷性等；

③ 驱动收入增长——关注如何借助数字技术，打造新的收入来源，例如提升消费体验、制定新的定价模式等。

比如首旅如家酒店集团推出的宾客在线计划。通过构建庞大的数字化会员体系，首旅如家将客户从线上到线下连接到一起。通过App联动，1.2亿会员当中，年度活跃度能够保持在40%，且全部会员当中有70%是通过手机App、小程序等线上入口下单，消费频次正不断提升，驱动收入持续增长。

在订单方面，保证在预订提前期越来越短的情况下可以完成订单供应，在退款时，通过App的自助做到实时退款，相较传统酒店业烦琐的退款流程与等待时间，保证退款的速度，实现客户体验提升。

此外，在数字化应用中，首旅如家可根据商圈实时流量变动的监控对自身酒店做价格预买和预卖，在价格波动时可以通过一键调价功能直接对价格进行修改，并在5分钟之内发布至全网。在智能化应用中，价格预警功能可以在竞品酒店价格和库存发生变动后的15分钟之内获取到变动信息，便于做出相应的措施和调整，有效提升企业敏捷性。

"传统酒店业在几百年的历史发展中已经形成了完整规范的流程，这样的流程在一定程度上制约着酒店业的数字化转型进度。数字化运营给酒店带来的效率上的变化、价值上的变化和获客能力的变化则可以打破传统，加速酒店业数字化转型的进度。"首旅如家酒店集团IT总经理、如家酒店集团资深副总裁王波表示。

——资源来源：还在"反应期"中进阶的中国酒店数字化，如何破局而出？环球旅讯，http://www.traveldaily.cn/article/141401，2020-10-30。

二、酒店网络营销存在的问题

现阶段，酒店开展网络营销主要采用直接网络营销和间接网络营销两种模式。直接网络营销是指酒店单体或是集团根据自身的经营定位和战略发展，自行建立官方网站、微信公众平台或是App等,开展营销推广。间接网络营销是指借助第三方旅游代理商或是搜索引擎等,吸引消费者进行预定。

直接网络营销模式存在的主要问题表现为:

第一,酒店品牌建设与推广有待加强。酒店自建网站的根本目标是塑造品牌,彰显品牌理念与定位,开拓客源市场和销售渠道,但是对于酒店服务理念和品牌定位的阐述偏少。一些酒店集团有统一的标识和服务理念,却对于不同地区酒店的特色没有进行强化与明确。

第二,网站信息时效性有待加强。酒店栏目以酒店介绍、环境介绍、活动信息、相关新闻和在线预订等为主,但是存在着明显的时效性严重滞后的问题,内容更新不够及时。

第三,预定功能有待完善。大部分酒店的网站具有预定功能,但预定界面不够人性化,实用性有待加强。除此之外,无法实现在线支付功能。

第四,与客人互动功能有待完善。由于客人的多样化需求,需要与酒店销售人员进行实时的互动与咨询,但是酒店网站在线客服还处于明显缺失状态,难以对客人的问题进行及时的回复。

随着移动互联时代的到来,一些酒店通过微信公众号或App拓展了与客人进行互动的渠道,时效性和互动性得到明显的改进。尽管如此,相当一部分酒店仍以在线旅游代理商作为网络营销的主要渠道。从全球来看,Booking、Expedia、TripAdvisor和Priceline等是非常受欢迎的在线旅游预订网站;从我国来看,携程网、飞猪、美团和去哪儿网等则是受欢迎的在线旅游预订网站。由于自建网站需要巨大的前期投入与后期维护与管理费用,在线旅游网站是酒店开展网络营销的重要选择。这种间接网络营销对于酒店来说是一把双刃剑,在短时间能达到扩大宣传与促进销售的目的,但是长期地依赖在线旅游网站容易造成被第三方的分销渠道"绑架",使得酒店无法对客源进行有效的客户关系管理。此外,由于需支付其一定比例的佣金,降低了酒店的价格的自主权与控制权,挤压了酒店的利润空间。

三、酒店直接网络营销系统的建立

网络是酒店销售部全天候与客人互动的场所,为建立合理而有效的营销网络,以吸引更多的客人,移动互联网时代的酒店网络营销在构建自己的直接销售渠道时需要关注以下内容:

第一,互联网上注册酒店官方平台。针对移动互联时代的发展,酒店直接网络营销应该重点关注移动端。此外,酒店应该能让客人在网络上找到其所需的所有信息,以便自己选择、设计和组合酒店为其提供的高度定制化的产品和服务,做出购买决策,并能自由地查询自己以前的消费记录。

第二,提高网站网页质量,开展各种网站营销活动。网页设计必须体现酒店的定位,营销信息必须突出酒店经营特色。营销信息内容要布局合理,符合人们的观看习惯,并考虑访问者获取相关信息的方便性。酒店直销平台应该让客人与之沟通时,不仅不受干扰,而且还能随时获取定制化的服务,使客人认为自己是在与一个贴心的"人"打交道,从而获得美好的"购买体验"。酒店在客人做出购买决策前就应提供有关产品和服务详尽的信息及咨询,以供客人决策;在客人预订后,及时表示衷心的感谢,同时建立客户档案。根据客人档案,在推出该客人可能感兴趣的新的产品和服务时,应及时告知客人。

第三,重视搜索引擎优化。根据Forrester research的统计,全部网站的访问量中的80%是从搜索引擎开始的,因此必须将网站接入若干著名的搜索引擎,并建立酒店营销主页与其他酒店网页、旅游网站、酒店所在地区其他网站、搜索引擎网站的连接。

第四，定期优化网站设计。浏览酒店网站的人除了酒店忠诚的客人以外，还有初次购买的客人，还可能是竞争者、员工、网上过路客等。其中，自己想购买酒店产品和服务的人和自己虽然不买却可能是购买过程中最能影响决策的人，对酒店最有价值。酒店应尽最大的努力，来适应这些最有价值的客人对网站的需求。借助"大数据"来研究和了解潜在客人在浏览酒店网站时使用网络的习惯和需要，以便有针对性地改进搜索引擎，达到优化的效果。

除了不同版本的酒店官方网站，移动互联网时代的酒店还推出了微信公众号、小程序和App等，搭建线上与线下互通的直接渠道，通过酒店品牌文化推广、在线促销活动、提升粉丝互动量和关注业界最新话题等方式增强与客人之间的黏性，提升酒店的品牌影响力，实现与客人的互动与反馈。

讨论题

(1) 简述酒店客户关系管理的主要做法。
(2) 简述酒店网络营销的主要模式及优缺点。
(3) 结合以下案例回答问题。

【案 例】

"酒店是'兵家'必争之地"这句话，在2021年的OTA领域得到了充分体现。今年1月，同程艺龙宣布与珀林酒店集团签署战略投资协议；2月底，美团创始人王兴投资东呈集团一事尘埃落定；3月，携程宣布与香格里拉酒店集团进一步深化战略合作伙伴关系；飞猪也在其官方微信平台发布消息称，已与希尔顿酒店集团实现会员互通。

后疫情时期，酒店成为旅游业恢复较快的板块之一。今年，无论是已经过去的春节假期还是即将到来的清明假期，酒店预订业务在OTA上都有不俗的表现。在酒店领域的投资布局，几家OTA也已"你来我往"数个回合，主要是投资入股酒店集团或建立自有酒店品牌这两种模式。有业者认为，相比之下，与已经在行业内有所发展的酒店集团展开合作和进行投资，更有益于OTA将根系植入酒店行业。

抱团引流　会员互通

今年3月，携程与香格里拉酒店集团深化战略合作伙伴关系，就相关合作项目制定框架性共建方案。作为合作重点，香格里拉贵宾金环会与携程会员互通即将上线，携程会员有机会快速晋升成为贵宾金环会高端会员，而这也是香格里拉首次向携程会员开放高端会员等级互通活动。

从3月19日开始，飞猪会员注册成为希尔顿会员，可以直接匹配酒店会员等级。而且，飞猪会员在飞猪希尔顿酒店集团旗舰店订了带有"享会员权益"标识的日历房产品，可以同时享受飞猪里程＋希尔顿会员积分。

打通双方会员体系，实现1+1＞2的效果，一直是线上平台和线下企业乐于尝试的。近几年，无论是飞猪还是携程，都跟诸多高端酒店集团实现了会员互通，这样"抱团引流"的方式正成为OTA与酒店集团合作的一种趋势。当然，OTA与大型酒店集团的联手并不仅限于此，对酒店集团实行战略投资，也是OTA非常热衷的。

第十章 酒店市场营销新理念

你追我赶　扎根酒店

翻看OTA在酒店板块的"征战史",携程的投资之路10年前就开始了。2010年之前,携程曾多次增持如家酒店集团的股份,并于2009年对其增资了5000万美元。2010年3月,携程宣布分别收购了汉庭连锁酒店集团8%和首旅建国酒店管理有限公司15%的股份。2019年,浙江开元酒店管理股份有限公司在港交所主板上市,携程旅行网(中国香港)出任基石投资者,持有开元酒店1483万股,即便开元酒店被私有化,携程对开元酒店的持股比例仍将维持在5.3%不变。

同程旅行同样乐于投资酒店集团。2017年,其完成了对花间堂的战略投资,双方在打造高端旅游度假产品、提升游客度假体验方面展开深入合作;2018年,又领投了以经营中端商务连锁酒店为主的美豪酒店集团,帮助该酒店集团实现产品应用场景与服务体验的多元覆盖。如今,同程艺龙又将与新投资的珀林酒店集团在会员体系、信息系统、产品研发等多个方面进行合作。

追溯这些OTA在酒店行业"你追我赶"的布局时不难发现,中高端酒店资源逐渐成为各平台之间竞争的焦点。

乐此不疲　事出有因

OTA为何属意中高端酒店?有业者对记者分析,OTA直接投资线下酒店或与其深入合作,可利于其扩大实体比重,同时对其打通线上平台与线下资源也很有帮助。中高端酒店客户群体拥有更高的消费能力和黏性,掌握更多的中高端酒店资源,能有效反哺旅游平台的收益,其入股的线下酒店获客成本也会因此有所下降。

"中高端酒店行业的增长空间很大,也是刺激OTA入局的主要原因之一。"一位酒店行业分析师认为,我国酒店行业在稳定的状态下,中高端酒店占比将持续扩大至44%左右。也就是说,中高端酒店市场的高速增长期至少还有3~8年,增长空间仍有76%~120%。OTA并非只想做一个连接B端和C端的平台。尤其对于B端市场,OTA不仅希望贡献流量,还希望通过大数据分析帮助酒店开发、建设、运营、提高信息化管理水平和收益管理水平等。

而对于建立自有酒店品牌,携程、同程艺龙、美团等OTA一直没有停止过尝试,比如,携程有丽呈,同程艺龙有OYU,美团有轻住,去哪儿网有Q+等。就连Booking集团也于近日宣布,旗下的元搜索平台Kayak旗下的第一家自有品牌精品酒店Kayak Miami Beach即将开业,并透露会将Miami Beach酒店视为设计实验室,希望通过它来开发并改善住宿空间的科技应用。

但在不少业者看来,OTA自有酒店品牌之路走得并不顺畅。在寻找增量的路途中,OTA能否通过在酒店版图释放出更强的对战实力来扭转局面?让我们拭目以待。

——资料来源:OTA为何与酒店"越走越近"?中国旅游新闻网,http://www.ctnews.com.cn/gdsy/content/2021-03/23/content_100236.html,2021-03-23.

问题:结合以上材料,你认为酒店应如何与在线旅游商进行合作?

参考文献

[1] 菲利普·科特勒,凯文·莱恩·凯勒.营销管理[M].卢泰宏,译.13版.中国版.北京:中国人民大学出版社,2016.

[2] 菲利普·科特勒,凯文·莱恩·凯勒.营销管理[M].15版.上海:格致出版社,上海人民出版社,2016.

[3] 菲利普·科特勒,约翰·T·鲍文,詹姆斯·C·麦肯斯.旅游市场营销[M].6版.北京:清华大学出版社,2017.

[4] 迈克尔·所罗门,卢泰宏,杨晓燕.消费者行为学[M].10版.北京:中国人民大学出版社,2015.

[5] 赵晓燕.市场营销管理——理论与应用[M].3版.北京:北京航空航天大学出版社,2018.

[6] 卢泰宏,周懿瑾.消费者行为学[M].3版.北京:中国人民大学出版社,2018.

[7] 约翰·费伊,戴维·乔布尔.市场营销学[M].4版.大连:东北财经大学出版社,2017.

[8] 成荣芬,黄舒拉.酒店市场营销[M].北京:中国人民大学出版社,2019.

[9] 赵伟丽.酒店市场营销[M].3版.北京:北京大学出版社,2020.

[10] 崔波,胡顺利.酒店市场营销[M].北京:化学工业出版社,2021.

[11] 胡敏.酒店营销实务[M].北京:中国人民大学出版社,2017.

[12] 陈学清,徐勇.酒店市场营销[M].2版.北京:清华大学出版社,2018.

[13] 罗旭东.酒店营销经典案例[M].福州:福建人民出版社,2016.

[14] 勾俊伟,刘勇.新媒体营销概论[M].2版.北京:人民邮电出版社,2019.

[15] 秋叶,刘勇.新媒体营销概论[M].北京:人民邮电出版社,2017.

[16] 肖凭,文艳霞.新媒体营销[M].北京:北京大学出版社,2017.

[17] 苏勇,史健勇,何智美.品牌管理[M].北京:机械工业出版社,2021.

[18] 席佳蓓.品牌管理[M].南京:东南大学出版社,2017.

[19] 郭国庆,陈凯.市场营销学[M].6版.北京:中国人民大学出版社,2019.

[20] 李立红.酒店营销[M].上海:华东师范大学出版社,2015.

[21] 唐·舒尔茨,海蒂·舒尔茨.整合营销传播[M].北京:清华大学出版社,2013.

[22] 乔治·贝尔奇,迈克尔·贝尔奇.广告与促销:整合营销传播视角[M].北京:中国人民大学出版社,2019.

[23] 苏朝巧.客户关系管理:建立、维护与挽救[M].北京:人民邮电出版社,2020.

[24] 黄芸.新媒体业态下的旅游营销策略研究——以桂林国际旅游胜地建设为例[J].市场论坛,2015(8):73-75.

[25] 李忠学.以消费群体为导向的旅游目的地与新媒体整合营销模式分析[J].商业经济研究,2016(13):77-78.

[26] 谢璐.旅游目的地整合营销传播策略优化研究[J].湖北经济学院学报(人文社会科学版),2016(6):68-69.

[27] 杨蕾.澳大利亚利用大型体育赛事开展旅游目的地营销的经验借鉴[J].体育科研,2014(3):11-14.

[28] 杨卫炜.新媒体时代热点事件传播路径的转变[J].新媒体研究,2017(1):18-19.

[29] 宋梦婷.如家经济型连锁酒店导入客户关系管理研究[J].经济研究导刊,2015(6):79-80.

[30] 胡译丹.基于重要度-满意度模型的经济型酒店满意度及对策分析[J].江苏商论,2021,(4):9-11,26.

[31] 史伟伟.A商务酒店服务创新策略研巧[D].大连海事大学硕士学位论文,2016:35-40.

[32] 张力匀.酒店客户关系管理研究——以上海浦东香格里拉大酒店为例[J].中外企业家,2018,(34):110-111.

[33] 董海伟.论国家旅游目的地营销的品牌架构——印度的实践与借鉴[J].地域研究与开发,2016,35(2):91-95.

[34] 曾瑞.酒店客户关系管理工作探究[J].统计与管理,2016(2):129-130.

[35] 柏娜莎.YX酒店客户关系管理研究[D].上海外国语大学硕士学位论文,2018.

[36] 孙坚.站在精度和温度之上——探索中国酒店业的未来发展之路[J].旅游学刊,2018,33(1):9-11.

[37] 沈涵,赵静,胡方丽.网络口碑信息特性对酒店在线预订决策的影响[J].旅游论坛,2020,13(1):35-44.

[38] 张咪,陈红云.浅谈新形势下酒店营销策略[J].经济研究导刊,2021,(8):76-78.

[39] 王欣,朱扬光,吴遵.双渠道下考虑消费者偏好的酒店与OTA合作模式选择和定价[J].中国科学技术大学学报,2020,50(7):985-992.

[40] 赵英华,刘慧贞.北京威斯汀酒店客户关系管理研究[J].山西农经,2020,(3):103-104.